KB122544

전략국가, 조선민주주의인민공화국

유폐幽閉된 북北의 참모습을 마주하다

전략국가, 조선민주주의인민공화국

유폐幽閉된 북北의 참모습을 마주하다

초판 1쇄 발행   2023년 10월 11일
초판 3쇄 발행   2024년 5월 14일

지은이 ㅣ 김광수
펴낸이 ㅣ 윤관백
펴낸곳 ㅣ 🞂선인

등록 ㅣ 제5-77호(1998. 11. 4)
주소 ㅣ 서울시 양천구 남부순환로 48길 1, 1층
전화 ㅣ 02)718-6252 / 6257 팩스 ㅣ 02)718-6253
E-mail ㅣ sunin72@chol.com

정가 23,000원
ISBN 979-11-6068-837-5 93300

전략국가, 조선민주주의인민공화국

유폐幽閉된 북北의 참모습을 마주하다

김광수 지음

시놉시스 형식을 빌려: 나는 왜 이 책을 쓰고자 했던가?

#1. 이 책을 처음 구상하면서 내가 얻은 영감은 역설적이게도 그리스-로마 신화였고, 그것은 다름 아닌 '프로쿠르스테스의 침대'였다. 알다시피 이 신화 내용은 프로크루스테스라는 이 거인 악당이 좀, 아니 매우 엽기적인 취미(?)를 갖고 있다는 데서부터 출발한다. 지나가는 행인을 붙잡아 자신의 쇠침대에 눕힌 뒤 행인의 키가 침대 길이보다 짧으면 행인의 몸을 잡아 늘려 죽이고, 행인의 키가 침대 길이보다 길면 다리를 잘라 죽인다는 이야기이다.

똑같다. 우리가 북을 바라보는 시선이 꼭 이 프로쿠르스테스의 행동과 너무나도 닮아있다. 자유주의적 질서, 좀 더 좁히면 반북 · 반공 · 혐북의 시각에 맞게만 바라보려 하는 것이다. 장점은 단점으로, 단점은 더 나쁜 단점으로, 그렇게 이 지구상 거의 유일하게 우리 입맛에 맞게 가공하여 북을 재단하려 한다. 그런데 문제는 북은 이 '지나가는 행인'처럼 늘릴 수도 줄일 수도 없다는 데 있다. 현상적으로는 '지나가는 행인'처럼 늘릴 수도 줄일 수도 있을지 모르겠지만, 본질적으로는 늘 가공되지 않은 채 그 자리에 있다.

그러니 이 프로쿠르스테스의 행동과 같은 방식으로는 북을 절대 제대로 볼 수 없다. 늘 틀릴 수밖에 없다. 해서, 이 책은 이 '틀림'을 바로잡아주기 위한 시도이다. 부족하지만, 최선을 다해 '있는 그대로'의 북을 드러내 보이고자 한다.

또 다른 목적으로는 '열린 시각'을 선보이고자 한다. 그러기 위해 이 책은 철저하게 동양적 사고에 기반한 북 들여다보기를 해낼 것이다. 이는 세계를 구분할 때 '동양적'의 상대어가 '서양적'이라면 동양적 사고에는 '게마인샤프트(공동사회; 집단사회)'적이고, 서양적 휴머니즘은 '게젤샤프트(이익사회; 집합사회)'라는 사회적 DNA를 갖고 있다는데 착안해 이 책은 북을 들여다보고 이해하는데 더 적합한 방식으로 그 어떤 국가보다도 이 게마인샤프트적인 시선으로 들여다봐야만 제대로 파악할 수 있다는 특성을 갖는다. 왜냐하면 '하나는 전체를 위하여, 전체는 하나를 위하여'라는 집단주의 원칙을 이 지구상 그 어떤 국가보다 가장 최상의 높이에서 구현한 국가가 북이기 때문이다.

그렇게 이 책은 이 두 가지, 반反프로쿠르스테스의 인식과 게마인샤프트적 시선으로 북을 들여다보려 쓰여졌다.

#2. "현명함", 이 단어는 어질고 슬기로워 사리에 밝다는 뜻이다. 그렇다면 이 단어의 핵심 속뜻은 분별이라 할 수 있다. 그럼 무엇을 분별해야 할까? 옳음과 그름? 좋음과 나쁨? 맞음과 틀림? 뭐, 그런 것들을 분별해야 한다는 뜻일 것이다. 그런데 이를 북 바로알기에 적용하면 이제까지 우리는 전혀 분별하지 못한 결과가 나온다. 북에 대해서는 오직 '나쁨', '그름', '틀림'으로 귀착되고, 그래서 우리 모두의 인식에는 결국 '북은 악마'라는 정해진 답만 되뇌었다.

이성의 작동이라기보다는 세뇌의 결과 때문이다. 분별을 통해 그런 것들을 옳게 헤아려 내고 북과 동반자적 관계가 되기 위해서는 북에 대해

옳음과 좋음과 맞음을 향해 나아가야 하는 것이 맞겠으나, (북 사회에 대한) 이제껏 북 사회에 대한 인식은 철저하게 같은 민족 구성원이면서도 남쪽은 구성원이 되지 못한 '국외자'가 되는 자기 자신을 감당해 내어야만 했다. 그렇게 남측사회에서 지극히 정상적 삶을 살아가려면 절대다수 편에 설 수밖에 없었다. 99마리의 흰 양 무리가 인식·공유한다고 믿는 그 대열에서 북을 헐뜯고 왜곡하며 적대하고 증오하는 방식으로 함께 있어야만 했다. 그렇지 않으면, 즉 한 마리의 '검은 양'이 되면 자기가 제아무리 같은 양이라고 외쳐도 '검다'는 그 이유 때문에 같은 동종의 양으로 취급받지 못했다. 그러니 대한민국 사회에서 사회생활이 가능하고 집단 따돌림을 당하지 않으려면, 즉 '국외자'로 살아가지 않으려면 동물적 본능으로 99마리의 양 대열에 섞여 있어야만 한다는 것을 알고 있어야만 했다.

결과, 남 사회에서 북 사회를 이해한다는 것은 정말 어려운 일이었다. 분단과 한국전쟁, 체제경쟁, 국가보안법, 정치권의 정략적 접근 등이 서로 뒤엉켜 북 체제를 사실상 있는 그대로 보기를 어렵게 했다. 70여 년의 세월, 그렇게 북 사회에 대한 이해를 까막눈으로 만들어 놓았다.

고위급 및 정상회담, 이산가족 상봉도, 개성공단 등 경협도, 금강산과 개성관광도 해봤지만, 여전히 북은 우리에게 있는 그대로의 사실대로 접근할 수 없는 동토凍土와 같다. 정말 얼음장 같은 차가움으로 북 인식 문법은 자리매김했고, 거대한 빙하에 갇힌 겨울 공화국이었다.

하지만, 이제는 그 금기가 깨져야 한다. 왜냐하면 계속 그 금기에 옭매여 있으면 우리는 단 한 발짝도 나아가지 못하기 때문이다. 해서, 이 책은 북 바로알기를 향한 한 발짝 '나아가기'를 시도한다. 좀 불편하더라도 북이 통일의 동반자가 되기 위해서는 있는 그대로의 북을 알아야만 하는 것이라면, 있는 그대로의 북 실체를 한번 파헤쳐 보겠다는 말이다. 어떻게? 우리 삶도 미워하면서 친구가 될 수 없듯 국가와 민족도 마찬가지라는 사실에 착목着目하고, 북과 적대하면서 어떻게 '가까워지는' 통일이 이뤄지겠는가? 묻고, 이 책은 적대를 당장 멈춰야 한다고 웅변할 것이다.

#3. 필자인 나는 이 책을 구상하면서 다소 생뚱맞은 '컬렉션 · collection'이라는 단어에도 주목했다. 왜? 아시다시피 컬렉션은 주로 '모집 · 수집'과 관련된 미술계의 용어이다. 그런 용어를 나는 인문학적으로 재해석해내고 싶었다. '흩어져 버리는 경향에 대한 저항'의 의미 정도로 말이다. 근거는 컬렉션의 관점에서 볼 때는 모든 것을 모아둘 수는 없다. 모집과 수집에 한계가 있을 수밖에 없기 때문이다. 돈, 공간, 시간... 여러 가지 이유 등으로 인해 컬렉션은 결국 일부만 모으는 '선택'의 문제이고, 필연적으로 여기서는 '무엇을 모으고 무엇을 버릴 것인가'하는 선택 기준문제가 반드시 동반된다. 그 중심에 가치의 위계를 정하는 행위가 수반되고, 그 가치는 바로 컬렉터의 정체성과도 같다.

같은 논리로 지금 우리가 알고자 하는 북 바로알기도 '무엇을 모으고 무엇을 버릴 것인가'하는 선택지에서 이제껏 우리가 알아 왔던, 혹은 잘 알고 있다고 생각했던 그 많은 북 이해에 대해 180° 전혀 다른 방식으로 북 바로알기를 해내어야만 한다. 이제껏 반공 · 반북, 혐오의 관점에서 북을 알았던 그 모든 인식에서 완전 다른 방식으로 '무엇을 보고', '무엇을 느끼고', '무엇을 가져갈 것인지'에 대한 인식 순위를 정하는 북 바로알기 '컬렉터'가 되어야만 한다.

왜냐하면 모든 것을 다 의미하는 '모든' 것의 북을 알기는 어렵기 때문이다. 그렇다면 북 바로알기도 결국 선택의 문제와 밀접히 관련될 수밖에 없다. 북 관련 '제대로 된 인식'도 결국에는 컬렉션에 연동된 인문학적 개념인식과 전혀 다르지 않은 불편한 숨은 메시지가 있을 수 있고, 그것은 '무엇을 인식하고 무엇을 인식하지 않을 것인가'에 대한 선택의 문제에서 국가보안법을 인식하며 불편함을 겪을 것인가, 아니면 아예 인식하지 않은 채 편안할 것인가?에 대한 문제도 같이 놓여있다. 그렇게 이분법적 인식을 강요 당하는 상황에서는 더욱 그랬다. 여기서 우리는 이제껏 대한민국 국민 절대다수가 '검은 양 효과' 뒤에 숨는 선택을 했다. 그 누구도 한 마리의 검은 양이 되고자 하지 않았고, 이는 이미 앞서 언급했듯 '한 마리의 검은 양이라는 대한민국 '국외자'가 되는 외톨박이의 삶을 두려워했다는 말과도 같다.

'검은 양 효과'가 지배하는 대한민국 사회는 그만큼 무서운 사회이다. 그러니 그 누구도 이런 사회에서는 감히 '검은 양이 될 생각을 할 수 없다. (북 사회를) 분별해서 '옳고', '좋고', '맞고'보다는 그냥 99마리의 흰 양 무리에 섞여 그르고, 나쁘고, 틀리더라도 그냥 '흰 양이 되어 왕따 당하지 않는 것이 훨씬 더 안전하다고 생각하는 것이다. '알아서' 불편하느니 '몰라서' 편안한 것이 더 좋았고, 적어도 북 알기는 우리 모두를 이런 집단 최면에 빠져 있게 하였다.

이 책은 바로 이런 금기를 깨트리려고 쓰였다. 하여, 적어도 이 책은 북 사회에 대한 이중 빈곤, 여기서 말하는 이중 빈곤이라 함은 북을 의도적으로 제대로 보지 않으려는 인식과 북에 대한 인식을 정확하게 했음에도 불구하고 왕따 당하기 싫어 모르는 척 그냥 북의 악마화에 동참하는 그런 행동을 빗댄 개념으로 사용하고, 해서 이 책은 예의 그 '벌거벗은' 잘못된 인식과 행동을 조금이나마 벗어나려고 하는 몸부림이자 노력의 결과물임도 밝혀둔다.

그래서 이 책은 우리 모두 그 불편한 인식을 좀 하자고 호소하려 한다. 북에 대해 바로, 혹은 제대로 알려면 이해의 불편함, 그것을 어쩔 수 없이 선택할 수밖에 없고, 어쩔 수 없이 '한 마리의 검은 양이 되더라도

'북에 대한 제대로 된 이해', '있는 그대로의 북'을 알아 앞으로는 더 이상 대한민국의 정체성과 갈등하지 않는 북의 정체성에 많이 가까이 다가가자고 한다.

그리하여 인생의 기억도 자기 인생에 대한 모든 사실의 집적이 아니듯 이제껏 북에 대한 기억은 자신이 간접적으로 경험한 것, 그중에서도 자신이 이 대한민국에서 어쩔 수 없이 살아남기 위해 수집한 과거의 경험일 뿐이라는데 보다 많은 방점을 찍고, 무엇을 기억하고 무엇을 망각할지를 고민해 보자. 연장선상에서 기억은 필연적으로 선택 기준을 동반한다는데 기반해 독자들은 이 책을 읽어주고 이해하려 노력해주길 바란다. 그 외 부족한 모든 것은 필자 탓이고, 능력 부족이다.

#4. '무엇을 모으고 무엇을 버릴 것인가'와 관련해 이 책은 다음과 같은 기준점을 제시하고자 한다. 이제껏 우리가 잘못된 인식 문법에 의해 오염된 확증편향 같은 것들에 대해 다음과 같은 '물음표(?)'를 한번 갖기 시작해보자는 것이다.

'가난하다＝국가멸망', 그럼 북보다 더 가난한 국가(동남아 일부와 아프리카 일부 국가들)들은 왜 국가멸망이 일어나지 않지?

'식량부족＝아사자 속출', 북의 식량자급률은 90%, 반면 대한민국 식량자급률은 20% 내외인데, 왜 아사자는 대한민국이 아닌, 북에서 일어나지?

'체제이탈자 증가＝체제 붕괴', 그럼 북보다 체제이탈자가 훨씬 더 많은 쿠바는 왜 체제가 붕괴하지 않지? 또한 여러 이유로 대한민국이 싫어 이민 가는, 엄밀히 말해 이민도 체제이탈자 개념과 같다. 그 수가 해마다

1천 명 내외인데, 왜 대한민국은 체제 붕괴가 되지 않지?

'가난한 국가=북', 기준이 뭘까? 북은 3대 의식주 개념, 즉 의료, 주거, 교육이 국가에서 무상으로 지원되는 복지시스템인데, 이를 자본주의적 지표인 돈으로 계산하면? 그런데도 과연 가난할까?

등등 모든 것들에 이제는, 이 책을 읽고 나서는 "?"를 갖고 한번 접근해 보자. 70여 년간 단 한 번도 다르게 생각해보고 인식해본 적 없는 북에 대해 이 "?"를 통해 끊임없이 의심하고 의문을 갖고 접근하면 반드시 이 제껏 반공·반북, 혐북, 국가보안법, 왜곡된 방송들, 검은 양 효과 등에 의해 가려져 단 한 번도 접근해내지 못했던 북의 실체적 진실에 도달할 수 있을 것이라는 확신이 있다.

결과, 이 책은 바로 그러한 목적을 갖고 최종적으로 도달하여야 할 북의 실체적 모습을 사회과학적 인식 문법과 인문학적 상상력을 결합하여 보여주는 제대로 된 북 바로알기 입문서이다. 그리고 그 차원도 좀 달리 한다. 이제껏 많은 분들이 북 바로알기 차원에서 전개한 '가난하지만, 같은 민족인 북', '국가보안법이 작동하는 상황하에서 북의 실체적 모습보다 이를 조금 우회한, 즉 생활, 문화, 기타의 가십거리' 위주에서 벗어나 북 체제의 특성, 이데올로기적 힘, 그들이 갖고 있는 정치·경제적 힘 등에 천착穿鑿해 보다 본질적인 차원에서 이 책을 갈무리하려 했다.

그러다 보니 다소 불편할 수 있는 내용이 더러 있을 수도 있다. 그러나 이러한 감정은 기간 우리 스스로가 얼마나 '북을 몰라도 너무나 몰랐나?'에 대한 반문이어야 하고, 알게 모르게 체질화되어 있는 체제우월적 사고에 포획된 자기 자신을 되돌아보는 계기가 되거나 평소 무조건적인 북 폄훼가 얼마나 심각했는지를 자문하고 성찰하는 계기가 되게 해야 한다. 이는 한 개인도 그러하듯 한 국가도 많은 부분에서 장단점을 동시적으로 갖고 있다. 그렇다면 북도 마찬가지이다. 어찌 단점과 잘못된 점만 100%이겠나? 많은 부분에서 강점도 있고 장점도 있다. 이것을 이 책은 보고자 했다.

예를 들어 ICBM의 사용 목적을 떠나 이 기술을 가졌다는 것, 그것 자체는 적어도 세계 5위 내외의 최고 첨단 과학기술을 가졌다는 의미에 먼저 눈을 돌리는 방식이다. 같은 민족이 그만한 기술을 가졌다면 좋다는 인식에 먼저 방점을 찍어낸다는 말이다. 그래놓고 보면 북을 칭찬할 것이 참으로 많다. 3대 무상복지가 시행된다는 것은 적어도 대한민국이 해결해내지 못한 불평등, 소외로 대변되는 '1:99' 사회의 양극단은 극복했다는 의미이다. 20% 내외의 식량자급률인 대한민국에 비해 약 92%의 식량자급률을 확보한 북이다. '그들은 우리의 승인없이 아무것도 하지 못한다'라는 발언에도 아무런 항의조차 하지 못하는 대한민국이지만, 북은 그런 미국을 향해 맞짱을 뜨는 이 지구상에서 가장 '자주' 개념이 강한 그런 '같은 민족'의 국가이다.

이렇듯 북도 대한민국이 갖지 못한 장점이 충분히 있다. 이 책은 바로 그러한 북을 보고자 했다. 이제껏 반공·반북, 혐북, 국가보안법, 왜곡된 방송들, 검은 양 효과 등에 숨어 한 번도 보지 못했던 북의 모습을 '실체적'으로 보고자 했다.

#5. 끝으로 또한, 나는 이 책을 구상하면서 많은 인문학적 상상력을 발휘했다. 예를 들면 이런 것들이다. 마사 누스바움·Martha C. Nussbaum을 소환하는데, 아시다시피 그녀는 2005년, 그리고 2008년 두 차례에 걸쳐 〈포린 폴리시〉에 의해 세계 최고의 여성 석학으로 뽑힌 '세계 100대 지성'의 한 인물이다. 그런 그녀가 써낸 한 책, 〈역량의 창조〉에서 그녀는

이런 한 문장을 남겨 놓는다. "파키스탄 경제학자 고故 마붑 울 하크Mahbub ul Haq가 1990년 유엔개발계획의 〈인간개발보고서〉를 처음 발간하며 이렇게 말했다. "한 국가의 진정한 부는 국민이다. 국민이 오랫동안 건강하고 창의적인 삶을 누릴 환경을 만들어내는 것이 개발의 진정한 목적이다. 이 간단하지만 강력한 진실은 물질적—금전적 부를 추구하는 과정에서 종종 잊히곤 한다."

위 문장에서 독자들은 무슨 생각이 드는가? 필자인 나는 이 문장을 이 책을 읽는 모든 독자에게 이렇게 북을 이해, 적용하자고 호소한다. '건강하고 창의적인' 앞에 '자주적'을 넣어 이해하자고 말이다. 북이 자기의 국정운영 철학을 왜 '자주'로 내세웠는지, 그리고 그 '자주'가 '물질적—금전적 부의 척도'만이 아닌, '사람이 사람답게', '국가가 국가답게'와 관련하여 목숨과도 바꿀 수 없는 삶의 존재 이유와 국가의 존재 이유가 되었는지 한 번쯤은 이해하고자 하는 '맑은' 눈으로 북을 들여다보자고 말이다.

또 있다. 김일성 주석의 인식, "식민지 민중은 상갓집 개만도 못하다"에서 왜 사람은, 인민은, 국가는 제아무리 배부르다 하더라도 식민국가와 식민지 민중이 되어서는 안 되는지 한 번쯤은 북의 시선으로 이해하자고 말이다. 특히나 '똑같은' 식민경험을 했던 우리와 같은 동족 북이 내온 성찰의 결과라면 적어도 한 번쯤은 남과 북이라는 체제대결 관점이 아닌, 같은 민족의 시선으로 한번 보자, 그 말을 이 책에서는 계속 되뇌고 있는 것이다.

건국 과정에서, 개발과 성장 과정에서 어쩔 수 없이 '자주'를 미국에 저당 잡혀 '먹고 사는 문제', 즉 '물질적—금전적 부'를 어쩔 수 없이 추구할 수밖에 없었던 우리—대한민국의 그 '곤궁한' 시각보다는, 민족과 국가의 자주, 인민의 자주를 위해 어쩔 수 없이 '물질적—금전적 부'를 희생하며 '줏대 있는 국가', '줏대 있는 인민'으로 키워진 북의 모습을 좀 보자, 그렇게 그런 말을 하고 싶었던 것이다. 문재인 전 대통령이 2018년 9월 19일 평양연설에서 설령 그것이 외교적 레토릭으로서의 립서비스라 치더라도 북에 대해 "어려운 시절에도 민족의 자존심을 지키며 끝끝내 스스로 일어서고자 하는 불굴의 용기" 그 시각을 한번 유지해보잔 말이다.

하여, 루이제 린저와 황석영의 인식 문법, 〈또 하나의 조국〉(1988)과 〈사람이 살고 있었네〉(1989)를 지나 신은미의 〈재미동포 아줌마, 또 북한에 가다〉(2015)와 같은 미시 북 생활사, 뒤이어 나타난 김광수의 〈수령국가〉(2015)와 4·27시대연구원에서 출간한 〈조선민주주의인민공화국 현대사1·2〉(2021)와 같은 인식으로 접근해 북 사회를 체제로까지 이해하는 민족사관과 내재적 접근방식으로까지 상향, 이 책 〈전략국가, 조선〉이 그 첫 시작을 알리는 북 사회과학 입문서가 되길 간절히 바란다.

해서, 이 책은 이제껏 단 한 번도 남쪽 사회에서 시도해보지 못한 북의 '생경한' 모습을 북 그들의 시각인 내재적 접근법과 함께, 우리 민족을 중심에 놓는 주체사관 및 민족사적 관점에서 정면돌파 하려 했다. 말 그대로 정면돌파이다.

독자들의 무한한 사랑과 힘으로 말이다.

그리고 그러한 취지를 이해하고 책 출판을 허許해준 도서출판 '선인'에도 깊은 감사의 인사를 전한다.

2023.06.15
부산에서 6·15공동선언을 기억하며
김광수

목차

책머리에: 나는 왜 이 책을 쓰고자 했던가? / 4

일러두기 / 18

Ⅰ. 총론적 이해: 북은 과연 어떤 나라인가?

1. 항일무장투쟁과 조선: 항일무장투쟁은 조선의 이념 뿌리이다   27

　1) 조종租宗의 산, 백두산   28
　2) 조선 혁명의 성산, 백두산   31
　3) 주체 혈통의 뿌리, 백두산   33
　4) 항일무장투쟁에 대한 재해석: 역사와 신화神話가 된 항일무장투쟁   39

2. 주체 이념과 조선: 주체사상 없는 조선을 생각할 수 없다   42

　1) 주체사상과 이데올로기   43
　2) 심화학습: 주체사상 '깊게' 이해하기   50
　3) 김일성 – 김정일주의로의 재정립   64

3. 3대 이념과 조선: 3대 이념으로 재무장한 북,
누구도 가보지 못한 사회주의 이상을 꿈꾸다   68

1) 3대 이념에 대한 총론적 이해   70
2) 3대 이념과 제8차 당대회   72
3) 3대 이념에 대한 구체적 이해   76

II. 불편한 진실: 지금까지도 유폐幽閉된 북의 모습들

1. 북한과 조선: '북한'이라는 나라는 없다.
그런데도 왜 '조선'으로 불리지 못하는가?   112

2. 북침과 남침: 왜 6·25전쟁으로만 기억되어야 하는가?   123

1) 6·25전쟁을 어떻게 부를 것인가?:
이제부터는 '조선반도(한반도)에서의 전쟁'으로 부르자   124
2) 이제껏 열지 못했던 판도라 상자: 미국 참전에 담긴 불편한 진실은?   133
3) 못다 한 이야기: 정녕 미국과 16개국, 진정 대한민국을 돕고자 했을까?   139

3. 빈곤貧困과 부민富民: 가난하지 않은 북,
왜 가난해야만 하는가?   145

1) 부자 논쟁①－경제지표가 말해주지 못하는 것들:
대한민국, 정말 북보다 우월한가?   148
2) 부자 논쟁②－가난의 본질과 식량문제를 둘러싼 거짓, 혹은 진실:
북 식량난 문제, 북 붕괴를 말할 만큼 과연 심각한가?   154

3) 부자 논쟁③ – 국가정체성과 체제 내구성 측면에서도
  대한민국은 과연 북보다 나을까?   168

4. 지속과 붕괴: 실체 없는 북 붕괴설, 왜 계속 득세해야만 하나?   172

5. 수령과 우상: '우상' 수령은 없다   185

6. 후계와 세습 – 북에 '세습' 후계는 없다:
  김주애 등장을 통해 본 북의 후계 구도   199

  1) 북의 후계자론에 대한 기초적 이해   200
  2) 후계자의 자격요건과 절차과정   205
  3) 예측: 김정은 시대에서의 후계체제 구축과정   209

7. 개건(개조) vs. 개혁(개방):
  북은 왜 덩샤오핑鄧小平을 소환하지 않을까?   214

  1) 비판: '블랙 코미디black comedy' 같은 북 인식 문법을 비판하며   215
  2) 북의 '개건·개조' 개념에 깃든 함의   218
  3) 북의 '절대적' 선택: 덩샤오핑 소환을 절대 원하지 않아   229

Ⅲ. 전략국가, 조선에 대한 이해

1. 세기의 대결: 미 제국주의와의 한판 승부   238

  1) 광성보에 묻힌 비애悲哀를 일깨우다: '주적'과 '철천지원수'에 깃든 함의   241
  2) 미국과의 대결: 본질은 북미대결 아닌, 우리 민족과의 전면 대결   249
  3) '완료된' 현재: 북의 승리는 확정적이다   254

2. 핵과 조선: 북핵에 대한 정치적 의미   269

  1) 북의 입장에서 핵보유가 갖는 의미   271
  2) 북의 핵보유와 정면 돌파전   283
  3) 두 갈래의 길: UN 상임이사국과는 전혀 다른 길을 가려는 북   285

3. 인류가 단 한 번도 가보지 못한 실험: 북의 사회주의 강성국가론   288

  1) 북의 '지독한' 사회주의 사랑   289
  2) 김정은 시대와 사회주의: 여전한 답은 '자력갱생', '간고분투'이다   290
  3) 사회주의 강성국가론이 갖는 함의:
    '자주' 중시와 '인민대중' 중심에 근거한 사회주의   309

■ 저자 후기
못다한 얘기를 꾹꾹 눌러 쓰다:
북 바로알기는 연방제통일로 가는 첫걸음이다 / 319

일러두기

1. 먼저, 이 책은 본인의 저서 〈수령국가〉, 〈사상강국〉, 〈통일로 평화를 노래하라〉, 그리고 〈통일뉴스〉 기고글에서 부분적으로 재인용된 문장이 있음도 밝혀둔다.

2. 이 책에는 두 개의 명사가 겹칠 때 필요에 따라 다음과 같이 혼용되었음도 알린다. 예) 북미대결, 혹은 북·미대결, 숭미사대, 혹은 숭미·사대, 반공반북, 혹은 반공·반북 등.

3. 또한, 이 책은 필자의 필요에 따라 조선민주주의인민공화국을 '조선', 혹은 '북'으로 혼용하여 사용되어졌음도 밝혀둔다. 같은 원칙으로 대한민국 역시 '남', '남측'으로 표기하고, 미국도 보통 국가개념의 '미국'과 제국주의 개념으로서의 '미 제국주의'를 구분해 사용한다.

4. '한반도'와 '조선반도' 표기의 경우도 필요에 따라 ( )속에 '조선반도' 표기로 병행하여 사용한다. 예) 한반도(조선반도), 조선반도(한반도)

5. 책과 논문, 학술지 등에 대한 표기는 그 종류와 관계없이 모두 〈 〉처리하여 표시했다.

6. '동구 사회주의'와 '동유럽 사회주의'도 필요에 따라 혼용하였다.

7. 이 책에서는 '사회주의 문명국가', '사회주의 강성국가', '사회주의 강국' 등의 표현은 그 맥락에 따라 이해를 돕기 위해 혼용하였음도 밝혀 둔다. 하여, 사실상 '사회주의 문명국가=사회주의 강성국가=사회주의 강국'과 같은 의미로 쓰여졌다.

8. 이 책에서는 한국전쟁에 대한 기본적 시각과 관점은 '한반도(조선반도)에서의 전쟁'이다. 하지만, 필요할 때는 중의적 표현인 '한국전쟁'도 혼용하였음을 밝힌다.

9. 항일무장투쟁의 경우에도 필요에 따라 '항일', '항일혁명투쟁', 항일운동역사 등으로 혼용하였다.

10. 또한, 이 책에서는 남측 정권의 성격을 규정할 때 미국에 대한 '예속성' 개념을 강조하기 위해 다음과 같은 개념어들, 즉 '친미', '종미', '숭미' 등을 필요에 따라 혼용, 더 나아가서는 두 명사를 겹쳐 사용하기도 하였다.

11. 이 책에서는 김일성, 김정일, 김정은과 관련하여 필요에 따라 3명의 인물에 대해 직책과 함께 사용되기도 하고, 때로는 이름만 사용됨도 밝혀둔다. 참고로 직책도 위원장, 총비서, 국무위원장이 혼용된다.

12. 이 책에서는 인용하는 책과 자료(신문, 논문 등)에 대해서 기본적으로 출처와 인용된 쪽수 표기를 하였다. 다만, 쪽수 표기가 불필요하다고 판단했을 때와 완전한 문장이 아닌 일부 구절을 인용할 때는 별도의 쪽수 표시 없이 큰따옴표, 혹은 작은따옴표로 병행하여 표기했다.

I. 총론적 이해:
　북은 과연
어떤 나라인가?

21세기 현재, 그 어떤 국가도 북만큼 미국과 국제사회에 미운털 박힌 나라는 여태껏 없다. 제재와 압박, 전 세계 호사가들의 비난과 조리돌림 (왕따)이 70여 년이나 지속되고 있다. 그런데 그런 나라가 '주체' 사회주의 체제 유지는 물론 자기들이 꿈꿔왔던 사회주의 문명국으로서의 강성국가로 진입하려 하고 있다.

이 사실을 우린 어떻게 받아들여야 할까?

단순 유지하거나 버티는 정도가 아니라, 그들 스스로는 정말 불리한 환경과 조건−제재와 압박 등이 계속 지속되더라도 전혀 개의치 않고, '자주' 중심의 사회주의 문명국가 건설로 매진해왔다. 그리고 그것이 가능하다고 믿는다. 그런데 그 믿음과 자신감은 어디서 기반하고, 그들이 설계해낸 사회주의 문명국가 건설은 과연 가능하기는 가능한 것일까? 궁금하고도 또 궁금하다.

하지만, 분명한 것이 없지는 않다. 첫째는, 북은 이 지구상에서 거의 유일하게(?) 국가와 인민이 하나의 사상이념, 즉 주체사상으로 대변되는 국가지도이념으로 똘똘 무장해 있고, 그런 것들이 이 장chapter에서 집중적으로 다뤄질 '이민위천, 일심단결, 자력갱생'이라는 3대 이념으로 무장해 정치적으로는 수령−당−인민대중이 하나의 유기체적으로 결합, 하나의 '사회주의 대가정'이라는 유일무이 국가개념을 만들어내고 있다. 자기

체제에 대한 확고한 믿음과 확신, 그리고 자부심·긍지, 그런 것들이 서로 하나로 연결되어 수령과 당, 인민적 사랑이 온 사회를 지배한다.

둘째는, 적어도 미국과의 대결에서는 반드시 이길 수 있다는 자신감도 엿보인다. 정권 수립 이후 단 한 번도 변한 적이 없는 늘 일관된 그들의 입장이었다. 미국이 그렇게도 정권 붕괴를 포함한 체제몰락과 자국의 속국과 같은 대한민국 체제로의 흡수통합을 추구해 조선반도(한반도)를 대중국·러시아 봉쇄의 전진기지, 그리고 군사적으로는 자신들의 영토인 본토에 대한 북의 '직접적' 공격이 가능하지 못하게, 즉 대륙간탄도미사일(ICBM)을 갖지 못하게 적대 정책을 일관되게 펼쳐왔음에도 북은 이 방어벽을 뚫었다. 그 결과, 체제적으로는 사회주의 강성국가, 군사적으로는 단순 핵보유를 넘어 '게임 체인지Game Change'의 위상을 확보한 여섯 번째 —유엔UN 상임이사국 5개국에 이어 6번째 국가가 되었다는 의미에서의 전략국가가 됐다.

〈조선일보〉 사설 제목도 이를 증거 해준다. "미 본토 핵 타격 '게임 체인저' 눈앞 北, 안보 지형 격변 대비를"(2022.11.19)

셋째는, 자신들의 상징trademark과도 같은 '주체' 사회주의, 즉 강성국가로서의 사회주의 문명국가 영마루 점령이 가능하다고 굳게 믿는다. 근거는 그 어떤 국가보다 북은 미 제국주의 일극 체제 붕괴에 대한 확실한 믿음을 자신들의 '주체적' 정세관에 의해 담보 받고, 비례하여 자신들이 설정한 사회주의 문명국가 도달은 가능하다고 판단하고 있는 것이다.

설명으로는 이렇다. 미국은 이미 치유될 수 없는 흑백 갈등에다 정치적 갈등까지 겹쳐 매우 심각한 사회분열 양상이 치닫고 있고, 쌍둥이 누적 적자는 자국 경제를 회복 불가 단계까지 가게 했으며, 군사적 패권도 거의 '야반도주'에 가까운 아프가니스탄에서의 패배, 그리고 '사실상' 자신들의 대리전쟁이지만 패배가 예견된 우크라이나전쟁, 그리고 대만전쟁으로 상징되는 '최후의 결전' 중국과의 대결에서도 미국이 패배할 수밖에 없을 것이라는 정세 판단은 향후 세계질서가 반드시 다극 체제로 나아갈 수밖에 없다는 확고한 인식을 하게 했다.

중심에는 브릭스BRICs 출범과 유라시아 경제연합EAEU이나 상하이 협력 기구 태동을 예상에 둔 정세 인식이 있고, 이것이 북에 갖는 의미는 두 가지로 나타난다. 먼저는, 이 두 기구 모두는 북에 대해 매우 우호적인 중국과 러시아가 중심되어 있다는 측면이다. 또 다른 하나는, 미 제국주의 패권 몰락이 향후 세계질서가 미국에서 중국으로 패권이 넘어간다는 것이 아니라 아예 패권 자체가 없어지는, 그러면 이는 여러 지역의 극極이 되는 국가들과 일관되게 호혜와 평등, 친선과 균형 외교를 추구해온 북의 전략과 일치, 국가들 사이에는 지배와 예속관계가 있을 수 없는 북의 외교전략과 정확히 맞아떨어진다.

바로 북은 이러한 세계정세의 변환지점을 정확히 보고 미국과의 정면 돌파전을 택했고, 자신들의 국가발전전략을 수립했다 할 것이다. 그리고 이는 과거의 대한민국과 비교하더라도 전혀 불가능한 국가전략이 아니다. 당시 대한민국은 자원도, 자본도, 기술도 거의 제로(0)상태에서 자주권을 아예 갖다 바친 대가로 미국의 지원―무·유상 원조를 받아 30여 년 만에 '압축성장'을 이뤄낸, 결과는 선진클럽OECD가입이었다. 그런데 북은 지금도 여전히 자주를 끝까지 지키면서도 확보해낸 세계 5위 내외의 국방과학기술과 이를 민간산업 기술로의 전환, 또 자원적 측면에서도 세계 3~5위 정도의 매장량으로 확인되는 석유와 2위의 희토류 등 다양한 세계 10대 광물자원의 활용, 여기에다 이 지구상에서 가장 잘 설계되어 있다고 하는 계획경제의 활용과 숙련된 노동력, 또 새로운 국제질서의 형성으로 인한 북의 수출입 및 물류까지 자유로워지고, 자신들이 필요로 하는 국제금융기구의 자금 유입은 대한민국이 30여 년 걸린 경제성장을

5~10년 이내 단박에 북 경제를 도약시켜 내고도 충분히 남음이 있다.

이제껏 자신들이 풀지 못했던 세기적 염원 '인민 생활 향상'은 그렇게 충분히 실현할 수 있고, 세계가 부러워하는 경제부국으로 올라설 수 있다.

분명, 북은 그런 나라이다. 이 모든 것을 내다보며 국가발전전략을 설계했고, 그 전망으로 이 지구상 유례없는 극강의 제재를 견디며 앞으로 나아왔다. '신라'와 같이 숭미 · 사대에 기댄 남南과는 달리 세계정세 흐름을 정확히 파악하며 우리 민족사에 있어 위대한 강국을 건설했던 '고구려의 길'을 가려 하고 있다.

'조선판' 대국굴기大国崛起라 하지 않을 수 없고, 그 긴 여정을 북 건국 뿌리에서부터 한번 시작해보자.

1. 항일무장투쟁과 조선:
항일무장투쟁은 조선의 이념 뿌리이다

일반적 의미에서 한 국가의 상징물은 국기, 국화, 국가 등이다. 이 외에도 국가 휘장國章이라는 것도 있다. 일종의 국가 심벌마크와 같은 것인데, 북도 이 휘장을 갖고 있다. 휘장 상부에는 백두산과 빛나는 별이 묘사되어 있고 좌우에는 벼 이삭, 아래에는 수력발전소가 그려져 있다. 그리고 제일 아래에는 한글로 조선민주주의인민공화국이라고 쓰여 있다.

이 중, '백두산과 빛나는 별'에 대해 웹사이트 〈내 나라〉는 이렇게 설명한다. "김일성 주석과 김정일 총서기를 높게 모시고, 주체의 혁명 위업을 끝까지 완수하고자 하는 조선 인민의 확고부동의 신념과 의지를 반영하고 있다." 모르긴 몰라도 주체혁명 위업을 백두산 정신에서 찾고 '대를 이어가는' 상징적, 논리적 근원을 백두산에서 찾으려고 하는 북의 의도 정도는 읽힌다.

〈김정일동지략전〉(조선로동당출판사, 1999)에 실린 다음의 내용도 이를 잘 증거한다.

> 맑은 아침의 나라, 조선의 북변에 솟아있는 백두산은 우리 민족의 넋과 기상을 안고 있는 조종의 산이며 주체 위업의 뿌리가 내린 혁명의 성산이다. (중략) 여기 소백수골에 백두산밀영이 있다. 백두산밀영은 1930년대 후반기부터 1940년대 전반기까지 항일대전의 사령부가 자리 잡고 있던 조선 혁명의 책원지, 중심적 령도거점이였다.

백두산은 이처럼 '조종의 산이며 주체 위업의 뿌리가 내린 혁명의 성산이다. '조선 혁명의 책원지, 중심적 령도거점'이기도 하다. 이 4개의 개념을 합하면 백두산은 혁명전통의 든든한 뿌리이고 핏줄기가 된다. 〈인민의 지도자〉(제1권, 조선로동당출판사, 1982)에서는 이를 이렇게 표현한다. "장군님의 영광스러운 혁명력사가 서려있는 백두산, 조선 혁명의 강인한 뿌리가 깊이 내려 새로운 력사의 장엄한 여명이 시작된 백두산."

드는 의문이 있다. 북의 이러한 사상이념 세계를 어떻게 분석해야 할까? 인물 하나를 소환해 이를 이해해보자. 다름 아닌, 그는 루마니아 태생의 세계적인 종교사회학자 미르체아 엘리아데(Mircea Eliade)인데 그 말을 빌려 표현하면 북에 백두산은 "'악마'에 대항하여 그것을 타도하고 질서(코스모스)를 가져온 '신'"과 같다. 즉, 일제는 악마이고, 백두산은 그 악마를 물리치고 조선이라는 새로운 질서 – 김일성(민족)의 조선을 만들어낼 만큼의 권위와 신화적 요소를 가진다.

탁월한 혁명지도자에 의해 발원된 백두의 혁명정신이 흉악한 일본제국주의를 타도하고 반제 자주 국가를 만들어내어 김일성 중심의 '시간과 역사'가 흘러가게 해준 혁명의 성산이자 대를 이어내는 핏줄기로 말이다.

1) 조종祖宗의 산, 백두산

"백두산", 북에서 백두산은 조종의 산이다. 그 사전적 의미는 '시조가 되는 조상'개념이고, 파생하여 조선민주주의인민공화국 사회주의헌법 서문에 이 개념이 정확하게 반영되어 있다.

위대한 수령 김일성동지는 조선민주주의인민공화국의 창건자이시며 **사회주의조선의**

시조(강조, 필자)이시다.

설명하면 김일성 민족의 조종산이 백두산이라는 것이고, 이의 정치적 의미는 백두산에서 시작된 항일무장투쟁이 지금의 조선을 있게 했고, 그 조선은 백두산에서 항일무장투쟁을 전개했던 '김일성동지'에 의해 건국되었다는 것이다. 관련해 한 인물 소환이 필요하다. 바로 김일성 주석의 회고록 〈세기와 더불어〉 2권에 나오는 김혁이라는 인물이다. 활동 당시 그는 김일성을 최초로 위대한 '민족의 태양'으로 추앙한 인물이고 자신이 자작한 헌시獻詩 '조선의 별'에서 김일성을 '한별一星'로 칭송했다.

——————— 보충설명 ———————

김혁은 어떤 인물인가?

2007년 10월 12일 〈조선신보〉 기사는 김혁을 이렇게 소개하고 있다.

> 1907년 10월 11일 평안북도의 한 농민가정에서 태어난 김혁은 김일성 주석의 비범한 영도의 손길에 접하여 비로소 참된 혁명가의 삶을 찾고 인생 전환의 길에 들어서게 되었으며 'ㅌ.ㄷ'와 공산주의청년동맹의 핵심 성원, 첫 당조직 성원으로서 혁명적출판물 '볼쉐비크'의 주필로, 조선혁명군의 지휘성원으로 활동하였다.

신문은 또한 '김혁 혁명투사 생일 100돌 기념 중앙보고회'소식을 전하면서 이날 보고회 축사를 맡은 김기남 당시 조선로동당 중앙위원회 비서가 한 연설 내용도 함께 보도한다.

"김혁은 주체혁명위업의 여명기에 김일성 주석을 **민족의 태양으로, 혁명의 수령으로** 높이 우러러 모시고 단결의 중심, 영도의 중심으로 받들어나감으로써 조선혁명운동사상 **처음으로 수령을 중심으로 하는** 혁명대오의 통일단결의 새 역사, **영도자와 대중이 동지애에 기초한 사상과 신념의 일체를 이루고 혁명을 승리적으로 전진시켜나가는 투쟁의 새 시대를 열어놓는데서 특출한 공적**(강조, 필자)을 남겼다."

결과, 지금 김혁은 당시 - 1920년대 말 1930년대 초 항일무장투쟁 시기 함께 활동했던 혁명 동지 차광수 등과 함께 대성산 혁명열사릉에 묻혀있다. 그리고 필요할 때마다, 예하면 중국에서 실권을 장악한 덩샤오핑(鄧小平)의 개혁·

개방노선과 1980년대 사회주의권에 불어닥친 현실사회주의 위기는 수령에게 가장 충실했던 두 인물을 매번 소환하게 만든다.

너도나도 80년대의 김혁, 차광수가 되자!

그만큼 자기 수령(영도자)에 한없이 충실했고, 혁명의 그 한길에서 한치의 좌고우면하지 않았다는 의미이다.

서사敍事의 연결구조가 그렇다. '백두산', '한별(태양)', '김일성'으로 말이다. 백두산에서 김일성은 항일의 조종을 알렸고, 해서 북의 항일은 백두산에서 시작된 항일무장 투쟁사와 정확히 비례한다. 그러니 북의 모든 사상·이념적 뿌리는 김일성의 혁명사상과 노선, 전략에 근거하고, 이 모두는 이 백두산에서 나온다. 구체적으로는 북의 지도이념인 주체사상의 근원도 이 백두산에 있고, 백두혈통의 정치적 출발점도 이 백두산이고, 수령중심의 유일사상체계도 이 백두산에서 발원한다. 나아가서는 '김일성 민족'의 시원도 이 백두산에서 찾아진다.

그런 백두산이었기에 제2차 북미정상회담이 결렬된 이후 10월과 12월 두 차례에 걸쳐 김정은 국무위원장은 백마를 타고 백두산에 올랐고, 이때 내온 최종 결심이 미국과의 '정면 돌파(전)'이다. 백두산은 바로 그런 곳이다.

1930년대 김일성에 의한 항일의 발원지가 2020년에는 김정은에 의한 대미항전의 발원지로 연속된 것이다. 그래서 그랬을까? 김정은 국무위원장은 "백두의 혁명정신을 배우려면 반드시 백두산 혁명전적지 답사를 그 핵심으로 하는 **백두산 대학**(강조, 필자)을 나와야 한다"라고 강조했다.

백두산은 분명 그렇게 북에 있어 혁명성지이다. 그러니 북을 이해하는 데 이 백두산이 갖는 상징을 제대로 이해하지 못한다면 절대 북을 올바르게 알지 못한다. 왜냐하면 북은 그 모든 서사-주체사상, 백두혈통, 사회정치적 생명체론, 유일사상체계, 김일성 민족론으로 대표되는 모든 서사가 이 백두산에 찾아지고 집약되어있기 때문이다.

2) 조선 혁명의 성산, 백두산

북은 위 '1) 조종祖宗의 산, 백두산'에서 확인받듯 자신들의 사상과 이념, 전략과 노선, 제도와 질서 등 그 모두에 항일무장투쟁에서 얻은 경험과 교훈을 집약해놓았다. 그래서 백두밀림에서 발원된 항일무장투쟁을 떠나 오늘날의 조선을 설명하는 것은 아예 불가능하다. 의역으로는 항일무장투쟁을 떠나서는 북이 설명될 수 없고, 항일무장투쟁 경험의 이념적 일반화가 없는 조선민주주의인민공화국은 상상할 수 없다 이다.

일본 출신 북 연구 권위자 중 한 명인 와다 하루키 교수도 이를 인정한다. 물론 조금 비틀기는 했지만, 그는 자신의 저서 〈북조선〉에서 북을 '유격대 국가론'으로 정의해냈다. 그만큼 지금의 조선을 설명함에 1930년대 백두밀림에서 발원된 항일무장투쟁을 인정하지 않을 수 없었다. 하물며 외국인의 눈에 비친 백두산도 그러하거늘 조선 인민에 있어 백두산은 김일성 주석의 항일활동이 북 체제의 근간根幹을 이루며 항일유격대의 특성이 정치, 경제, 사회, 문화 전반을 지배하고 있다 해도 과언이 아니다.

"백두산", 북에서 백두산은 그렇게 조선 혁명의 성산이고 다른 말로는 조선 혁명의 심장이라 할 수 있다.

과거와 현재, 미래를 이어가고, 이의 정치적 해석이라 할 수 있는 항일무장투쟁의 경험과 교훈은 김일성 중심의 민족해방운동뿐만 아니라 북 체제 성립의 사회주의 전사, 더 나아가서는 북 체제 성립의 유일한 원형으로 자리매김한다. 또 다른 말로는 모든 정당성의 뿌리이자 인민들이 반드시 숙지해야 할 교본敎本이다.

이뿐만 아니다. 지금도 북은 "생산도, 학습도, 생활도, 항일유격대식으로!"란 구호가 온 사회를 지배하는데, 이렇듯 항일무장투쟁은 여전히 인민들과 함께 호흡하는 규범적 가치이다. 다른 말로는 온 사회의 이념적 무장과 도덕적 규범도 항일무장투쟁과 함께 가고, 그들의 통치 이데올로기도 항일무장투쟁 경험의 형상에서 비롯되고, 정치·사상적 자양분의 원천 또한 항일무장투쟁에 있다.

그래서 1990년대 제2의 고난의 행군도, 2000년대 이후 지금껏 미국의 제재와 압박도 이겨낼 수 있는 정치·사상적 자양분이 항일무장투쟁이고, (항일무장투쟁) 정신은 불멸의 '유전자'이자 불변의 사회적 '원소'이다. 결과 백두밀림에서 발원된 항일무장투쟁 경험의 형상 작용은 북 사회가 아주 일사불란하게 움직여 낼 수 있는 원동력이다.

중심은 뭐니뭐니해도 '수령결사옹위정신'을 그 핵으로 하는 백두의 혁명정신이다. 관련해 김정일은 자신의 논문 〈주체의 혁명전통을 빛나게 계승발전시키자〉(1991.12.05)에서 백두의 혁명정신을 "수령님께 끝까지 충성 다하는 충실성의 정신이며 (중략) 백절불굴의 투쟁정신"으로 규정했다. 리철 또한 '백두의 혁명정신은 우리 혁명의 명맥'이란 글을 2013년 12월 26일 〈로동신문〉에 기고하면서 김정일의 위 논문을 재확인한다. "백두의 혁명정신은 수령결사옹위를 제일생명으로 하는 가장 고결한 충실성의 정신이고 부닥치는 난관을 자체의 힘으로 맞받아 뚫고나가는 자력갱생, 간고분투의 혁명정신이며 억천만 번 쓰러졌다가도 다시 일어나 혁명의 승리를 위하여 억세게 싸워나가는 백절불굴의 투쟁정신이다."

그렇게 내용을 한마디로 요약하면 수령을 중심으로 일심단결하여 북 자신들의 스스로 힘으로 사회주의 혁명 위업을 완성해 나겠다는 자주정신이다.

3) 주체 혈통의 뿌리, 백두산

북은 왜 그토록 주체의 혈통에 집착할까? 다른 데 있지 않다. 백두산에서 시작된 항일무장투쟁은 북 스스로 얘기하고 있듯 북 자신들의 모든 사상적, 이념적, 정치적, 제도적 근원과도 같고, 이 과정에서 획득된 자신들의 총 재부財富가 항일무장투쟁이니 이 어찌 항일무장투쟁을 자신들의 혁명전통으로 자리매김해내지 않을 수 있겠는가? (자리매김은) 너무나도 당연하다 할 것이다.

김정일은 이를 이렇게 설명한다. 자신이 후계자로 내정된 직후인 1974년 4월 14일에 발표한 〈전당과 온 사회에 유일사상체계를 더욱 튼튼히 세우자〉라는 논문에서 백두산에서 시작된 항일무장투쟁에 대한 의의를 "수령님께서는 생사존망의 위기에 처한 우리 민족에게 재생의 길을 열어주시고 지난날 다른 사람들로부터 굴욕당하고 압박당하며 살아온 우리 인민을 이 세상에서 가장 긍지 높고 존엄 있는 인민으로 만들어 주시었다"라며 항일무장투쟁에 대한 의의를 '우리 민족에게는 재생의 길'로, 인민에게는 김일성에 의해서 '존엄 있는 인민'으로 재탄생되었음을 상기시킨다.

설명하자면 김일성이 조선을 해방하기 전인 일본제국주의의 지배를 받던 시기에는 주체성을 지닌 인민으로 될 수도 없었고 자기 운명을 결정할 수도 없는 존재였지만, 김일성이 민족을 해방하여 주체 시대로 역사를 개벽하고 인민에게 "이 세상에서 가장 긍지 높고 존엄 있는 인민으로" 만들어 주셨기에 '어버이'수령이라는 극존칭이 가능하고, 김일성 중심의 항일무장투쟁이 민족을 재생시켜 새로운 시대, 즉 주체 시대가 열렸다는 인식을 가능케 했다.

〈혁명전통강좌 – 김일성종합대학 강의록〉(극동문제연구소, 1974)에서는 이를 이렇게 설명한다.

첫째, 항일무장투쟁이 유일사상체계를 세우는 데서 핵심적인 작용을 했으며, 둘째, 항일무장투쟁 당시 항일투사들의 김일성 수령을 충성으로 떠받드는 모범을 따라 배울 수 있고, 셋째, 혁명전통이 당과 혁명의 역사적 뿌리이고 귀중한 재부라 했을 때 항일무장투쟁만이 이에 해당되기 때문이다.

이처럼 주체 혈통의 뿌리가 백두산에서 출발한 이유는 '혁명전통이 당과 혁명의 역사적 뿌리이고 귀중한 재부라 했을 때 항일무장투쟁만이 이에 해당하기 때문'이다.

김재천은 이를 좀 더 김일성에 집중시킨다. "항일혁명투쟁이 유일한 역명전통으로 되는 것은 김일성의 영도하에 진행된 항일혁명투쟁이 참된 지도사상인 주체사상의 기치 밑에 진행된 혁명투쟁으로서 인민의 반일민족해방투쟁의 주류였기 때문이다. 그러므로 항일혁명투쟁의 시기에 시작된 혁명전통은 주체형의 혁명적 당의 역사적 뿌리이며 그 대를 이어주는 주체의 혈통이 된다."(김재천, 〈후계자 문제의 이론과 실천〉, 1989)

함치영은 백두산에서 시작된 혁명전통을 연속혁명 관점에서 주목한다. 이를 자신의 저서 〈계속혁명에 대한 주체적 리해〉(1991)에서 이렇게 담는다. "노동계급의 혁명위업을 대를 이어 계승·완성할 수 있게 하는 고귀한 재부이며, 자주 위업이 명맥을 이어 나가게 하는 혈통"이라고 정의한 뒤 "혁명전통이 조선로동당이 혁명을 추동해 나가자는 역사적 뿌리이자, 혁명 위업을 완성하기 위한 실천적 밑천"으로 말이다.

2011년 12월 23일 웹사이트 〈우리민족끼리〉에 실린 백두혈통의 모습은 이렇다. "백두의 혈통은 우리 민족의 넋이며 우리 혁명의 대를 이어주는 명맥"이며 "이것은 우리식 사회주의가 다름 아닌 백두의 혁명전통에 뿌리를 두고 있다는 것을 말하여준다. 백두산을 떠나 조선혁명에 대하여 말할 수 없는 것처럼 백두의 혁명전통을 떠나 우리 식 사회주의위업의 개척과 승리적 전진, 그 양양한 전도에 대하여 생각할 수 없다."

류동호는 여기서 더 나아간 서사를 다음과 같이 선보인다. 자신의 시 〈우리는 백두산 혈통밖에 모른다〉에서 아예 백두산을 '김일성＝김정일 ＝김정은'으로 완전 합체시킨다.

피가 끓어 용솟는 심장을 움켜쥐고/우리는 왜/백두산혈통!/이 말을 다시 새겨보는가 //새겨보면/이것은 한갖 말이 아니다/피흘려 찾은 조국 앞에서/오늘의 준엄한 혁명 앞 에서/이 나라 인민이/목숨처럼 안고 사는 이 말은/단 하나뿐인 조선의 운명!……(중략) //저 하늘의 뭇별들을 다 합쳐도/태양을 대신할 수 없듯/사상도 령도도/덕망도 담력도/ 수령님과 장군님 그대로이신/우리 원수님만이 이으실 수 있는/백두산혈통!//고난의 눈 보라가 아무리 사나웠어도/햇빛은 가리우지 못했고/시련의 폭풍이 아무리 몰아쳤어도/ 백두의 혈통은 흐리우지 못했거니//백두산의 풀뿌리 맛을 알고/백두산의 생눈을 씹어본 사람/이 산을 등진 적 없다/백두산혈통의 덕에 사는 인민/백두산의 피줄기를 잃고서는 못산다……(중략) //오늘의 백두산은/우리의 김정은장군/태양의 그 품을 떠나면/인민 이 죽고/조선의 명줄이 끊어진다……(중략) //김일성민족의 영원한 피줄기/김정일조선 의 영원한 생명선/백두산혈통 오, 태양의 혈통/이 혈통을 따라 혁명은 승승장구하고/이 혈통을 지켜 이 땅에 천만복이 꽃펴나거니……(중략) //이 땅에 높이 솟은 백두산 앞에 서/이 나라 인민은/만대에 이어갈 선군조선의 의지를 웨친다/우리는 백두산혈통밖에 모 른다!/오직 한분 김정은장군밖에 모른다!

설명으로는 백두혈통과 수령의 관계성을 적어도 3가지 필요충분조건 이 갖춰져야 함을 알 수 있게 한다.

첫째는, 수령과 그 수령의 후계자들은 '백두혈통'의 발원지라 할 수 있는 백두산 정신을 체화하고 있어야 한다. 둘째는, 수령과 그 수령의 후계자 들은 반드시 '백두혈통'으로 연결되어야 하는데, 이는 김일성의 사상·이 념·노선의 정치적 혈통 그것을 100% 그대로 '순응' 승계하여야 한다. 셋 째는, 수령과 그 수령의 후계자들은 '백두혈통'을 연결고리로 갖는 만큼, 백두혈통의 핵심 내용이라 할 수 있는 수령에 대한 절대적 충실성을 그 전제한다.

이 중에서도 우리가 특히 주목해야 하는 것은 '셋째는'이다. 왜냐하면 향후 북 인민들이 김정은과 그 이후의 후계승계와 관련해서는 제아무리 수령의 혈통 체제에 대한 상징적, 논리적 근원이 백두산에 있다곤 치더라도 그 어떤 후계자들도 김일성－김정일과 같이 '직접적' 출생을 백두산에서 찾을 수는 없다. 그래서 나온 논리가 '백두산＝김일성의 항일무장투쟁＝백두혈통＝정치·사상혈통'으로 연결되는 '주체의 혈통' 개념이다.

리철은 이를 좀 더 구체화하고 명확히 한다. 2013년 12월 26일 〈로동신문〉에 기고한 '백두의 혁명정신은 우리 혁명의 명맥'이라 글에서 그는 김정일에 의해 정의된 "백두의 밀림에서 타오른 혁명정신은 이 땅에서 대를 이어가며 빛을 뿌릴 가장 고귀한 재부이며 우리 민족의 무궁한 번영을 담보하는 불멸의 기치입니다"를 재인용, 이를 "우리 시대 혁명가들이 지녀야 할 사상정신적 풍모들을 전면적으로 담고있는 것으로 하여 백두의 혁명정신이 우리 혁명의 전력사적 로정에서 비상한 견인력과 생활력을 발휘하고 있는 것이다"라고 규정한다. 그래놓고, 그는 "그러면 백두의 혁명정신이 왜 우리 혁명의 명맥으로 되는가"라고 되묻고 두 가지 근거를 제시하고 있는데, 하나는 "백두의 혁명정신이 우리 혁명을 영원히 백두산혈통으로 빛내여나갈 수 있게 하는 위력한 사상정신적 무기이기 때문"으로 규정, 이에 대한 설명을 "혁명은 결코 한두 세대에 끝나는 것이 아니다. 대를 이어 계속되는 혁명투쟁에서 첫째도 둘째도 셋째도 중요한 것이 사상과 령도의 유일성과 계승성을 확고히 보장하는 것이다. 하나의 사상, 하나의 중심에 기초한 일심단결의 전형과 고귀한 전통이 바로 항일무장투쟁시기에 마련되였다"로 결론짓는다. 또 다른 하나는 "그것은 또한 백두의 혁명정신이 백두산대국의 존엄과 강성번영의 기상을 세계에 높이 떨쳐나갈 수 있게 하는 원동력이기 때문이다"라고 규정, 이에 대한 설명을 "이 땅의 고귀한 전취물들과 귀중한 재부들은 그 어느 것이나 다 우리 군대와 인민이 당과 수령의 령도따라 백두의 혁명정신으로 마련한 것이다. 우리는 자력갱생, 간고분투의 혁명정신, 백절불굴의 투쟁정신으로 혁명의 모든 년대들을 세기적인 비약과 천지개벽으로 수놓아왔다'라고 결론지으면서 최종적으로는 김정일이 말했던 "세월은 흐르고 세대는 열백 번 바뀌어도 변할 수도 바뀔 수도 없는 것이 백두의 혈통이며 백두의 혁명정신이다'라고 결론 낸다.

약 8개월 뒤인 2014년 10월 21일 〈로동신문〉도 이를 재확인해준다. '주체의 혈통'이라는 제목에서 "어떤 혈통을 선택하는가에 따라 당과 혁명의 운명과 전도가 좌우"되기 때문에 "위대한 혈통은 대를 이어 굳건히 계승해나가야만 혁명위업은 필승불패"가 되는데, 그 위대한 혈통은 다름 아닌 "주체의 혈통"이고, 그 주체의 혈통만이 "수령의 혁명적 당건설 위업과 주체혁명 위업 수행에서 굳건히 이어나가야 할 영원한 혁명의 명맥이며 피줄기"이고, 바로 여기에 "위대한 대원수님들의 혁명사상과 리론, 방법이 전면적으로 집대성되어 있다'라는 것이다. 그리고 바로 그 혈통이 백두에서 개척되었다는 것인데 "백두에서 개척된 주체혁명 위업의 종국적 승리를 이룩하시려는 경애하는 김정은 원수님의 철석의 신념과 의지에 의하여 우리 당의 주체의 혈통이 대를 이어 굳건히 고수"되고 있고, "주체의 혈통은 우리 혁명의 최후승리를 확고히 담보하는 불패의 힘의 원천으로 앞으로도 꿋꿋이 이어질 것이다'로 마무리한다.

해서 정리되는 내용은 이렇다. 이처럼 (지금의) 북은 사상, 이념, 제도와 질서, 문화생활 등 그 어떤 영역이든 김일성이 백두산에서부터 시작한 항일무장투쟁에서 그 원형을 찾아낸 만큼, 이를 혁명전통화하는 것은 그리 어려운 문제가 아니다. 즉, 항일무장투쟁에 깃든 김일성의 사상, 이념, 노선이 북의 혁명전통이 되는 것이고, 그 혁명전통이 당과 혁명의 대를 이어주는 핏줄기, 다시 말해 혁명의 과거와 현재, 미래를 한줄기로 순결하게 이어주는 명맥으로 연결할 수 있다.

그런데 여기서도 보다 우리가 주목해야 할 지점은 백두혈통을 단순하게 김일성 가계의 '핏줄' 개념만이 아니라 김일성의 항일혁명 투쟁노선을 수용하느냐 마느냐에 있고, 이는 다시 백두혈통의 시원을 열었던 김일성의 사상, 이념, 노선이 이후 수령 계승자들과 정확히 일치하는가 그렇지 않은가를 판별할 수 있는 기준으로서의 '주체 혈통'을 재再정식화 한데 있다.

결과적으로 그것은 마치 신의 한 수와 같은 것이다. 왜냐하면 김일성 중심의 인민 공화정이자 사회주의적 민족국가가 지속되기 위해서는 주체의 혈통 개념 정립이 꼭 필요했고, 이를 통해 김일성 민족이 지속될 수 있는 사상적, 철학적, 정치적, 사회적 예방 안전장치를 확실하게 마련했다고 볼 수 있어서 그렇다.

왜?

김정은 국무위원장까지는 아니었지만(발생하지는 않았지만), 북은 앞으로 충분히 일어날 수도 있는 김일성 가계에 의한 '핏줄' 혈통으로서의 백두혈통이 아닌, 김일성 주석의 사상·이념·노선의 일치성으로 확대된 주체의 혈통에 의해 발생할 수 있는 새로운 수령과 후계자의 등장은 이제껏 '결과적으로' 확인되어왔던 김일성 가계의 '핏줄' 혈통이 그러한 새로운 변화를 통해 이제껏 정치엘리트 집단 내에서 암묵적으로 유지되어 왔던 '과소 응집의 법칙'이 과연 지속 가능할 것인가? 또, 정말 그렇게 되었을 때 과연 그 후계자는 어떻게 '이론적' 및 '인민적' 동의를 받을 것이며 정권의 정통성 또한 가능할까? 나아가서는 과연 과거와 같은 수령의 절대적 권한과 권위가 제대로 작동하기나 할까? 등등 김정일과 김정은 이후 맞닥뜨리게 될 숙제가 이렇게 많은데, 이 모두를 핏줄 개념이 아닌 '주체 혈통'개념 정립 한 방으로 모두를 날려 보낼 수 있다라고 할 수 있는 것이다.

김일성에서 시작된 백두혈통이 왜 주체 혈통으로 진화할 수밖에 없는

지가 그렇게 해결되었고, 그렇게 확보해낸 정당성은 이후 북이 천년만년千年萬年 김일성 민족으로의 영속성을 보장해주는 만능보검과도 같다. 그런데도 계속하여 우리들의 '고정된' 확증편향 시각만으로 북의 그러한 사회정치적 개념의 백두혈통 개념을 생물학적 개념으로 자꾸만 왜곡하는 것은 명백한 오류이자 '의도된' 북 폄훼와 다름 아니다. 한번 잘 생각해보자.

4) 항일무장투쟁에 대한 재해석:
역사와 신화神話가 된 항일무장투쟁

그렇다. 백두산에서 시작된 항일무장투쟁, 그리고 그 항일무장투쟁이 낳은 백두혈통, 아니 주체 혈통은 '정치적 혈통'개념으로 재확립되고, 김일성 민족 시작의 시원까지 열어놓은 민족재생의 역사이자 '지금의' 현재, '나아가야 할' 미래 그 자체이다.

과거로서는 1961년 제4차 당 대회에서 당규약을 개정하면서 '항일무장투쟁의 혁명전통'을 당 지도이념에 확정하였고, 현재와 미래로서는 2021년 개정된 당 규약 서문에 조선로동당은 "항일혁명투쟁시기에 창조되고 발전 풍부화된 **주체의 혁명전통**(강조, 필자)을 고수하고 끊임없이 계승발전시킨다"로 정립되었다.

그래서 선택은 늘 북의 몫으로 존재한다. '주체의 혁명전통을 고수하고 끊임없이 계승발전 시키는' 방향이 지금처럼 김일성 가계에 의한 '핏줄' 혈통을 계속하여 승계해가는 방식의 주체 혈통개념이 될지, 아니면 김일성 가계가 아닌 '정치적' 혈통으로 승계되는 주체 혈통개념으로의 혁명전통으로 재정립될 것인지는 북 스스로만이 선택할 수 있다.

그렇지만 또한 분명한 것은 수령의 자격요건이 제아무리 당대 수령과 핏줄로 연결된 아버지, 혹은 그, 그, 그...할아버지라 할지라도 백두혈통에 깃든 정신과 사상, 이념, 노선의 정신세계와 이를 실현해 나겠다는 실천 의지가 없다면 누구도 주체의 백두혈통이 될 수 없음도 자명하다.

바로 이 지점이 우리가 다음과 같은 것들을 생각해내어야만 한다. 다름 아닌, 북은 프로이드가 말한 대로 과거로부터 전달된 역사적 사실을 계속하여 지침 유형의 성격을 갖는 '회상'의 기억장치를 통해 집단 내의 구성원들 모두가 아무런 저항 없이 그대로 따르려고 하는 심리학적 경향을 매우 잘 활용하고 있다. 나아가 기억사회학자 알박스Maruice Halbwachs의 개념을 보다 더 선명하게 해석해낸다. 어떻게? 항일무장투쟁은 북 주민 모두를 하나의 세계관으로 묶어 세워낼 수 있는 '공유된 기억'과 같게 말이다.

정말 엄청나다. 이 지구상 어떤 국가도 해내지 못한 것을 북은 해낸 것이다. 한 번만 생각해봐도 이는 금방 알 수 있다. 이 지구상 어떤 국가가 '회상'이라는 기억장치와 '공유된 기억'으로 국가구성원 '인민'들 모두를 그렇게 하나의 사상체계로 일치단결시켜 낼 수 있겠는가? 그걸 북이 해냈단 말이다.

그러니 이 어찌 대단하지 않다, 하겠는가?

바로 그런 나라가 북이고, 오직 항일무장투쟁이라는 역사적 경험을 다양한 국가적 재생장치를 통해 생산·유지되는, 그리하여 국가구성원 모두가 국가와 똑같은 하나의 기억만을 갖는 이 지구상 '유일' 나라 북, 그 중심에 백두산이 있고, 바로 그 백두산이 이처럼 민족과 혈통, 주체와 혁명, 그 모든 것을 상징한다.

해서 다시 이 지점에서 엘리아데를 소환해 그 의미를 되새기면 '백두산'은 모든 것의 기둥이고 세계의 축이며 '백두혈통'은 특정한 영역이 주위의 우주로부터 떨어져 질적인 변화를 일으킨 참 공간, 즉 '주체 혈통'으로 성역聖域된다. 그리하여 김일성-김정일-김정은으로 이어지는 연결고리를 너무나도 당연하게 여기고, 그리고 그 이후의 수령과 후계자들은 백두산을 연결고리로 하여 수령교대(혹은, 교체)가 이뤄지더라도 이는 단순한 권력의 계승(혹은, 승계)만이 아닌, 즉 지배의 정통성 이양뿐만 아니라 성성聖性을 계승시키고 유일 중심中心을 상징화시켜 내는 것과 똑같다. 바로 그 상징 뿌리가 백두산이고 그 혈통으로 성장한 김정일과 김정은, 그리고 그 이후의 수령과 후계자들도 "수령의 대를 이어받는 미래의 수령으로서의 신성불가침"(김유민, 〈후계자론〉, 1984)한 존재로 재탄생하게 된다.

이는 마치 우리 선조들이 신봉해왔던 천제 내지, 상제의 자손을 국가의 시조로 내세우는 것과 똑같고, 일본 출신 무라야마 지준村山智順이 말했던 것처럼 "하늘을 숭상하여 천계天界와 피血가 연결된 것으로 믿는 순진한 자존심을 갖고 살아온 일면"(〈朝鮮の風水〉, 京城: 朝鮮總督國書刊行會, 1972復刊)과도 같다.

'백두', 또는 '백두산'은 그렇게 역사와 신화, 둘 다 함의하는 역사상 유일무이唯一無二한 '회상'의 기억장치이자 '공유된 기억'이다. 그런 만큼 이 어찌 북을 제대로 알려면 김일성 주석에 의해 시작된 항일무장투쟁 역사를 제대로 아는 것으로부터 시작해야 하지 않겠는가.

2. 주체 이념과 조선:
주체사상 없는 조선을 생각할 수 없다

멀리 갈 것도 없다. 북 헌법 서문 첫 구절과 조선로동당 규약 전문 첫 문장 자체가 모두 '주체'이다.

서문 첫 구절이다. "조선민주주의인민공화국은 위대한 수령 김일성동지의 사상과 령도를 구현한 **주체의** 사회주의조국이다. (중략) 김일성동지께서는 **영생불멸의 주체사상을 창시하시고** 그 기치밑에 항일혁명투쟁을 조직령도하시여 영광스러운 혁명전통을 마련하시고 조국광복의 력사적 위업을 이룩하시였으며 정치, 경제, 문화, 군사분야에서 자주독립국가건설의 튼튼한 토대를 닦은데 기초하여 조선민주주의인민공화국을 창건하시였다." 규약 전문 첫 문장이다. "조선로동당은 위대한 김일성 – 김정일주의당이다. **김일성 – 김정일주의는 주체사상에 기초하여**(강조, 필자) 전일적으로 체계화된 혁명과 건설의 백과전서이며 인민대중의 자주성을 실현하기 위한 실천투쟁속에서 그 진리성과 생활력이 검증된 혁명적이며 과학적인 사상이다."

무엇을 느낄 수 있는가? 적어도 필자는 김일성과 김정일 없는 주체사상을 생각할 수 없고 주체사상 없는 북을 생각할 수 없다, 이다. 주체사상은 그만큼 오늘날 조선을 있게 한 사상적 버팀목이자 그들의 시각에서는 김일성과 김정일 같은 "탁월한" 수령을 낳게 한 정치적 자산이다.

비례적으로는 이 버팀목이 무너지면 북도 무너지는 것이다. 그러니 북의 입장에서는 왜 이 주체사상이 자신들의 통치 이데올로기를 넘어 유일지배 이데올로기로서의 위상을 가져갈 수밖에 없는 이유가 그렇게 발생한다. 해서 이 단락은 바로 그 유일사상으로서의 주체사상이 어떻게 북의 유일 지배 이데올로기 위상을 확보하였는지를 시계열적으로 추적하여 오늘날 조선을 이해하려 한다.

1) 주체사상과 이데올로기

이데올로기가 하루아침에 만들어질 수는 없다. 해서 그 의미와 기능을 제대로 잘 이해하기 위해서는 이와 연관된 담론과 철학, 이데올로기와의 상관관계를 잘 이해하는 것이 매우 중요하다.

(1) 담론과 철학, 그리고 주체사상

알려진 대로 개념은 힘이 세다. 왜냐하면 어떤 개념이 생성되어 통용되기 시작하면 사물과 현상을 보는 시선을 한쪽으로 끌고 가기 때문이다. '기울어진 운동장'이나 '성인지 감수성' 등과 같은 말의 위력을 보면 이는 금방 알 수 있다. 이름하여 담론談論적 힘이 생기는 것이다.

"담론", 어떤 의미일까? 사전적 의미는 사실 별것 없다. 담화談話하고 논의하는 것을 뜻한다. 그런데 여기에 정치적 옷을 입히면 그 개념은 상당히 달라진다. 이름하여 '정치 담론' 개념을 만들면 '별것 없지' 않게 된다. 설명으로는 정치가의 공식적인 담화, 즉 연설이나 논설에서 나타나는 논의 또는 정치영역에서 전개되는 특정 주제에 대한 논의를 지칭하게 되어 이때부터 시작되는 정치 담론은 단순 레토릭rhetoric 차원을 넘어 특정 정치체제에 대한 권위를 부여하고, 권력 및 자원의 분배 양식을 정당화하는데 핵심적인 매개 역할을 한다. 또 그렇게 입혀진 정치 권력은 특정 담론을 생산하고 유지하며, 이를 통해 이데올로기적 지배를 확고히 하는 힘도 만들어낸다. 해서 이데올로기는 개념과 담론의 그 연장선상에 존재함을 알 수 있다. 결과 그 특성으로 인해 이데올로기는 어떤 한 대상에 대해 직접적으로 수행하는 하나의 영역을 소유하는데, 담론이 그 한 예다. 그리고 이때 담론은 언제나 개념에 토대를 두었으나 정치 담론을 거쳐 완전 독자적인 이데올로기의 한 구성 부분으로 나아가 이데올로기의 존재 양식과도 같게 된다. 개념, 담론, 이데올로기가 그렇게 연결되어 있다면, 그럼 철학哲學은?

여러 의미로 해석할 수도 있겠지만, 가장 보편적으로 사용되는 개념으로 설명하자면 세계와 인간의 삶에 대한 근본원리, 즉 인간의 본질, 세계관 등을 탐구하는 학문 정도가 된다. 해서 철학은 필연적으로 존재, 지식, 가치, 이성, 인식 그리고 언어, 논리, 윤리 등의 일반적이며 기본적인 대상의 실체를 연구하는 체계적 학문이다. 결과 철학은 세계관, 인생관, 가치관 등을 필수적으로 포함하며 결국 세계와 인간과 사물과 현상의 가치와 궁극적인 뜻을 향한 본질적이고 총체적인 천착에 집중할 수밖에 없다.

"철학", 정의를 그렇게 내릴 수 있다면 이로부터 파생되는 담론분석은 한 사회의 이데올로기적 정향과 변화양상을 파악하는데 중요한 관건이고, 이데올로기는 이론theory, 혹은 철학philosophy이라는 말과도 큰 차이 없이 사용됨도 알 수 있다. 다만 차이는 철학이 이데올로기보다 더 광의의 개념이라 할 수 있고, 그런 의미에서 철학은 보다 '목표지향적인 신념체계goal-oriented systems of ideas'이고, 이데올로기는 '행동 지향적인 신념체계action-oriented systems of ideas'에 보다 더 가깝다.

'행동 지향적 신념체계'의 이데올로기에 대한 정치적 관점이란?

어떤 행위를 지지하고 주장하는 신념체계가 이데올로기라고 한다면 이의 정치적 관점은 한 정권의 진로를 결정하는 근본적인 힘이자 사회가 추구하는 목표와 그 목표에 도달하는 수단의 틀이 된다.

해서 (행동 지향적 신념체계로서의) 이데올로기는 적과 동지를 구분하는 엄격한 양단논법의 형태를 띰은 물론, 일정한 정치·사회적 활동을 위하여 사전에 계획된 정치적 목표와도 같게 된다. 나아가서는 사회적 분열과 통합이 교차하는 가운데 미래의 사회상을 조직적으로 주입하고, 사회구성원들에게는 일정한 방향을 제시해주는 이념체계가 된다.

그래서 철학은 또 다른 연관 파생개념을 낳는데, 다름 아닌 '사상'이다. 일정한 계급이나 계층의 요구와 이해관계가 반영된 자연과 사회, 또는 그 개별적 대상에 대한 관점과 입장, 견해의 체계가 사상이다.

자, 그래놓고 이 책에서 핵심적으로 살펴보고자 하는 주체사상과 이데올로기와의 상관관계를 한번 살펴보자.

이데올로기는 철학적이거나 혹은 과학적인 측면에서의 양면성이 분명 존재하고, 이를 정치학자 앤드류 해커Andrew Hacker의 말을 빌려 설명하면 다음과 같다. 전자의 경우는 주로 현존하거나 미래에 이루어질 정치 및 사회체제를 정당화하는 역할을 중시하고(철학적 측면), 후자는 정치 및 사회현실의 왜곡歪曲된 기술記述과 설명에 초점을 두고 있다고 말할 수 있다(과학적인 측면).

그럼 주체사상은? 북의 주체사상은 이데올로기가 사회적으로 규정된 의식의 한 방향이기도 하지만, 정치 주체가 그 어떤 목적을 갖고 만들어 낸 교의敎義와도 같은 것이다.

설명하면 주체사상이 정말 북이 설명하고 있는 것처럼 세계와 인간 문제에 대한 해석을 제시하고 있고(철학적인 측면에서의 기능), 또한 세계와 사회를 어떻게 변혁시킬 것인가 하는 방법론까지 제시하고 있다면 북의 주체사상은 분명 북 체제를 철저히 정당화하는 기능까지 수행한다(과학적인 측면에서의 기능). 그래서 북의 주체사상은 이론적 법칙으로서의 철학과 사상이라는 용어 그 자체는 현재 서구 정치학에서 사용하고 있는 '이데올로기[불]idéologie, [영]ideology' 개념과도 매우 유사하다.

그래서 북의 주체사상을 특정 사상가의 주의·주장을 분석하듯 한다면 이는 매우 일면적 파악일 수밖에 없고, 완전하게는 북의 주체사상을 그냥 학술적, 혹은 철학적 개념만으로 보지 않고 국가의 통치이념과 지배 이데올로기로까지 함께 봐줘야 한다는 함의가 성립한다.

그러면 다음과 같은 결론도 가능하다. 주체사상이 담론이자 철학이고, 이데올로기이다. 해서 북의 모든 담론분석에는 주체사상 원리가 적용되고, 철학으로서의 목표지향적인 신념체계가 이데올로기적 존재 형태인 행동 지향적 신념체계로까지 확장된다. 하여 철학으로서의 주체사상은 이데올로기를 구체적으로 현존하게 하는 '매개체'이자 그 자체로는 이데올로기적 속성을 내포할 수밖에 없다. 그리고 당연히 그 끝점은 지배 이데올로기로서의 주체사상이 '유일적으로' 위치한다.

결과 북의 주체사상은 최종적으로 철학적 기능과 함께 아래 2가지 특징을 갖는다.

첫째는, 북의 모든 영역을 지도하는 사상체계이자 북 체제를 정당화하는 이념적 무기이다. 둘째는, 수령의 권위와 권력적 기반을 정당화해주고 주민들을 하나의 행동 테두리에 묶기 위한 통치 수단이기도 하다.

(이 둘을) 합치면 북의 주체사상은 통치자가, 혹은 지배자가 자신의 통치를 용이容易하게 해내기 위한 통치 이데올로기ruling ideology이자 그 사회에서 지배적 이념 역할까지 하는 지배 이데올로기dominant ideology이다.

(2) 주체사상과 맑스·레닌주의

위 주제 - (2) 주체사상과 맑스·레닌주의와 관련해 제일 먼저 해야 할 일은 주체사상의 형성과정이다. 왜냐하면 주체사상의 형성과정을 알아야 만 주체사상과 맑스·레닌주의와의 관계를 잘 알 수 있기 때문이다.

과정은 1920~1930년대의 맹아기를 거쳐 1950~1960년대 국가발전 이데 올로기를 지나 1970년대에는 철학적 원리 정립, 그리고 1980년대를 거치 면서 사상으로서의 사상이론체계를 갖는 종합적 체계화 과정을 거친다. 이후는 맑스·레닌주의를 대체하는 상황으로까지 발전하게 되고, 최종적 으로는 김일성 - 김정일주의로의 정립까지 도달한다.

그리고 그렇게 정립된 주체사상은, 김일성 - 김정일주의로 정립된 주체 사상은 북의 통치이념으로의 작동과 함께 이데올로기로서는 최고 단계인 한 국가의 지배 이데올로기까지 위상을 가진다.

여기서 잠깐, 철학과 사상을 사회주의적 관점에서 이데올로기로의 개 념 정립을 한 최초로 인물은 맑스이다. 그는 사회적 존재가 사회적 의식 을 결정한다는 명제와 모든 시대에 있어서 지배계급의 통치이념은 곧 지 배이념으로 된다는 두 가지 명제를 갖고서 이데올로기 개념을 정립해냈 다. 그러니 사회주의 국가인 북의 주체사상도 이 연장선에 있다. 즉, 주 체사상에 있어 '사상'은 김일성 주석의 사상적 사유의 결과물인 동시에 맑스가 최종적으로 도달한 통치이념, 혹은 지배 이데올로기의 의미까지 함의한다.

하여 주체사상은 "사유를 통하여 얻어진 내용", "사고나 생각", "제기된 문제에 대한 해답으로 주어지는 견해와 주장", "일정한 계급이나 계층의 요구와 이해관계가 반영된 자연과 사회 또는 그 개별적 대상에 대한 관 점과 입장, 견해의 체계"(《조선말대사전》, 1992) 등으로 정의된다.

그래서 주체사상도 하나의 이데올로기이다. 수령통치의 정통성과 정당성 확보, 사회구성원의 일체감 조성, 대외적으로는 자주노선 추구의 기반구축, 후계승계의 합리화 기제, 대중동원의 정당성 등과 관련된 이 모든 기능이 다 이데올로기적 측면에서의 접근방식과 상통한다.

증명하면, 그것도 시계열적으로 증명하면 이렇다. 주체사상이 처음과는 달리－맑스·레닌주의로부터 파생된 계승성의 강조와는 달리, 앞의 내용으로 차별화되는 과정에서 김일성 중심의 항일무장투쟁 정당화 및 주체사상 시원을 1930년대로 확정해낸다. 그리고 이는 결과적으로 식민지 조선 민중의 반일 감정과 김일성의 혁명적인 항일투쟁과 항일사상을 효과적으로 연결할 수 있게 하고, 인민들에게는 김일성 중심으로 일심단결할 수 있는 사상·이데올로기적 기초마련도 가능케 했다.

자주노선과 관련해서도 〈로동신문〉(1966.08.12) 사설 〈자주성을 옹호하자〉에서 확인받듯 "큰 당과 작은 당은 있으나 높은 당과 낮은 당, 지도하는 당과 지도받는 당은 있을 수 없다. 누구든 그 어떤 중앙적 지위에서 지시하고 통솔하며 누구는 그 밑에서 복종하고 떠받드는 관계란 허용될 수 없다"이다. 결과 중소분쟁의 와중에서도 북은 독자적인 중립 외교정책을 고수할 수 있는 근거가 되었다.

권력 및 후계승계와 관련해서도 제아무리 사회주의 국가라고 하더라도 일반적 의미에서는 권력의 혈통승계는 거의 불가능했지만, 북은 주체사상에 의해 혈통개념을 사회정치적 생명 개념으로 확장, 김일성 가계에 의한 후계승계도 이 확장된 개념 덕에 '대를 이어' 혁명 과업을 완수해야 한다는 논리로 성립시켰다. 뿐만 아니라, 주체사상이 담당하는 대중동원mass mobilization기능도 정치사업을 통하여 인민 그들이 혁명의 주인으로서 자각을 가지고 혁명의 주인답게 참가하도록 정치·사상적으로 발동시키는 방법만이 참다운 혁명적 방법이라는 논리하에 김일성 주석은 '청산리 방법'과 '대안의 사업체계'라는 혁명적 군중 노선을 창출할 수 있었고,

결국에는 이 군중 노선이 혁명적 사업 방법과 인민적 사업작풍으로까지 명명하기에 이른다.

(3) 주체사상과 인민대중제일주의

맑스·레닌주의와 주체사상이 갖는 차별화의 또 다른 한 지점은 철학의 성격을 규정하는 관점에 있는데, 맑스·레닌주의가 유물사관으로 대표된다면 주체사상은 이름하여 '사람 중심의 철학'으로 규정된다. 이때 가장 핵심적인 내용이 사회정치적 생명체론에서 말하고 있는 수령 및 인민대중중심의 철학 사관이라는 것이다.

관련해 아래 설명은 왜 그런 특징을 가질 수밖에 없었는지를 알려준다.

첫째는, 주체사상의 창시자인 김일성 주석에 의해 내세워진 '이민위천 以民爲天'은 주체사상의 출발점이다. 그의 회고록 〈세기와 더불어〉에서 김일성 주석은 왜 이민위천을 중시했는지 그 내용을 아주 상세히 공개한다. "'이민위천', 인민을 하늘같이 여긴다는 이것이 나의 지론이고 좌우명이었다. 인민대중을 혁명과 건설의 주인으로 믿고 그 힘에 의거할데 대한 주체의 원리야말로 내가 가장 숭상하는 정치적 신앙이며 바로 이것이 나로 하여금 한생을 인민을 위하여 바치게 한 생활의 본령이었다."

바로 이 김일성 주석의 정치·사상적 신념을 김정일 국방위원장은 좀더 철학적으로 해석해 주체사상의 핵심 종자로 삼았다. "주체사상은 인민대중을 가장 귀중한 존재로 내세우고 모든 것이 인민대중을 위하여 복무하게 할 것을 요구하는 이민위천의 사상"이라고 정의하고, 위원장 스스로도 늘 '자신의 한 생을 쥐어짜면 인민이라는 두 글자가 남는다'라고 할 만큼 '인민'을 매우 강조했다.

둘째는, 위 '첫째'에서 확인되듯 김정은 국무위원장은 아예 주체사상의 핵심 종자를 '인민'에게 둔다. 결과 2013년 김정은 총비서의 신년사는 "모든 것을 인민을 위하여, 모든 것을 인민대중에게 의거하여!'라는 정치 · 사상적 구호가 만들어진다. 그리고 같은 해 제4차 당세포 비서대회에서는 "김일성－김정일주의는 본질에 있어서 인민대중제일주의"라고 정식화한다. 이를 〈로동신문〉 사설에서는 "인민대중의 존엄과 권익을 절대적으로 옹호하고 모든 문제를 인민대중의 무궁무진한 힘에 의거하여 풀어나가며 인민을 위하여 복무"(2021.04.21)라고 정의한다.

이렇듯 주체사상 근원에는 '인민 사랑'에 있고, 이 근원이 바탕 되어 결국 주체사상은 '인민대중 중심'의 사상으로 진화하게 됐고, 이것을 선대 수령의 사상 정립이라는 후계자로서의 책무를 가졌던 김정일에 의해 그－주체사상의 이념적 본질을 '인민대중제일주의'로 정립하게 했다.

2) 심화학습:
주체사상 '깊게' 이해하기

1972년 9월 당시 주석 신분이었던 김일성 총비서는 일본 〈마이니치신문〉과 인터뷰를 진행한다. 여기서 그는 주체사상과 맑스 · 레닌주의와 관계를 묻는 한 기자의 질문에 다음과 같이 답변한다. "이와 같은 사상(주체사상)은 결코 우리가 처음으로 발견한 것이 아닙니다. 맑스 · 레닌주의자라면 누구나 다 이렇게 생각하고 있습니다. 다만 나는 이와 같은 사상을 특별히 강조하였을 뿐입니다"라고 하면서 주체사상이 기본적으로 맑스 · 레닌주의와 결코 다른 사상이 아니라는 입장을 분명하게 취한다. 그러면서도 "주체사상이란 한마디로 말하여 혁명과 건설의 주인은 인민대중이며 혁명과 건설을 추동하는 힘도 인민대중에게 있다는 사상입니다. 다시 말하면 자기 운명의 주인은 자기 자신이며 자기 운명을 개척하는 힘도 자기 자신에게 있다는 사상입니다"라고 정의해 맑스·레닌주의와도 그 어떤 차별성이 있음을 간접적으로 살짝 드러낸다.

"계승성"에 바탕된 "독창성", 그것이 주체사상이라는 것이고, 결국 그러한 인식은 1972년 개정된 사회주의헌법에 그대로 수용된다. 그건 다름 아닌, 맑스·레닌주의 대신, 자신들의 주체사상을 국가 지도이념으로 공식화한다. 그리고 이때의 주체사상은 김일성 주석이 〈마이니치신문〉과 인터뷰했을 때 그 후자, 즉 차별성에 더 방점을 찍었다는 의미이고, 결국 이 의미는 주체사상이 '자기 운명의 주인은 자기 자신이며 자기 운명을 개척하는 힘도 자기 자신에게 있다는 사상'에 입각해 있다는 것을 확실히 드러낸 것과 같다. 그러니 "조선민주주의인민공화국이 맑스·레닌주의를 우리나라의 현실에 창조적으로 적용한 조선로동당의 주체사상을 자기 활동의 지도적 지침으로 한다"라는 헌법 제4조로 반영되고, 그 결과 8년 뒤 당도−1980년 제6차 당 대회에서는 자신들의 지도이념으로 맑스·레닌주의를 대신해 주체사상으로의 대체가 일어난다. 어떻게? '맑스·레닌주의' 대신, 김일성의 '주체사상'만을 유일 지도이념으로 삼는다.

그런데 여기서 생각해야 할 의문 하나가 발생한다. 그건 다름 아닌, 왜 당은 주체사상을 자신들의 지도이념으로 채택하는데 있어 헌법 반영 후 8년이라는 시차를 두었을까, 하는 의문 그것이다. 당 우위 국가인 북 체제의 특성상−사회주의 체제는 국가보다 당 우위의 체제임으로 헌법보다는 당이 먼저 규약변경을 하고, 이후 헌법에 반영하는 것이 논리상 맞을 텐데, 거꾸로 헌법에 먼저 반영하고 당은 8년을 지나서 반영했다, 뭔가 설명이 좀 필요하다는 말과 같다.

설명은 이렇다. 적어도 1980년 제6차 당 대회 이전까지 비록 헌법에서는 주체사상을 국가의 지도이념으로 채택해 선포는 해내었지만, 1982년 〈주체사상에 대하여〉라는 주체사상에 대한 전일적 이론 나오기 이전까지는 주체사상이 맑스·레닌주의와 구별되는 새로운 사상으로 간주되기보다는 주체사상을 "혁명과 건설의 위대한 맑스·레닌주의적 지도사상", "맑스·레닌주의의 근본원리에 전적으로 맞는 사상", "혁명과 건설을 성과적으로 수행하기 위한 가장 정확한 맑스·레닌주의적 지도사상" 정도의 위상을 갖는, 즉 맑스·레닌주의와의 독창성보다는 계승성에 무게중심을 두고 있음을 자국과 우호적인 관계를 맺고 있는 중국과 소련에 신호를 보냈다고 보는 것이 타당하다, 하겠다. 왜냐하면 주체사상이 1982년 〈주체사상에 대하여〉와 같이 완전한 전일적 이론체계를 갖추지 못한 상태에서 당에서까지 주체사상을 지도이념으로 채택할 경우 두 대국과 불필요한 이념적 갈등을 자초할 수밖에 없는 상황을 사전 방지 차원에서 관리했다고 봐야 한다.

즉, 국가보다는 당 우위의 특징을 갖는 사회주의 체제의 특성상 형제당인 소련과 중국의 양 공산당에 대한 당적 예의 및 불필요한 마찰을 피해 보려는 북의 배려였다. 그런데도 헌법개정을 통해 주체사상이 맑스·레닌주의를 대신하게 한 것은 중·소 양 대국들에게 자신들의 사상과 노선을 북 자신들한테 무리하게 강요하는 것을 강력히 반대한다는 의지를 피력하는 의미가 분명 있다.

(두 대국과의) 마찰 없는 출구 전략을 당 내부적으로 그렇게 진행해 나간 핵심 인물은 당시 김일성의 '유일' 후계자인 김정일이 이 작업을 주도했다. 1974년 개최된 당 중앙위원회 제5기 8차 전원회의에서 김정일이 김일성의 후계자로 결정되고 약 두 달 뒤인 1975년 2월 19일 김정일은 전국선전일군강습회에서 맑스·레닌주의가 "어디까지나 100년 전, 50년 전의 자본주의와 제국주의를 분석한데 기초하여 내놓은 것만큼 오늘의 새로운 역사적 시대, 사회주의가 세계적 범위에서 승리하고 있는 우리 시대가 제기하는 모든 문제들에 해답을 줄 수 없는 것"이라며 한계를 지

적하고는 곧바로 "우리 시대, 주체시대는 무엇보다도 인민대중이 역사상 처음으로 자기 운명의 주인으로, 세계를 지배하는 주인으로 등장한 역사의 새 시대"라고 규정하고, '주체사상(김일성주의)'은 주체시대의 새로운 요구를 반영하여 나온 새롭고 독창적인 위대한 혁명사상이라고 선언하였다. 그러면서 같은 날 김정일은 "온 사회를 김일성주의화하기 위한 당사상사업의 당면한 몇 가지 과업에 대하여"라는 제목의 담화도 발표하는데, 여기서 그는 '온 사회를 김일성주의로 일색화'하는데 대한 강령까지 제시한다. 더 나아가 1977년에는 〈주체사상이 밝혀주는 혁명의 방법론〉이라는 책을 발간하면서, 이 책에서 '김일성주의(혹은, 김일성사상)'는 "주체사상과 그에 기초하여 전개된 혁명이론과 령도방법을 폭넓게 담게 되었다"라고 언급, 그 이론적 확장을 내온다.

드러나는 외형으로는 그렇게 국가와 국가, 당과 당과의 마찰은 최대한 피하면서도 당 내부적으로는 철저하게 사상이론적 차별화를 통해 그들 이론−맑스·레닌주의와는 결별의 시간을 가져냈던 것이다. 이미 그렇게 김일성주의화된 주체사상은 맑스·레닌주의에 대한 언급을 최대한 생략하면서 독자적인 주체사상의 핵심 내용으로 맑스·레닌주의가 담아내지 못했던 '사람 중심·인민대중 중심'의 철학 노선을 정립해나가 마침내 1980년 10월 제6차 당 대회에서 완전한 차별화, 즉 독창성에 성공한다.

조선로동당은 오직 위대한 수령 김일성동지의 주체사상, 혁명사상에 의해 지도된다.

(1) 맑스·레닌주의와의 차별화 전개 과정

제2차 세계대전이 끝나고 1950년 형성된 전후 당시 세계정세는 많은 나라가 조성된 정세에 맞게 민족해방투쟁을 통해 자주독립 국가로 속속 복귀한다. 이 과정에서 북도 자주의 길을 모색한다. 하지만, 건국 이후 얼마 지나지 않아 사회주의 내 두 대국은 중·소이념 갈등이라는 최악의 상황과 맞닥뜨리고, 북은 이 틈바구니 속에서 사회주의 계속 전진이라는 과제를 해결해야만 했다. 달리 길도 없었다. 오직, 독자적인 생존전략이 필요했고, 방향은 자신들의 국가이념을 보다 자신들의 처지와 환경에 맞게 진화시켜나가는 것뿐이었다.

북은 이 과정에서 두 가지 측면을 주목한다.

첫째는, 자신들의 주체사상을 사상·이념적 진화에 따른 필연적 결과라는 인식을 해낸다. 이미 인류 역사는 맑스·레닌주의가 주창했던 계급투쟁의 시기를 지나 '주체시대' 혹은 '자주성의 시대'로 진입했기 때문에 여기에 맞는 새로운 혁명사상이 필요하다는 것이 그 핵심이다. 즉, 전 세계적으로 사회주의의 승리와 노동계급의 혁명 투쟁, 식민지·반식민지 민족해방운동이 전면적으로 고양된 시대는 그에 맞는 새로운 혁명사상이 요구되는 것은 필연이며 주체사상은 바로 그 시대적 답이고, 그렇게 개척된 시대가 바로 주체시대라는 것이었다.

관련해 좀 더 부연 설명하면 맑스주의는 노동계급이 역사 무대에 새롭게 등장한 시기 노동계급의 이해와 요구를 수렴하는 것이었다면, 레닌주의는 자본주의 내부의 발전과 이에 따른 계급관계의 변화에 기초한 이념의 필요성 때문에 태어났고, 주체사상은 사회주의의 승리와 함께 (반)식민지 민중들이 자신들의 자주권을 되찾기 위한 전면적인 투쟁이 본격화되는 시기에 필요한 사상이념이라 것과 연동된다.

둘째는, 북을 둘러싼 대내외적인 환경이 북의 독자 노선과 이념을 보다 강제했다는 측면이다. 1950년대부터 시작된 사회주의권 내에서 사회주의 건설 노선을 둘러싼 갈등(구체적으로는 중국과 소련의 갈등과 대립을 일컫고, 속칭 중소이념 갈등으로 표현된다)과 흐루쇼프가 평화공존론으로 인해 소련이 사실상 미국에 패배를 선언하자 북은 이에 반발해 이른바 사상에서의 '주체'와 대외에서의 '자주'노선을 걷지 않을 수 없었던 상황이었다.

좀 더 이 과정을 구체적으로 들여다보자. 북도 스탈린이 사망하기 이전, 즉 1950년대 초반까지만 하더라도 소련과의 관계가 갈등적이지 않았다(상호 호혜적이었다). 그러던 것이 흐루쇼프의 소련이 탈脫스탈린정책을 추진하면서 소련과의 관계는 급속도로 냉각된다. 그 첫 반응이 1955년 12월 김일성의 "사상사업에서 교조주의와 형식주의를 퇴치하고 주체를 확립할데 대하여"라는 연설이었다. 핵심 내용은 '주체' 확립에 대한 첫 언급이 있었고, 이후 경제에서의 '자립', 정치에서의 '자주', 국방에서의 '자위' 노선을 확립한다. 그리고 이 4대 노선－주체·자립·자주·자위－이 그렇게 확립되자 북은 1962년 12월 〈로동신문〉 논설을 통해 **"주체에 대한 사상**(강조, 필자)은 우리 당이 자기 행동에서 확고하게 견지하고 있는 근본 원칙"이라고 천명하고, 경제에서는 자립적 민족경제 건설노선이 사회주의 건설에서 '우리당의 주체사상'을 반영한 가장 현명한 방침이라고 밝힌다. '주체사상'이라는 용어가 그렇게 처음 선보인다.

──────── 보충설명 ────────

주체사상 개념을 이루는 핵심 키워드(Keyword)는 4개는 어떻게 세상에 알려지게 되었나?

당시 주석 신분이었던 김일성 총비서는 1965년 4월 인도네시아를 국빈 방문하게 되고, 이때 알리 아르함 사회과학원에서 한 연설을 한다.

"주체를 세운다는 것은 혁명과 건설의 모든 문제를 독자적으로, 자기 나라의 실정에 맞게, 그리고 주로 자체의 힘으로 풀어나가는 원칙을 견지한다는 것을 의미한다"라고 지적, 이것은 '창조적인 입장'이며 '자주적인 입장'이라고 주창했다. 연이어서 김일성 총비서는 "사상에서의 주체, 정치에서의 자주, 경제에서의 자립, 국방에서의 자위, 이것이 우리 당이 일관하게 견지하고 있는 립장이다"라고 밝힌다.

바로 그렇게 이 4대 노선은 온 지구상에 알려진다.

1966년 8월 12일 〈로동신문〉 론설은 좀 더 구체적이다. "제반 사실은 우리에게 주체를 철저히 확립할 것을 요구하고 있다. 우리당은 지난 시기와 같이 앞으로도 대내외활동에서 독자성을 견지할 것이며 자주노선을 관철하여 나갈 것이다"라는 내용을 통해 북은 그동안 소련과 중국의 수정주의와 교조주의 논쟁에 대해 동시에 비판하고, 자신들의 사상적 입장은 소련도 중국도 아닌 철저하게 자신들만의 자주적인 것이라고 천명한다.

그리고 약 1년 뒤 1967년 '갑산파 숙청'이 일어나고, 후속 조치로 당의 '유일사상체계'를 확립한다. 〈정치사전〉은 이 부분에 대해 "로동계급의 수령은 사회주의, 공산주의를 위한 로동계급의 혁명투쟁에서 결정적 역할을 논다"라는 수령결정론을 결합하여 수령의 유일사상체계를 더욱 절대화하고, 수령결정론을 주체사상의 한 핵심적 요소로 자리매김했다고 설명한다.

그렇게 수령결정론을 확립한 북은 여기서 한발 더 나아가 김일성이 주체사상을 창시하였다고 주창하기 시작했고, 주체사상을 '김일성의 사상'과 동일시하였다. 1970년도에 발행된 〈정치용어사전〉는 이를 이렇게 설명한다. "우리 당과 4천만 조선인민의 경애하는 수령 김일성동지께서 창시하신 혁명과 건설의 가장 정확한 맑스·레닌주의적 지도사상"이라는 언급과 함께 김일성이 "혁명투쟁의 첫 시기부터 주체를 세우는 문제를 혁명승리를 위한 가장 중요한 문제로 제시하시였으며, 위대한 주체사상을 창시하시고 그것을 조선혁명을 승리적으로 령도하시는 전행정에 빛나게 구현하시였다"라고 부연 설명, 북은 김일성에 의한 주체사상 창시 시점을 항일무장투쟁 시기로 소급할 수 있는 연결고리를 마련하였다.

그로부터 3년 뒤인 1973년에 발행된 〈정치사전〉은 마침내 주체사상 창시 시점을 특정한다. '1930년 여름(카륜회의)'으로 기정사실화하고, 1982년 김정일에 의해 작성된 논문 〈주체사상에 대하여〉에서 "(카륜회의에서)

주체사상의 원리를 천명하시고 조선혁명의 주제적인 로선을 밝혔다"라고 확정하였다. 이후에도 북은－1982년부터 1992년까지 주체사상을 계속하여 사상이론적 진화를 시켜나간다. 맑스·레닌주의와는 차별화된 사상이론적 체계 확립을 끊임없이 추구했고, 그 결과가 1992년 헌법을 개정하면서 다음과 같이 헌법에 반영된다. "(제3조) 조선민주주의인민공화국은 사람중심의 세계관이며 인민대중의 자주성을 실현하기 위한 혁명사상인 주체사상을 자기 활동의 지도적 지침으로 삼는다"라는 규정을 두어 1980년 개정 당시 당 규약에도 포함되지 않았던 '사람중심'의 철학적 원리를 헌법에 반영해 사상이론적 체계를 보다 완성한다.

이미 그 이전 1985년 발간된 주체사상 총서 10권 발행은 그 압권－마지막 화룡점정畵龍點睛이었다. 제1권 〈주체사상의 철학적 원리〉에 있는 다음과 같은 문장 때문이다. "주체사상은 맑스·레닌주의가 이룩하여 놓은 사상리론적 업적을 옹호하고 구현해나가는 과정에서 창시되고 발전되어 왔다. 그리고 주체사상은 관념론과 형이상학의 온갖 조류들을 반대하고 유물론적이며 변증법적인 립장을 철저히 고수하여온 사상이다. 주체사상이 밝혀주는 혁명리론도 역시 부르죠아 리론과 기회주의 리론으로부터 맑스·레닌주의의 혁명적 진수를 옹호하고 그것을 우리 시대의 혁명실천의 요구에 맞게 창조적으로 적용하고 발전시키는 과정에서 창시되고 발전풍부화된 리론이다. 이와 같이 주체사상은 맑스주의와 깊은 관계를 가지고 있지만 이 관계는 계승성과 독창성 가운데서 독창성이 주되는 것으로, 기본이 되는 관계이다."(〈철학적 원리〉, 1985)

무엇을 보여주려 했을까? 북이 보여주려 한 것은 명확하다. 주체사상이 맑스·레닌주의를 계승한 것은 맞지만, 사상이론적 진화를 통해 독창적인 혁명사상이라는 것을 명시적으로 밝히고, 주된 관계가 '독창성'에 있음을 명확히 한 것이다. 이는 당시 소련 중심의 사회주의 국가들과는 물론이고, 소련의 영향권 밖에 있었던 국가들, 특히 중국이나 구舊유고슬라비아 등도 자국의 실정에 맞는 맑스·레닌주의의 창조적 적용만을 말해왔지만, 오직 북만이 실체적으로 탈脫맑스·레닌주의의 길을 걸었고, 실제 주체사상을 창시해 사상·이론적 독자성을 견지한다. 그리고 최종적으로는 이 독자성이 주체사상을 맑스·레닌주의로부터 진화한 독창적인 혁명사상으로 위상 짓게 하였다. 어떻게? 주체사상이 맑스·레닌주의의 사상이론적 업적을 옹호하고 유물론과 변증법적 입장을 견지한 점에서는 분명한 계승성을 갖지만, 맑스·레닌주의가 '철학', '정치경제학', '과학적 사회주의'를 그 3대 구성체계로 한다면, 주체사상은 '사상·이론·방법'의 전일적 체계라는 차별화된 구성체계를 갖는 것으로 차별화가 된다.

(차별화의) 그 핵심에는 세계관적 기초문제가 있다. 맑스·레닌주의가 물질과 의식, 존재와 사유의 관계 문제에서 물질의 일차성과 존재의 선차성을 해결하는 문제에 천착했다면, 주체사상은 총서 제1권 〈철학적 원리〉에서 밝히고 있듯 "주체사상은 력사상 처음으로 사람중심의 철학적 세계관과 인민대중을 주체로 하는 사회력사관, 혁명과 건설의 지도적 원칙을 밝혀주는 새롭고 독창적인 세계관"이라고 하여 철학의 근본 문제를 세계와 사람과의 관계 문제로 제기했고, 세계에서 사람이 차지하는 지위와 역할 문제라는 것으로 차별화하였다. 그리고 결론은 '사람이 모든 것의 주인이고 모든 것을 결정한다'라는 사람 위주의 철학적 원리가 밝혀진 것이다.

이렇듯 독창성은 주체사상이 역사상 처음으로 사람의 본질적 특성으로 자주성·창조성·의식성을 과학적으로 해명한데 기초하고 있고, 사람을 세계에서 가장 우월하고 힘 있는 존재로 내세우고 세계는 사람에 의하여 지배되고 개조된다는, 세계에 대한 새로운 견해와 관점을 제시하고 있다는 점에서 철학의 근본 문제를 물질과 의식의 관계 해명에만 집중했던 맑스·레닌주의와는 분명한 차별이 있다.

구체적으로 그 첫째는, 사회발전 추동력을 보는 인식과 관점의 차이이다. 맑스·레닌주의가 사회발전의 추동이 물질적 생산수단인 생산력에 의해 생산 관계에 변화가 오고 그 변화－생산 관계의 변화에 따라 사회가 발전한다는 논리라면, 주체사상은 생산 관계가 변하면 '자연발생적인 필연성'으로 인해 사회가 진화한다는 맑스·레닌주의의 견해에 동의하지 않는다. 왜냐하면 그러한 맑스·레닌주의 인식에는 '주체'의 실천의 의미를 누락시키는 오류가 있다고 본다. 즉, 사회는 자연 세계와는 달리 주체의 능동적 개입 없이는 절대 저절로 발전하지는 않으며 생산력을 발전시키는 데 주동적이고 능동적 역할을 하는 것은 생산력을 직접적으로 담당하는 근로 인민대중이지 생산력과 생산관계 그 자체는 아니라고 보기 때문이다. 해서 인민대중의 자주적인 열의와 창조적인 능력을 높이지 않는 한, 제아무리 사회주의적인 생산 관계를 수립했다 하더라도 생산력을 계속 빠른 템포tempo로 발전시켜 나가지는 못한다고 보는 것이 주체사상이다.

　둘째는, 인간의 의식 문제를 어떻게 이해할 것인가, 하는 문제이다. 핵심에 주체사상은 인간의 의식을 객관세계에 의해 규정되는 피被규정적 존재로만 파악하는 의식반영론에 반대하고, 다른 말로는 주체사상이 생산력, 그것도 대규모화한 생산수단이 사람들의 의식을 규정한다는 의식반영론의 명제를 인정하지 않는다는 것과도 같다. 즉, 주체사상은 맑스·레닌주의에서 말하고 있는 생산력이 사회주의화되면 사람들의 의식도 저절로 사회주의적으로 된다는 것을 반대하고, 주체사상은 객관세계의 존재와 법칙적 운동의 존재를 인정은 하지만, 인간의 관념, 의식이 결코 단순하게 객관세계나 그 운동의 반영만으로 이뤄지는 것은 아니기에 사회의 생존, 발전을 주체적으로 짊어지는 근로 인민대중이 단순히 객관세계나 그 움직임에 규제만 당하는 것이 아니라, 자주적으로 사상 의식을 형성해 객관세계를 변혁하는 능동적으로 주체가 될 수 있음을 분명히 하고 있다. 이름하여 '사상 의식' 결정론을 고수하고 있다는 점이다.

셋째는, 북의 주체사상은 맑스 · 레닌주의에는 없는 사회정치적 생명체론이라는 사상 · 이론적 정립을 해냈다는 점이다. 관련해 김정일은 1986년 주체사상에 대해 1982년에 발표한 〈주체사상에 대하여〉에 이어 다시 한 번 더 이론적 체계의 확장을 시도하는데, 그것이 바로 1986년 7월에 발표한 논문 〈주체사상에서 제기되는 몇 가지 문제에 대하여〉이다. 여기서 김정일은 자신들의 국가체제 특성에 있어 특수성을 이야기할 때 항상 따라붙는 수식어 '수령제 사회'의 이론적 토대가 되는 '사회정치적 생명체론'을 내놓는다. 핵심은 혁명의 주체가 '수령 – 당 – 인민대중의 통일체'이며 인민대중은 수령과 당의 영도 하에 수령을 중심으로 하여 조직 사상적으로 결속됨으로써 영생하는 자주적인 생명력을 지닌 하나의 '사회정치적 생명체'를 이루게 된다는 것이다. 어떻게? 수령은 '최고 뇌수'이고 생명 활동의 중심이며 당은 그 중추라는 것이다. 바로 그래서 주체사상은 이 사회정치적 생명체론을 통해 수령의 권위를 더욱 절대화하는 방향으로 나아갈 수 있었다.

그리고 이의 – 맑스 · 레닌주의와의 차별화 전 과정을 표로 정리하면 아래와 같다.

	1967년 이전		1967년 이후	1974년 이후	
역사적 형성 과정	발전 이데올로기		주체사상에 대한 이론적 체계화 및 유일사상체계 구축	지배 이데올로기	
				주체사상을 '김일성주의'로 정식화	공식적인 통치이데올로기로 규정 (: 1982년 개정 헌법)
위상	맑스 · 레닌주의의 하위사상		사상에서의 '주체' (1955), 경제에서의 '자립'(1956), 정치(내정)에서의	1974년 2월 19일 김정일이 전국 당 사상사업부문일꾼 강습회에서 행한	김일성주의: 사상 · 이론 · 방법의 전일적 체계
	(50년대) 내재적 주체성 확보	(60년대 초) 북 정권의 자주성 확립			

	1967년 이전		1967년 이후	1974년 이후	
	(: 사대주의와 소련식 모방주의(교조주의)에 대한 안티체제)	(: 맑스·레닌주의를 조선혁명에 창조적으로 적용한 조선로동당의 혁명사상으로 제시)	'자주'(1957), 국방에서의 '자위'(1962), 그리고 정치(대외)에서의 '자주'(1966) 원칙 확립	"온 사회를 김일성주의화하기 위한 당 사상사업이 당면한 몇 가지 문제에 대하여"란 제하의 연설에서 공식적으로 제기	(: 82년 주체사상에 대하여, 85년 총서 10권으로 확립)

* 연도별 중요성: 1967년은 갑산파 박금철·이효순(당정치위원회 상무위원) 숙청사건이 발생하고, 연이어 조선로동당 중앙위원회 제4기 16차 전원회의가 개최되어 "당의 유일사상체계를 확립할 데 대하여"를 의제로 채택한다. 그리고 1974년 '당의 유일사상체계확립의 10대 원칙'이 선포된다.

(2) 주체사상의 구성체계와 내용

주체사상 구성체계와 내용은 1974년 후계자로 확정된 김정일이 주체사상을 "주체의 사상, 이론, 방법의 체계"로 구성되었음을 선언하면서부터 세상에 알려진다. 이것이 1982년 자신이 직접 발표한 논문 〈주체사상에 대하여〉에서 구체화 되고, 이후 1985년에 〈위대한 총서 10권〉을 완성하면서 완전한 전일적 체계를 갖춘다.

전일적 체계로서의 주체사상은 두 개의 구성구조를 갖는다. '좁은 의미'와 '넓은 의미'가 그것인데, 먼저, 좁은 의미에서의 구성체계와 내용부분이다.

1982년 김정일은 자신이 직접 작성하여 발표한 논문 〈주체사상에 대하여〉에서 주체사상의 핵심 원리를 "사람을 위주로 하여 철학의 근본 문제를 제기하고 사람이 모든 것의 주인이며 모든 것을 결정한다는 철학적 원리"에 기초하고 있다고 지적하면서 "사람을 사회적 관계 속에서 보면서 사회적 존재인 사람의 본질적 속성이 '자주성'과 '창조성', '의식성'이라는 것을 독창적으로 해명함으로써 사람에 대한 완벽한 철학적 견해를 확립하였다"라고 설명하였다.

그리고 여기서 말하는 '완벽한 철학적 견해를 확립'했다는 것은 '철학적 원리'로는 사회적 존재로서 사람의 본질적 속성을 자주성과 창조성, 의식성으로 정립할 수 있고, 이것이 각각 '사회역사적 원리'와 '지도적 원칙'의 핵심 내용이 되는 구성체계를 갖춘다는 의미이다. 즉, 철학적 원리의 '자주성'은 사회역사원리에 적용되어 "인류역사는 인민대중의 자주성을 위한 투쟁의 역사이다"로, '창조성'은 "사회력사적 운동은 인민대중의 창조적 운동이다"로, '의식성'은 "혁명투쟁에서 결정적 역할을 하는 것은 인민대중의 자주적인 사상의식이다"로 이어진다는 뜻이다. 또한 철학적 원리의 '자주성'은 지도적 원칙에 적용되어 "자주적 립장을 견지하여야 한다"라는 원칙으로, '창조성'은 "창조적 방법을 구현하여야 한다"라는 원칙으로, 그리고 '의식성'은 "사상을 기본으로 틀어쥐어야 한다"는 원칙으로 이어진다. 표로는 아래와 같다.

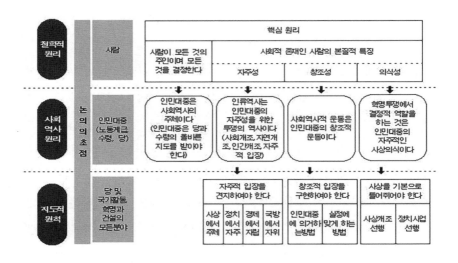

다음, 넓은 의미에서의 구성체계와 내용부분이다. 그전 여기서 중요한 것은 그들의 시각—북의 시각으로 볼 때는 자신들의 주체사상이 맑스·레닌주의를 단순히 자신들의 처지와 실정에 맞게 적용한 하위적 개념으

로서의 실천 이데올로기가 아니라, 맑스·레닌주의의 한계를 완전하게 극복한 새로운 사상이자 주의ism로서의 독창적인 사상이론적 체계를 갖추고 있는 백과전서가 된다. 즉, 앞에서도 잠시 이미 서술하고 있듯이 사상·이론·방법의 전일적 체계 중 '사상' 부분에 해당하는 주체의 철학적 원리(제1권), 사회역사적 원리(제2권), 지도적 원칙(제3권)이 '좁은 의미－협의의' 주체사상 구성체계와 내용을 일컫는 것이라면 '넓은 의미－광의의'의 주체사상 구성체계와 내용은 이미 기旣구성된 좁은 의미의 구성체계와 내용에다 '이론'과 '방법'을 더한 것이 된다.

구성 책으로는 제4권(반제반봉건민주주의 혁명과 사회주의 혁명이론)·제5권(사회주의·공산주의이론)·제6권(인간개조이론)·제7권(사회주의 경제건설이론)·제8권(사회주의문화건설이론)·제9권(영도체계)·제10권(영도방법)을 일컫고, 표로 재구성하면 아래와 같다.

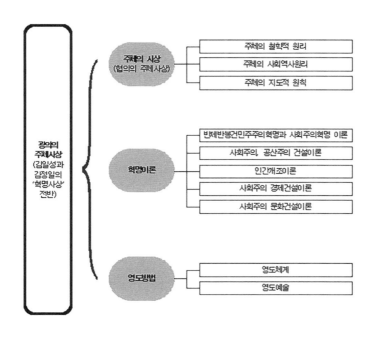

이로부터 - '광의의' 주체사상 구성체계와 내용은 단순 철학적 의미에서의 김일성 혁명사상만을 말하는 것이 아니라, 〈조선말대사전〉에서도 규정하고 있듯이 주체사상이 "사람중심의 완성된 세계관, 가장 완성된 혁명리론과 전략 전술, 령도리론과 령도방법을 밝혀주는 위대한 혁명사상, 주체의 사상, 리론, 방법의 전일적 체계로서의 김일성주의"가 되고, 바로 이 김일성주의에 의해 북은 자신들의 통치 이데올로기이자 최종적으로는 지배 이데올로서의 위상을 갖는 국가 지도이념이 만들어졌다.

3) 김일성 - 김정일주의로의 재정립

주체사상이 이처럼 세계와 인간 문제에 대한 해석을 제시하고 세계를 어떻게 변혁시킬 것인가 하는 방법론까지 제시하고 있다는 측면에서 분명 주체사상은 순수 철학이지만은 않다. '주의ism'와 '이데올로기ideology' 개념까지 다 포함한다. 해서 북의 주체사상을 특정 인물, 혹은 한 개별 사상가의 철학적 사유의 결과물로만 인식한다면 이는 주체사상을 매우 잘못 이해하고 있고, 의도된 폄훼로밖에 볼 수 없다.

그럼 그 정반대, 즉 '의도된 폄훼'가 아닌 이해하려는 관점에서 볼 때 주체사상의 최종 종착지는 과연 어디일까?

전개 과정은 이렇다. 1966년까지만 해도 주체사상은 조선로동당의 지도 사상으로만 간주 되었다. 각종 문헌 등에서 '우리 당의 주체사상'으로 주로 언급되었다. 반면, 1967년 발생한 갑산파 숙청 이후부터는 주체사상이 '김일성 사상의 진수'와 동일시되어 '우리 당의 주체사상'이라는 표현 대신, '김일성 동지의 주체사상'이라는 표현이 자주 등장했고, 이후 김정일이 김일성 사상을 '김일성주의'로 선포한 1974년부터 1980년대 초까지는 주체사상, 또는 '주체의 사상'으로 표현되어 혁명이론 및 영도방법과 함께 김일성주의의 한 구성요소가 되었다.

그러던 것이 또 한 번의 위상변화는 김정일이 정치에서뿐만 아니라 사상 분야에서까지 후계자로서의 지위를 확고히 구축하게 된 1980년대 중반, 주체사상을 '넓은 의미(광의)의 주체사상'과 '좁은 의미(협의)의 주체사상'으로 새롭게 나누고, 그전까지의 주체사상을 '협의의 주체사상'과 동일시하고, '김일성주의'는 '광의의 주체사상'과 동일시하는 변화를 보여준다.

그리고 난 뒤 또 한 번의 사상적 업그레이드는 주체사상 총서 1권 〈주체사상의 철학적 원리〉가 그 힌트를 준다.

"주체사상이 원래 위대한 수령님과 친애하는 지도자동지의 혁명사상의 진수를 이루는 사상만을 의미"하지만, 넓은 의미에서는 "위대한 수령님과 친애하는 지도자 동지의 혁명사상 전반을 의미한다"라고 밝히면서 "위대한 수령님과 친애하는 지도자 동지의 혁명사상은 주체사상을 진수로 하고 있으며, 그 사상, 리론, 방법의 전일적 체계인 위대한 수령님과 친애하는 지도자 동지의 혁명사상은 주체사상으로 대표되며 주체사상으로 불리는 것이다"라고 설명하고 있다.

주체사상을 바로 김일성과 김정일의 공동 사상적 업적으로 공식화한 것이다. 이는 1985년에 발간된 주체사상 총서 10권에서 이렇게 규정된다. 다름 아닌, 주체사상을 단순히 맑스·레닌주의의 실천 이데올로기가 아니라 지배 이데올로기서의 김일성의 사상으로서 맑스·레닌주의와 대등한, 아니 그보다 더 진화한 전일적 사상이론체계의 이데올로기라는 것을 '후계자' 김정일이 주도한 만큼, 주체사상이 '수령' 김일성과 '후계자' 김정일의 공동사상임이 분명하다.

마치, 이는 맑스주의를 레닌이 정식화함으로서 맑스·레닌주의라는 ML-ism이 탄생했듯 똑같이 김일성이 주체사상을 '창시'하고 후계자 김정일이 주체사상을 '전면적으로 심화 발전'시킨 것이다.

그리고 그 결과는 주체사상이 맑스·레닌주의와 같이 '김일성과 김정일의 사상' 또는 '김일성·김정일주의'와 동일시되고, 마침내 이를 2012년 4월 6일 〈로동신문〉은 대중적으로 확인해준다. 신문은 김정은 위원장이 2012년 4월 6일 발표한 '위대한 김정일 동지를 우리 당의 영원한 총비서로 높이 모시고 주체혁명위업을 빛나게 완성해나가자'를 언급하면서 "위대한 수령님과 위대한 장군님의 혁명사상을 김일성·김정일주의로 정식화"했다고 보도, "위대한 수령님과 위대한 장군님의 혁명사상을 김일성·김정일주의로 정식화하시고 온 사회의 김일성·김정일주의화를 우리 당의 최고강령으로 선포하시였다"라고 맺는다.

이후, 개정된 북의 헌법 서문과 조선로동당 규약 전문도 그 연속선상에 있다.

조선민주주의인민공화국은 위대한 김일성동지와 김정일동지의 사상과 령도를 구현한 주체의 사회주의조국이다(헌법 서문 첫 문장), 조선로동당은 위대한 김일성 – 김정일주의당이다(당 규약 전문 첫 문장).

그래서 결론을 다음과 같이 내릴 수 있다. 북 건국과 함께 사상에서의 '주체' 확립이 북을 이 지구상 그 어떤 국가보다도 사상강국으로 만들었음은 이론의 여지가 없다. 사상적 계량지표도 이를 확인해준다. 2023년 5월 현재 유엔UN가입국가 수는 193개국에 이르지만, 이중 과연 몇 개 국가가 자국에서 태동한, 그것도 단 하나의 '유일' 사상이념과 철학으로 국정운영을 해나가고 있겠는가? 우리가 그렇게 떠받드는 미국? 아예 없다. 그럼 유럽은? 유럽의 각국은 이것저것 모아 '잡탕' 이념만 수두룩하다. 중국은 맑스·레닌주의의 이념 벽을 넘지 못한다. 오직 북만이 이 지구상 유일하게 자신들의 사상과 철학으로 국가이념을 소유한 사상강국이다.

중국도 자국의 지도자 사상을 국가이념으로 채택하고 있는데, 왜 맑스·레닌주의의 이념 벽을 넘지 못한다고 하는가?

물론 중국도 자신들의 공산당 당규약 서문에 중국 지도자 이념을 넣고 있다. "맑스·레닌주의, 모택동사상, 덩샤오핑리론, '세가지 대표'중요사상, 과학적발전관, 습근평 새시대 중국특색의 사회주의사상을 자기 활동의 지침으로 삼는다." 그렇게 말이다. 하지만, 여기서 - 당규약 서문에서 확인받듯 맑스·레닌주의를 지도이념의 제일 첫 자리에 놓고, 그다음 중국 지도자들의 사상을 병렬적으로 제시하여 맑스·레닌주의를 뛰어넘지 못하게 한다. 다른 말로는 모든 중국 지도자의 사상과 이념은 맑스·레닌주의의 하위적 개념으로서의 실천 이데올로기라는 것이다.

참고로, 미국은 아예 국가 지도이념이 없다. 헌법 전문내용을 보면 이는 명약관화하다. "우리 합중국 국민은 좀 더 완벽한 연방을 형성하고, 정의를 확립하며, 국내의 안녕을 보장하고, 공동방위를 도모하고, 국민복지를 증진하고 우리와 우리의 후손들을 위한 자유와 축복을 확보할 목적으로 이 미합중국 헌법을 제정한다." 그 어디에도 미국 지도자의 철학과 사상, 이념이 수용된 흔적은 없다.

3. 3대 이념과 조선:
3대 이념으로 재무장한 북,
누구도 가보지 못한 사회주의 이상을 꿈꾸다

흔히들 북을 '은둔의 나라'라고 한다. 하지만, 그건 북을 몰라서 하는 말이다. 늘 북은 우리 곁에 사회주의 체제의 국가, 국가적 DNA에 '자주'로 무장한 국가로, 민족애로 똘똘 뭉쳐 분단된 우리 민족을 연방·연합 방식의 통일국가를 너무나도 지향하는 국가로, 이 지구상에서 유일하게 3대 — 의료, 주택, 교육 — 무상복지를 구현한 인민대중 중심의 국가로 존재해왔다.

그런데도 알려고 하지 않았을 뿐이다. 그래서 위와 같은 북을 제대로 알려면 다음과 같은 3종 세트가 완성되어야 한다. 첫째는, 북의 역사이다. 이름하여 항일무장투쟁에 대한 이해이다. 둘째는, 주체사상이다. 주체사상을 떠난 북을 생각할 수는 없다. 셋째는, 3대 이념을 제대로 아는 것이다. 왜냐하면 현재의 북을 제대로 알려면 반드시 이 이해 관문을 통과해야하기 때문이다.

결과적으로 '첫째'와 '둘째'는 이미 앞 절에서 살펴봤다. 해서 이번 절에서는 현재의 북을 알아내기 위한 긴 여정인데, 이 주제가 공식적으로 우리 앞에 등장한 시기는 제8차 당 대회를 거치면서 정식화되었다. 이름하여 북은 3대 이념을 공식적으로 선보였는데, "이민위천", "일심단결",

"자력갱생", 그렇게 3대 이념이다. 북은 왜 그런 3대 이념을 '새롭게' 선보인 것일까?

궁금한데, 실마리는 제8차 당 대회 소집목적에 잘 나와 있다.

> 새로운 고조기, 장엄한 격변기가 도래한 시대적 요구에 맞게 당중앙위원회의 사업을 전면적으로 엄중히 총화하고 사회주의 위업의 보다 큰 승리를 쟁취하기 위한 정확한 투쟁방향과 임무를 명백히 재확정하며 (중략)

해석하면, '새로운 고조기', '장엄한 격변기'에 맞게 '사회주의 위업의 보다 큰 승리'를 위해 '정확한 투쟁방향과 임무를 명백히 재확정'하기 위해 이 3대 이념의 재무장, 혹은 재정립이 요청되었다고 볼 수 있다. 결과 이 3대 이념은 '우리식 사회주의건설을 새 승리에로 인도하는 위대한 투쟁강령'으로서의 위상을 차지한다.

즉, '새로운 고조기', '장엄한 격변기'에 맞는 새로운 이념과 투쟁강령이 필요했고, 이는 김정은 시대에 맞는 현 단계 혁명 발전단계가 혁명의 '정착기(김일성 시대)'를 거쳐 '과도기(김정일 시대)'가 끝나고, 김정은 시대인 지금의 시기가 '새로운 고조기', '장엄한 격변기'에 들어섰다는 혁명 정세관에 기초해 있다.

바로 이를 위해－새로운 고조기, 장엄한 격변기를 돌파해내기 위해 이 3대 이념, '이민위천', '일심단결', '자력갱생' 재정립이 필요했다고 볼 수 있다.

───────── 보충설명 ─────────

'고조기'와 '격변기'에 대한 해석

'고조기'와 '격변기'가 갖는 그 총체적 의미는 북 자신들의 현 단계 혁명 발전 단계 성격 규정이 혁명의 '정착기(김일성 시대)'를 거쳐 '과도기(김정일 시대)'가

마침내 끝나고, 지금의 김정은 시대에 들어와서는 자신들의 혁명 발전단계가 '발전기'에 해당하는 '고조기'와 '격변기' 진입했음을 공식 선언한 것과 같다. 다른 말로는 '전진하는' 혁명노선에 대한 자신감의 표현이다.

그래놓고, 좀 더 세분화하면 '고조기'는 인민 생활 향상을 위해 전진해나가는 북의 향후 모습을 그리고 있다. 이름하여 '사회주의완전승리노선'의 ver.2가 작동됨을 알 수 있다. '격변기'는 미국과의 판가리싸움에서 결정적 승리국면을 반드시 열어나가겠다는 의미가 있다.

이 둘 - 고조기와 격변기를 통합하여 내적으로 해석하면 수령중심의 유일사상체계에 의한 사회주의 문명국가, 민족적으로는 자주에 기반한 조국통일을 김정은 시대의 당면과업으로 내세웠다는 의미와 같다.

그리고 이 인식은 항일무장투쟁 시기의 당시 정세 인식과 정확히 같은 맥을 잇는다. 어떻게? 총 한 자루로 시작된 무장투쟁이 일제와의 싸움에서 승리했듯 지금의 북은 핵보유를 통해 미제와의 싸움에서 이길 수 있다는 인식으로 확장된 것이기 때문이다.

생각해봐도 이는 억지가 아니다. 당시 다들 일본이 무서워 그들의 품속으로 기어들어 갈 때 북을 건국했던 김일성 중심의 항일무장투쟁 세력은 오히려 총을 들고 싸워 조국을 해방해내겠다는 전략을 견지했듯 지금의 북 또한 그때와 정확히 오버 - 랩(Déjà - Vu)되는 전략을 구사한다. 그때와 똑같이 남쪽은 미제의 품속 - 윤석열 정권을 보면 이는 잘 알 수 있음 - 으로 다들 들어가고 있지만, 북은 오히려 핵보유를 통해 미국과 판가리싸움을 하겠다는 전략을 구사한다.

그래서 적어도 북의 핵은 통일이 될 때까지는 절대 포기할 수 없다. 일제 강점기 때 해방될 때까지 총을 놓지 못했듯 그 핵으로 일제와 싸울 때와 똑같이 미제를 이 땅, 조선반도(한반도)에서 몰아내어야 하기 때문이다.

1) 3대 이념에 대한 총론적 이해

"이민위천", 단어로는 인민을 하늘처럼 생각한다는 뜻이다. 그러니 이 개념은 아주 자연스럽게 '사람이 모든 것의 주인이며, 모든 것을 결정한다'는 철학적 원리, '사회역사적 운동의 주인은 인민대중이다'는 사회역사적 원리, '혁명과 건설은 인민을 위한 사업이며 혁명과 건설을 추동하는 힘도 인민에게 있다'라는 방법론적 원리와도 만난다. 즉, 주체사상의 핵심 원리이자 사상적 기초임을 알 수 있다. 거기에 더해서 주체사상의 창시자인 김일성 주석이 평생을 자신의 좌우명으로 삼은 단어이니 그 어찌 이 이민위천을 북 사회 모든 영역을 관통하는 핵심적인 정신, 가치라고 하지 않을 수 있겠는가?

그럼, "일심단결"은? 개념적으로는 혁명과 건설의 주체가 수령-당-인민대중이고, 이들이 혼연일체 되어 있다는 뜻이다. 또 다른 개념으로는 수령의 '유일영도'을 보장하게 하는 개념이고, 나아가서는 수령의 절대적 권위를 보장하고 수령과 인민 간의 확고한 믿음과 신뢰를 바탕으로 일심단결에 이르게 한다는 사회정치적 원리이다. 그리고 이 원리는 항일무장투쟁의 역사에서부터 시작한다. 다름 아닌, 민생단 사건民生團 事件으로부터 시작된 이 경험과 교훈은 건국 이후에는 반反종파 투쟁 및 갑산파 숙청의 경험과 교훈으로, 소련과 동구 사회주의권의 멸망에서의 경험과 교훈 등에서 아주 자연스럽게 북 자신들의 단결개념을 일심단결로 체계화해낼 수 있는 소중한 자산이 되었다. 일심단결은 그렇게 사회정치적 개념의 정수精髓가 되었고, 또한 북 사회를 움직이는 중추적인 체계, 즉 국가운영의 골간이라고 말할 수 있게 되었다.

"자력갱생" 개념 또한 북의 아주 '오래된' 현재와 같다. 무슨 말인가, 하면 북 역사에 있어 항일무장투쟁 그 자체가 곧 북 역사 전체라고 일컫더라도 하등 이상할 것이 없는데, 바로 이 항일의 전 과정에 자력갱생이라는 정신은 절대 때놓을 수 없는 이념적 무장으로 자리 잡고 있기 때문이다. 표현적으로는 '국가적 후방이나 정규군의 지원도 없이 유격전의 형식으로 진행됐다'이다. 그러니 이 어찌 지금의 북을 있게 한데서 이 자력갱생 개념을 빼놓고 설명할 수 있겠는가? 없다면 자력갱생은 그렇게 북 자체이다. 그런 자력갱생 개념을 먼저 사전적 의미로 좀 살펴보면 혁명과 건설에서 나서는 모든 문제를 자신이 책임지고 자체의 힘으로 해결해 나가겠다는 입장과 정신자세를 뜻한다. 그리고 이것이 국가의 운영원리와 결합하면 북은 이 자력갱생을 자기 나라 혁명은 기본적으로 자기의 주체적 역량에 의거하여 완수하려는 철저한 혁명적 입장이며 자기 나라 건설은 자기 인민의 노동과 자기 나라의 자원으로 진행하려는 자주적 입장으로 개념 정립을 해낸다. 그래서 북은 이 자력갱생을 국가 운영과 건설의 방법론적 원리이자 이 자력갱생을 방도로 하여 지금껏 마주했던 온갖 시련과 전대미문의 난관을 다 극복해왔다고 자부하며, 혁명과 건설의 기본 방도로서 자력갱생에 대한 자부심과 믿음이 너무나도 크다.

정리다. 살펴본 바와 같이 이민위천은 원리적 이념이며 일심단결은 체계적 이념, 그리고 자력갱생은 방법론적 이념이라고 할 수 있다.

2) 3대 이념과 제8차 당대회

제8차 당 대회와 3대 이념의 탄생은 떼려야 뗄 수 없는 관계를 갖는다. 하지만, 또한 분명한 것은 이 3대 이념이 북에서 일상화된 것은 어제·오늘의 일이 아니라는 사실이다. 그래서 생겨날 수 있는 의문은 다음과 같다. 왜, 제8차 당 대회에서 3대 이념으로 정식화되었을까, 이다.

관련해 결론부터 말하면 시대적 환경과 그 시대마다 당면 목표에 따른 3가지 이념의 선·후차성이 존재했고, 이를 시대별로 필요에 따라 각기 사용해오다 제8차 당 대회를 거치면서 이 3가지 개념을 보다 종합적이고도 체계적인, 즉 전일적 통합을 통해 자신들의 온 사회에 넘쳐나는 구호와 일본새[일:뽄새], 인민적 사업작풍으로 재정립해야 할 필요성이 더 커졌기 때문으로 볼 수 있다. 이름하여 더 높은 사회주의—사회주의 문명국가로 진입하기 위한 과제를 정면 돌파하기 위해서는 이 3대 이념의 재무장이 꼭 필요하다는 전략적 판단이 섰다는 의미이다.

결과, 이 3대 이념은 북이 시대적 환경에 따라 어떻게 활용했으며 이의 총화가 제8차 당 대회에서 이뤄졌음을 알 수 있다.

(1) 시대적 환경에 따른 활용 방식

먼저, 시기별로 어떻게 각각의 개념들이 활용, 혹은 정립되었는지 한번 살펴보자. 일심단결은 항일의 과정에서 사분오열된 초기 공산주의운동과 쇠퇴해가는 민족주의자들의 독립운동 한계를 극복하려 했을 때, 그리고 건국 이후에는 전쟁의 막대한 피해를 복구하려는 그 어려운 때에 국제공산주의운동에서 수정주의와 교조주의가 격렬하게 대립하며 큰 나라－중국과 소련이 온갖 압박을 가해오던 1960년대에 절실히 필요했던 이념적 무기였다. 그렇게 시기적으로는 항일무장투쟁 시기와 건국, 그리고 1960년대까지 제일 많이 강조되었다.

한편, 이민위천은 김일성 주석이 자신의 회고록 서문에 자신의 지론, 좌우명이 이민위천이었음을 밝히고, 이를 이렇게 설명해 놓는다. "'이민위천', 인민을 하늘같이 여긴다는 이것이 나의 지론이고 좌우명이었다. 인민대중을 혁명과 건설의 주인으로 믿고 그 힘에 의거할 데 대한 주체의 원리야말로 내가 가장 숭상하는 정치적 신앙이며 바로 이것이 나로 하여금 한생을 인민을 위하여 바치게 한 생활의 본령이었다"라고 말이다. 그런 이민위천이니 김일성 주석 생존 시기 내내 등장하지만, 집중적으로는 1980년대 말과 1990년대 초 소련과 동구 사회주의권이 멸망해갈 때 "인민에게 복무함"이라는 구호로 사용된다. 해서 시기적으로는 김일성 주석에 의해 이끌어진 사회주의 발전기에서부터 1994년 김일성 생존 시까지이다.

끝으로, 자력갱생은 북 스스로가 건국 이후 가장 어렵다고 한 시기, 즉 1990년대 말~2000년대 초에 이르는 '고난의 행군 시기'때 자력갱생의 원칙을 집중적으로 구현해나가기 위해 무척 애를 쓴 대표적 이념 무기였다. 또한 지금도 이 이념은 미 제국주의의 제재와 압박에 맞서 이를 이겨낼 수 있는 '유일 방도'로 이 자력갱생 정신을 중요시한다. 해서 시기적으로는 제2의 고난의 행군시기부터 시작하여 현재에까지 이르고 있다.

(2) 제8차 당대회에서의 재정립

그러던 것이 제8차 당 대회에서 3대 이념으로의 재정립은 아래와 같은 필요적 요구에 근거한다.

즉, 3대 이념이 앞에서 살펴본 바와 같이 시대적 상황을 거쳐오면서 역사발전의 전환점에 맞게 새롭게 재해석·재정립하여 더 높은 수준에서 구현해나가야 할 필요성과 단계에 진입하였음을 말해주는 측면이다.

관련해 설명은 이렇다. 미 제국주의와의 판가리싸움에서 최종적으로 승리해내는 것, 인민 생활 향상과 사회주의 문명국가로의 진입하는 것, 조선반도(한반도)에서의 항구적 평화와 민족의 통일을 실현해 내는 것 등이 이 3대 정신을 이념적으로 재정립하여 그러한 자신들의 목표를 실현해나가는데 필요했다, 할 수 있다. 이를 제8차 당 대회에서 김정은 총비서는 "최악의 조건과 시련속에서 남들 같으면 엄두도 내지 못하는 위대한 승리를 쟁취한 우리 당과 인민에게 있어서 이제 극복하지 못할 난관이란 있을 수 없다", "사회주의건설의 주체적 힘, 내적 동력을 비상히 증대시켜 모든 분야에서 위대한 새 승리를 이룩해 나가자는 것이 제8차 당 대회의 기본사상, 기본정신"이라고 총화 지었다.

좀 더 시간을 뒤로 돌려도 이는 마찬가지이다. 2019년 12월 조선노동당 중앙위원회 7기 5차 전원회의에서 선보인 미국과의 정면 돌파전에 보다 주동적인 대응을 하기 위해서는 과거와 같은 관성이 아닌, 실제 정면 돌파전을 통해 미국을 이겨내고 주체사회주의 체제를 보다 한 단계 더 도약시켜 내기 위해서는, 그러한 역사적 상황으로서의 발전단계가 형성되기 위해서는 북으로 하여금 철저히 주체사상에 근거하면서도 기존 필요에 의해 시기별로 적절하게 사용해왔던 이 3가지 정신을 보다 한 차원 업그레이드하여 새로운 이념과 노선으로의 재정립이 필요불가결했다고 봐야 한다.

그렇다. 그렇게 7기 5차 전원회의와 제8차 당 대회를 거치면서 내부적 힘을 전면적으로 정리 정돈, 재편성하고 그 토대 위에서 모든 난관을 정면 돌파, 새로운 전진의 길을 열어나가기 위해서는 이 3대 이념으로 철저히 무장해야만 할 필요성이 그 어떤 여느 때보다 절실했다고 할 수 있고, 다른 말로는 이 3대 이념으로 앞으로의 세기를 총진군해 나가자는 결의가 필요했다는 것과 같다.

김정은 총비서는 이를 이렇게 표현한다. "어떤 요란한 구호를 내드는 것보다 ≪이민위천≫, ≪일심단결≫, ≪자력갱생≫ 이 3가지 이념을 다시 깊이 새기는 것으로써 당 제8차 대회의 구호를 대신하자"라고 말이다.

이로부터 자신들의 목표를 이뤄낼 비법－유일 방도가 이 3대 이념이라는 것이고, 이 전략과 전술, 이론과 방법으로 사회주의 문명국가로 진입하자는 뜻과 같다. 이는 제8차 당 대회 개최목적을 보더라도 맞다. "우리 당력사에서 여덟번째로 열린 본 대회는 혁명과 건설의 새로운 고조기, 격변기를 열어놓기 위한 당면투쟁계획과 당의 강화발전에서 나서는 중대한 문제들을 상정하고 진지한 토의를 하였다"라고 하였는데, 바로 여기서 '중대한 문제들을 상정하고 진지한 토의' 그 결과가 이 3대 이념으로 귀결되었다고 봐야 하기 때문이다.

3) 3대 이념에 대한 구체적 이해

위에서 설명된 대로 3대 이념은 제8차 당 대회에서 채택되었지만, 이 3대 이념은 북의 건국과 함께 늘 존재했었다. 단지 그런 3가지 정신을 조선로동당 제8차 대회에서 체계적이고 구체적인 내용으로 재정립을 했을 뿐이다.

어떻게? "이민위천에는 전당이 인민을 위하여 복무함을 당건설과 당활동의 출발점으로, 절대불변한 원칙으로 하는 혁명적 당풍을 확고히 견지할데 대한 항구적인 요구가 반영되어 있으며 일심단결과 자력갱생에는 혁명의 생명선과 전진동력에 관한 사상이론적 관점과 정책적 요구가 함축되어 있다."(김정은 위원장의 "제8차 당 대회에서 하신 결론" 중에서) 〈로동신문〉 보도도 이를 확인해준다.

> 오늘 우리 혁명은 새로운 발전기, 도약기에 들어섰다. 우리 앞에는 이미 이룩한 역사적 승리와 경험, 교훈을 발전의 디딤돌로 하여 사회주의건설을 승리의 다음단계에로 확고히 이행시켜야 할 성스러운 투쟁과업이 나서고 있다. 시대가 부여한 무거운 역사적임무를 훌륭히 수행하자면 거창한 혁명실천에서 생활력이 뚜렷이 검증된 자랑찬 전통을 굳건히 계승해나가야 한다. 이민위천, 일심단결, 자력갱생의 숭고한 이념, 바로 이것이 억만금에도 비길 수 없는 우리의 값비싼 재부이고 세계가 알 수도 계산할 수도 없는 주체조선의 불패의 힘이며 현존하는 첩첩난관을 강행돌파할수 있는 무궁무진한 발전잠재력이다.("이민위천, 일심단결, 자력갱생이념을 더 높이 들고나가자." 2021.07.19)

전제를 그렇게 해놓고 하나하나 뜯어보자.

(1) 이민위천에 대한 이해

이민위천이 북 최고 지도자 및 간부들이 갖춰야 할 최고 리더십 덕목으로 자리 잡은 데는 김일성 주석이 큰 한몫을 했다. 살아생전 가장 강조했던 인민관이 이민위천이었고, 자신의 회고록 〈세기와 더불어〉에서 이를 상세히 밝혀 놓았다.

> '이민위천', 인민을 하늘같이 여긴다는 이것이 나의 지론이고 좌우명이었다. 인민대 중을 혁명과 건설의 주인으로 믿고 그 힘에 의거할 데 대한 주체의 원리야말로 내가 가장 숭상하는 정치적 신앙이며 바로 이것이 나로 하여금 한생을 인민을 위하여 바치게 한 생활의 본령이었다.

'인민을 하늘같이 여긴다'는 좌우명이 '사람이 모든 것의 주인이며 모든 것을 결정한다'라는 주체사상의 철학적 원리로 정식화되고, '인민대중은 역사의 주체이며 사회발전의 동력이다'라는 사회역사적 원리로까지 그대로 다 반영된다. 그래서 이 이민위천은 주체사상에 있어 가장 핵심적인 '주체의 원리'로까지 사상적 진화를 내올 수 있었고, 김일성 주석의 그러한 철학적 신념과 이상이 이념으로서의 주체사상에까지 반영해낼 수 있었다.

그리고 그 최종적 결론은 이 이민위천이 북에서 당과 국가의 모든 노선과 정책을 규정하는 이념적 근간이자 모든 일꾼들이 반드시 틀어쥐고 나가야 할 혁명 투쟁과 국가건설의 기본방도가 되게 하였다. 이유는 북 체제의 특성상 – 조선로동당이 국가기관들을 이끄는 가장 높은 위치에 있는 체제(당 우위의 국가체제)이다 보니, 자칫하면 당(과 일꾼들)이 인민 위에 군림할 수 있는 관료주의와 세도를 부릴 수 있는 일이 충분히 발생할 수 있다. 그래서 200만이 넘는 당원들이 특권화되지 않도록 하는 것은 사회주의 체제가 유지하느냐, 마느냐의 관건적인 문제와 연동된다 했을 때 모든 일은 인민대중의 이익에 복무하는 방향에서 인민대중 스스로가 주인 되어 자신들의 역할을 높이는 것으로부터 출발해야 함은 너무나도 당연하다 하겠다.

자본주의와 사회주의의 처벌 비교

> 돈과 권력이 지배하는 사회인 자본주의에서는 가진 자, 권력을 쥔 자들에 대한 처벌은 유독 약하다. 오죽했으면 유전무죄 무전유죄라는 속어가 생겨났을까?
> 반면, 사회주의 체제에서는 유독 당 간부에 대한 처벌 매우 강하다. 그것도 대부분 공개처형이 많다. 보기에 따라서는 인권 문제를 야기할 수도 있겠지만, 특권과 반칙을 경계하고 허용하지 않겠다는 철저한 법적 장치이자 경고의 의미이다. 해서 그 한 예로 왜 장성택이 공개처형될 수밖에 없는지는 여러 가지 측면에서 매우 많은 함의를 갖는다. 권력 투쟁적 측면, 종파 행위에 대한 처벌, 자원을 팔아먹은 매국적 행위 등도 있겠지만, 그것과 함께 이 측면 - 특권과 반칙을 경계하고 다시는 이러한 일이 재발하지 않아야 한다는 측면에서의 교훈적 의미도 분명 있다.

강조에 강조를 더할 수밖에 없는 이유가 거기에 있었다. 그래서 시도 때도 없이 언제나 이 이민위천 정신을 간부들에게 뿌리내리기 위해 북은 전당적으로 힘을 쏟을 수밖에 없었고, 1990년 당시 김정일 제1부위원장의 다음과 같은 발언 속에서 그 의미는 고스란히 담겨있다. "당일군들은 언제나 군중속에 들어가 군중에게서 배우며 군중과 생사고락을 같이하는 것을 습성화하여야 하며 인민을 위하여 복무하는 것을 가장 큰 영예와 보람으로 여겨야 한다." 이어 그는 군대에 대해서는 '조국을 위하여 복무함!'이라는 구호로, 당 일군들에게는 '인민을 위하여 복무함!'이란 구호를 발기한다.

이것이 김정은 시대에 들어와서는 모든 당 일군들이 인민을 하늘같이 여기고 내세우며 언제나 군중 속에 깊이 들어가 그들과 (생사) 고락을 같이하면서 인민을 위하여 뛰고 또 뛰는 참된 인민의 충복이 되어야 한다는 '인민의 충복론'으로 보다 구체화 되고, 마침내 2015년 10월 조선로동당 창건 70돌 경축열병식에서 김정은 총비서(당시, 제1비서)는 다음과 같은 연설을 하는데, "인민이 위대하여 위대한 당이 있다"라고 하면서 '조선로동당 만세'가 아니라 '위대한 조선 인민 만세!'였다.

이민위천의 이념이 최종적으로 어디를 향하고 있는지를 분명하게 가늠할 수 있는 구호였고, 최종적으로는 김정은 총비서에 의해 다음과 같이 정의된다. "우리 사상은 본질에 있어서 인민대중제일주의이며 우리 당의 존재방식은 인민을 위하여 복무하는 것", 구호로는 "모든 것을 인민을 위하여, 모든 것을 인민대중에게 의거하여!"

이렇듯 이민위천은 '주체' 사회주의의 속도 진전과 비례하면서 '원리적 규범'에서 '사업과 생활의 구체적 규범'으로까지 진화했고, 종국에는 '사상과 이념'의 지위와 위상으로까지 확보해 나갔다. 비례하여 이를 지키고 구현해나가야 할 주체 역시 선진적 당 일군뿐만 아니라 당원 모두였다.

그리고 그 구속력을 위해 김정은 총비서는 제8차 당 대회 사업총화 보고에서 이민위천의 정치방식을 "정세가 아무리 엄혹하고 난관이 중첩되어도 인민대중제일주의정치를 철저히 구현하면 불리한 모든 요인들을 능히 극복하고, 방대한 과제들을 용이하게 해결할 수 있다"라며 인민대중제일주의정치로 정식화하고, 2021년에 개정된 당 규약에는 "사회주의 기본정치방식"으로 규정한다.

조선로동당은 "인민대중제일주의정치를 사회주의기본정치방식으로 한다.

해서 이로부터 알 수 있는 것은 제8차 당 대회에서 채택된 인민대중제일주의정치가 북의 사회주의 기본정치방식으로 교리화되었다는 점이고, 그 의미는 통상 김정일 국방위원장의 통치 스타일을 선군정치로 규정했다면 제8차 당 대회를 거치면서 확립된 김정은식 통치 스타일은 인민대중제일주의정치로 규정되었음을 알 수 있다.

맥락으로는 다음과 같은 설명이 가능하다. 김정은 시대에 들어와 자신들 국가의 지위와 국력이 근본적 변화를 동반하고, 즉 김정일 시대의 과도기를 지나 사회주의 강성국가, 혹은 문명국가라는 더 큰 승리를 향하여 나아가는 발전기로서의 혁명 발전 요구를 반영하여 나온 것이 인민대중제일주의정치라는 것이고, 그 근본정신이 '모든 것을 인민을 위하여, 모든 것을 인민대중에게 의거하여!'라는 기치로 정립, 이를 김정은 총비서가 제8차 당 대회 사업총화 보고에서 "정세가 아무리 엄혹하고 난관이 중첩되어도 인민대중제일주의정치를 철저히 구현하면 불리한 모든 요인들을 능히 극복하고, 방대한 과제들을 용이하게 해결할 수 있다"라고 하면서 확신에 찬 결의를 내왔다고 볼 수 있다.

그로부터 - 제8차 당 대회로부터 약 5개월 뒤인 2021년 5월 4일 〈로동신문〉에 실린 "인민대중제일주의정치의 지위"라는 기사는 인민대중제일주의정치를 보다 더 명확하게 잘 설명해내고 있다. 신문은 당 규약에 있는 것처럼 인민대중제일주의정치를 사회주의 기본 정치방식이라는 것을 강조하면서 두 가지 특징으로 이를 설명한다.

첫째는, "우리 당의 인민대중제일주의정치는 자주정치, 민주주의정치, 인덕정치를 구현할 데 대한 사회주의사회의 본성적 요구를 최상의 높이에서 구현하고 있는 정치방식"이라면서 "사회주의사회의 주인은 인민대중이다. 인민대중의 자주적 요구와 이익을 전면적으로 실현하기 위한 사회주의정치가 자주정치, 민주주의정치, 인덕정치로 되여야 하는 것은 두말할 필요가 없다"라고 알렸다.

둘째는, "우리 당의 인민대중제일주의정치는 사회주의의 본태를 확고히 고수하고 사회주의위업을 활력 있게 전진시켜나가는 위력한 정치방식"이라면서 "사회주의의 기초는 집단주의이며 그 발전동력은 인민대중의 정신력이다. 집단주의가 살아 숨쉬고 인민대중이 사상정신적으로 앙양된 사회주의는 그 어떤 격난 속에서도 승리적으로 전진하게 된다"라고 자신했다.

그러면서 신문은 "우리 당의 인민대중제일주의정치는 사회성원들을 사랑과 정으로 더욱 튼튼히 묶어세우고 단결된 인민의 힘을 비상히 증대시켜나가는 혁명적인 정치방식"이라면서 "시련이 겹쌓일수록, 투쟁과업이 방대할수록 우리 당은 인민들 속에 더 가까이 다가가 온 나라에 서로 돕고 이끄는 진정과 진심이 차 넘치게 하였으며 인민을 굳게 믿고 인민대중과 한 덩어리가 되여 막아서는 도전과 장애를 정면돌파하였다"며 이 인민대중제일주의정치가 갖는 의미를 확실히 하였다.

그래서 다음과 같은 결론이 가능하다. 김정일 시대를 지나 김정은 시대가 도래했지만, 즉 이 인민대중제일주의정치가 김정은식 통치 스타일로 확립되기 이전까지는 기간 내내 사용되어왔던 '군대이자 당이고 국가이며 인민'이라며 군대 중시의 선군정치가 (김정은 시대에도) 여전히 '확장된' 과도기로 김정은식 통치 스타일로 존재하였지만, 제8차 당 대회에서는 김정은 총비서가 **"인민군대가 참다운 인민의 군대라는 사명과 본분** (강조, 필자)을 다하라"라는 주문과 함께, 곧이어 취한 조치가 2020년도 여름 태풍과 홍수 피해를 입은 인민들을 위해 군인과 평양의 핵심 당원들을 피해 복구 지역에 급히 파견하는 것이었는데, 이것은 인민대중제일주의정치 구현의 대표적인 사례이자 당은 당대로 군대는 군대대로 그 존재 이유를 인민에 대한 헌신복무에 찾아야 한다는 원칙을 실체적으로 입증한 것과 같다.

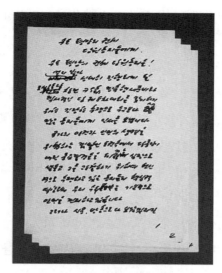

▲김정은 국무위원장이 2020년 9월 5일 평양
당원들에게 보낸 공개서한, 〈로동신문〉에서 갈무리

———————— 전문 ————————

〈김정은 북한 국무위원장 공개서한〉

수도 평양의 전체 당원동지들에게
수도 평양의 전체 당원동지들!
멀지 않아 성대히 진행되게 될 조선로동당창건 75돐 경축행사준비와 력사적
인 당 제8차 대회를 맞이하기 위한 긴장한 투쟁으로 누구보다 수고 많은 동지
들에게 인사를 보냅니다.
국가의 안전과 인민의 생명을 위협하는 겹쌓인 도전 속에서 당 중앙이 내린
중요한 결정들을 피 끓는 심장으로 받들고 그것을 관철하기 위하여 헌신적으
로 투쟁하고 있는 동지들의 핵심적 역할로써 우리 혁명의 수도 평양은 기본적
으로 안녕을 견지하고 있습니다.
그러나 신문과 방송으로 다 보았겠지만 최근 련이어 들이닥친 큰물과 태풍에
의하여 나라의 여러 지역들이 동시다발적으로 많은 피해를 입었으며 그것을
가시기 위한 맹렬한 복구전투가 벌어지고 있습니다.
그런데 재차 들이닥친 태풍 9호로 인하여 동해안에 위치한 강원도와 함경남
도, 함경북도에서 또 피해를 입게 되였습니다.

특히 함경남도에서는 단천시와 신포시, 홍원군을 비롯한 10여 개의 시, 군들에서 살림집들과 공공건물들이 침수파괴되어 수많은 수재민들이 한지에 나앉아있습니다.

무너진 살림집만 하여도 1,000세대가 넘습니다.

함경북도 역시 피해는 다를 바 없다고 합니다.

태풍 9호가 수천 리 밖에서 북상할 때부터 긴장하게 예의주시하면서 취할 수 있는 예비대책을 강구하였지만 예상 밖의 폭우와 강풍으로 피해가 많이 발생하게 되였습니다.

한시도 지체하면 안 되는 이 긴박한 상황에서, 더구나 사회의 많은 기본건설 력량과 인민군부대들이 이미 강원도와 황해남도의 피해복구현장들에 전개되여있는 형편에서 당 중앙은 함경남북도의 피해복구를 강력히 지원하는 문제를 다름 아닌 수도의 당원동지들에게 터놓기로 하였습니다.

물론 함경남북도에도 수많은 당원들과 당조직들이 있고 로동계급의 기본부대들이 있으며 그들도 역시 당 중앙의 의도를 알고 피해복구투쟁을 잘할 것이라고 믿습니다.

하지만 당 중앙은 당중앙위원회를 제일 가까이에서 보위하고 있는 친위대오인 수도의 핵심당원들이 기치를 들고 피해복구현장에 진출하는 것이 더 의의가 있다고 보았습니다.

나라의 모든 지역이 항상 자기의 심장인 수도를 각방으로 보위하는 것도 국풍이지만 어려울 때 수도의 인민들이 힘들어하는 지방인민들을 성심성의로 부축하고 고무 격려하는 것도 우리의 자랑스러운 국풍이라고 할 수 있습니다.

수도당원들은 우리 당이 제일 믿는 핵심력량입니다.

수도당원들이 당의 호소를 받들고 피해현장에 나가 투쟁하면 자연이 몰아온 파괴적인 재앙으로 입은 경제적 손실에 비할 바 없는 거대한 힘을 얻게 됩니다.

평양에서 천리행군해간 수도당원들이 현지에 도착하기만 해도 그곳 당원들과 인민들에게 커다란 고무가 될 것이며 시련과 난관을 함께 이겨내고 타개해나가는 속에서 전당의 단결이 뜻과 정으로 더욱 반석같이 다져지게 될 것입니다.

올해에 들어와 세계적인 보건위기가 지속되고 자연재해까지 겹쳐 들어 특별히 어려움을 겪었지만 우리는 당과 인민의 단결된 힘으로 이 모든 것을 과감히 극복하고 있습니다.

올해는 결코 재해와 재난의 해가 아니라 초긴장의 간고한 투쟁 속에서 더욱 굳은 단합을 이룩하는 투쟁의 해, 전진의 해, 단결의 해입니다.

75성상 승리의 고지마다에 날려온 우리의 당기는 결코 세월의 바람에 나붓겨온것이 아니라 당 중앙의 부름이라면 물불을 가림없이 산악처럼 떨쳐 일어나 특출한 공헌으로 화답해온 우리 당원들의 거세찬 충성과 애국의 숨결로 휘날려온 것입니다.

우리 당과 혁명투쟁사에 특기할 또 하나의 중대한 승리의 전환점을 마련해야 하는 결정적이고도 책임적인 시각에 수도의 당원들이 기수가 되고 돌격대가 되여야 합니다.

당 중앙은 조선로동당창건 75돐과 당 제8차 대회를 견결히 보위하기 위하여 우리의 수도당원 동지들이 들고일어나 재해를 당한 함경남북도의 피해복구전구로 용약 달려나갈 것을 부탁합니다.

10월 10일이 눈앞에 박두하였는데 형편이 곤난하고 시간이 촉박하다고 하여 새로 피해를 입은 함경남북도의 수많은 인민들이 한지에서 명절을 쇠게 할 수는 없습니다.

당의 걱정과 보살핌의 손길로, 수도 평양의 따뜻한 정으로 피해 지역 인민들을 극진히 위로하고 한시바삐 재난을 털어버리도록 정성 다해 지원하고 투쟁할 것을 당 중앙은 수도당원 동지들에게 호소합니다.

수도의 당원동지들 !

지금은 우리 인민들의 불편과 고통을 가셔주기 위한 피해복구전투가 벌어지는 전구가 바로 우리 당이 전력을 투하해야 할 최전선입니다.

때문에 당 중앙은 수도의 우수한 핵심당원 1만 2,000명으로 함경남북도에 각각 급파할 최정예수도당원사단들을 조직할 것을 결심하였습니다.

평양시당과 구역당들, 시급, 구역급기관, 공장, 기업소 일군들과 당원들은 누구나 이 전례 없는 전투 대오에 탄원하여 당조직의 추천을 받을 수 있습니다.

최정예수도당원사단들이 전구에로 떠나기 앞서 우리 수령님과 장군님께서 계시는 성지의 마당에서 궐기모임을 열고 충성의 맹세를 다지며 피해복구현장으로 진출해나가면 수령님과 장군님께서도 무척 기뻐하실 것입니다.

동지들이 현장에 가서 해야 할 주되는 과업은 피해복구전투에 떨쳐나선 근로청년들과 군인들의 앞장에서 당정책관철의 선봉이 되고 불씨가 되는 것입니다.

동지들은 수도의 핵심당원들답게 현장진출로부터 철수에 이르는 전 기간 복구투쟁과 생활의 모든 면에서 넘치는 기백과 질서정연한 행동으로써 훌륭한 모범을 보여야 하겠습니다.

피해 지역 인민들에게 이번에 입은 화를 복으로 전환시켜 더 좋은 살림집, 더 좋은 환경에서 살게 하려는 당 중앙의 진정을 잘 알려주고 그들이 신심과 락관을 가지고 복구사업을 벌려 나가도록 성의껏 도와주어야 하겠습니다.

절대로 현지주민들에게 부담을 끼치거나 도와주는 티를 내지 말고 겸손하고 진실하게 처신하며 어려움을 이겨나가는 지방인민들의 강인한 생활기풍과 기질도 배우면서 수도에서 창조된 좋은 경험들과 선진기술기능을 성실하게 배워주어야 합니다.

이번에 파견되는 수도의 최정예당원사단들이 살림집과 공공건물건설을 기본으로 하게 되는것만큼 전문건설부대들에서 복무하고 제대된 건설기능이 높은 당원들로 사단의 직속 구분대를 조직하여야 합니다.

사단 직속 구분대는 높은 건설공법과 기능뿐 아니라 모든 작업을 책임적으로 깐지게 하는 교육자적인 일본 새로써 맡은 대상들을 훌륭히 완공할 것이며 전반적 복구공사의 질적 수준을 제고하고 지방건설자들에게 앞선 건설기능을 아낌없이 넘겨주어야 하겠습니다.

성, 중앙기관의 당원동지들도 피해복구현장에 나가는 전투원이라는 자세에서 복구공사에 필요한 자재와 설비, 물자들을 제때에 신속히 보내줌으로써 수도에서 일하는 당원으로서의 본분을 다하여야 하겠습니다.

함경남북도의 인민들을 도와주자고 수도의 우수한 당원들로 조직된 사단들을 파견하지만 제일 걱정되는 것은 동지들의 건강입니다.

생산현장과 실천투쟁에서 많이 단련되고 검증된 당원들이라 해도 재앙이 휩쓴 험지에서 가을바람을 맞으며 철야 전투를 해야 하는 것만큼 힘들고 피곤할 수 있습니다.

당원사단들을 이끄는 지휘관들과 정치일군들은 매 대원들의 건강과 생활에 세심한 주의를 돌리고 다심한 심정으로 돌보아주어 당원동지들이 모두 건강한 몸으로 전투를 결속하고 수도 평양으로, 정다운 집으로 돌아갈 수 있게 하여야 하겠습니다.

나는 당 중앙이 직접 조직하여 함경남북도에 파견하는 수도의 최정예당원사단들이 조선로동당창건 75돐명절과 당 제8차 대회를 견결히 보위하는 별동대로서 부여된 영예로운 사명과 전투임무를 훌륭히 수행하고 커다란 승리를 쟁취하리라는 것을 굳게 믿습니다.

위대한 우리의 인민을 위하여,

위대한 우리의 일심단결을 위하여,

위대한 우리의 국가를 위하여,

위대한 우리의 10월 명절을 위하여

성스러운 투쟁에로 용감히 나아갑시다 !
수도의 당원동지들, 앞으로 !
함경남도 태풍피해현장에서

김정은
2020년 9월 5일

김정은식 정치의 한 단면이 그렇게 만들어졌고, 사실상 이때부터 북은 '선군'에서 '인민'으로, 김정은 시대가 갖는 특징이 그렇게 구현되기 시작했다고 봐야 한다.

(2) 일심단결에 대한 이해

북이 어떻게 일심단결을 구현해왔는지는 아래 〈로동신문〉 론설에서 잘 드러난다.

> 우리 당은 자기의 붉은 기폭에 인민의 모습을 아로새긴 때로부터 오늘에 이르는 장구한 기간 인민을 하늘처럼 섬기고 정성다해 받들며 인민을 위한 멸사복무의 길을 쉬임없이 걸어왔다. 우리 당이 이민위천의 사상을 높이 들고 인민대중제일주의정치를 일관하게 구현하여왔기에 우리 인민은 당의 위업을 받드는 길에서 사소한 변심도 없었다. 당은 정치적향도자, 어머니로서의 본분에 무한히 성실하고 인민은 당의 위업에 끝없이 충실하기에 우리의 혼연일체, 일심단결은 아무리 세월이 흐르고 세대가 바뀌여도 변색을 모르며 영원불멸하다.(2022.04.06)

즉, 일심단결이 가능했던 핵심은 '우리 당이 이민위천의 사상을 높이 들고 인민대중제일주의정치를 일관하게 구현하여왔기' 때문이고, 그래서 '혼연일체, 일심단결은 아무리 세월이 흐르고 세대가 바뀌여도 변색을 모르며 영원불멸하다'라는 귀결이 가능하다는 것이다.

위 규정에서 또 확인받을 수 있는 것은 당과 대중의 혼연일체, 일심단결은 조선로동당의 존재 방식임을 알 수 있다. 소련을 비롯한 동구 사회주의국가들이 왜 자본주의 체제로 전환했는지를 추적해보면 이는 금방 알 수 있다. 그것은 이 국가들의 체제전환 사유들을 정말 여러 각도에서 여러 설명으로 해낼 수 있겠지만, 그중 가장 핵심적인 요인을 집으면 최고 지도자(수령)와 당과 인민이 혼연일체 되지 않아 당과 인민 사이에는 균열이 발생하고, 당과 지도자(수령) 사이에도 파벌과 권력다툼이 발생해 체제 위기를 자초해냈기 때문이다.

소련을 비롯한 동구 사회주의권 나라 모두가 여기 해당, 이 위기를 견디지 못해 다 사회주의 체제가 붕괴하였다. 그러니 북北 붕괴론 신봉자들도 북에서 두 최고 지도자(수령)의 서거가 있을 때마다 "북 체제변화가 임박했다"라고 주장할 수 있었다. 하지만, 북은 두 번의 후계승계가 있었으나 그들의 예상과는 달리 단 한 번의 위기도 발생하지 않았다. 이는 미국을 비롯한 북北 붕괴론 신봉자들의 희망적 기대와는 정반대의 결과이자 북 스스로는 더 단단한 결속력과 일심단결의 위력으로 그 거센 시련을 이겨낸 결과로 봐야 한다.

해서 북을 제대로 알려면 바로 이 일심단결에 깃든 북의 '속내'와 '역사'를 제대로 정확히 봐야 한다.

먼저, 속내와 관련된 부분이다. 2000년대 초 조선반도(한반도)에서 전쟁 위기가 고조되던 그 시기 북은 "미국이 핵문제시비질을 하고 있지만 우리에게는 핵무기보다 훨씬 강력한 무기가 있다!"라고 말한 적이 있다. 이때 당시 미국 대통령이던 조지 W 부시를 비롯하여 전 세계는 '북이 무슨 새로운 신형 핵무기를 개발했냐?'라고 주목했지만, 진작 북이 내놓은 그 '신형 핵무기'는 정말 아무도 예상치 못한 의외였다.

우리에게는 수령, 당, 대중이 혼연일체가 된 일심단결이라는 가장 강력한 힘이 있다.

다음, 역사적 경험과 관련된 부분이다. 북은 소련을 비롯한 동구 사회주의권이 무너질 때도, 1990년대 고난의 행군 시기에도, 이 지구상 가장 강력한 미국의 제재와 압박에도 북은 이 힘―일심단결로 버텨냈다. 이때마다 북은 이 일심단결에 대해 "국가존립의 초석이자 혁명의 천하지대본이며 필승의 무기"라고 스스로 규정했을 뿐만 아니라 이 일심단결에 담긴 정확한 뜻과 위력을 그 누구 하나 이해하고 알려고도 하지 않았지만, 북은 이 일심단결을 '핵무기의 폭발력에는 한계가 있지만 영도자와 천만 군민이 굳게 뭉친 일심단결이 발휘하는 위력에는 한계가 없다'라며 제8차 당 대회에서는 3대 이념의 하나로 제시하는 소중함을 보였다.

그만큼 일심단결은 북 사회를 움직이는 중추적인 골간 체계이자 국가 운영의 기본원리이다.

그런데 여기서 드는 의문이 하나 있다. 도대체 북이 생각하는 일심단결이―핵무기보다도 더 강하다는 그들의 일심단결이 뭐길래 그렇게 강조하는지가 매우 궁금하다.

답은 아래와 같은 이론적 근거와 시대별 정착 과정을 추적해보면 북이 어떻게 이념화, 체계화해왔는지를 금방 알 수 있다.

우선, 북이 생각하는 '단결'의 개념부터 출발하면 된다. 왜냐하면 북은 단결을 사회적 집단이 자기 힘을 가장 크게 발휘할 수 있는 위력한 한 방도로 보고 있기 때문이고, 그래서 하나로 단결하면 못 이뤄낼 일이 없으며 굳게 단결만 하면 자기보다 큰 상대도 능히 이길 수 있다고 생각하는 집단주의 중심의 북이기 때문이다.

그리고 그 단결도 우리가 일반적으로 생각하는, 혹은 자유민주주의 체제에서는 보편적 개념을 갖는 '다수결'이라는 의미에서의 의사 결정 구조로서의 단결이 아니다. 또한 일시적 이해관계나 실무적 관계에 필요성에 의해서 형성되는 단결도 아니다. 오직 주체사상에서 파생된 사회정치적 생명체론에 근거한 자기 최고 지도자(수령)를 중심으로 하는 신념과 의지의 일치성에 기초한 단결이고, 그래서 이 단결은 그 어떠한 고난과 시련 앞에서도 약해지는 것이 아니라 더 강해져 '혁명과 건설의 위력한 추동력'이 된다고 믿는 그런 단결이다.

개념적으로는 3가지 특징이 있다. 첫째는, 북이 생각하고 있는 혁명적 단결의 최고 높은 형태가 일심단결로 본다는 사실이다. 그래서 그 단결된 힘은 혁명과 건설의 위력한 추동력이 되고, 이때의 일심단결은 "혁명의 천하지대본"으로 규정하여 "사회의 정치적 안정과 정치사상적 우월성을 담보하는 강력한 무기"로 인식한다.

둘째는, 이 단결이 수령을 중심으로 하는 유일 사상의지적 결속이라는 데 있다. 다음의 문장이 이를 확인해 준다. "인민은 수령을 중심으로 단결할 때 조직사상적으로 굳게 결합될 수 있으며, 수령을 중심으로 하는 도덕의리적 단결이 가장 공고한 단결로 된다."

셋째는, '둘째'와 같은 단결, 즉 수령을 중심으로 하는 유일 사상의지적 결속은 반드시 '수령과 인민의 혼연일체'로 나타나야 하며 이것이 일심단결의 본질이라는 인식이다.

결과, 도달된 최종 결론은 "국가와 사회의 정치적 안정과 공고성을 확고히 담보하며 조국을 수호하고 혁명과 건설을 힘있게 다그쳐나가는 위력한 추동력"이라고 정의된다.

다음, 시대별 정착 과정을 추적해보면 다음과 같다. 1930년대 항일무장투쟁의 과정에서도, 1950년 조선반도(한반도)에서의 전쟁도, 1990년대 고난의 행군시기에도, 2000년대 이후부터 집중된 미국의 제재와 압박에도 절대 이 끈, 수령을 중심으로 하는 일심단결 정신, 혹은 이념을 절대 놓을 수가 없었다.

북은 그렇게 매 순간, 매시기 마다 수령의 '유일적 영도'가 보장되는 그런 혼연일체를 통해 그 위기 상황을 돌파해왔고, 북 자신들 국풍國風으로 자리 잡게 했다. 그런데 문제는 그 어려운 시기마다 전 사회적으로 수령의 유일적 영도를 보장해낸다는 것이 결코 쉬운 문제가 아니라는 사실에 있다. 오죽했으면 사회주의 이론의 원형을 만들었던 엥겔스조차도 이 수령과 '유일적 영도'와의 관계를 사회역사적 맥락으로 제대로 파악하지 못해 수령을 단수 개념－유일 개념이 아닌, "다수의 고정된 그룹"이라고 하는 복수 개념으로 이해했을까?

당시나 지금이나 그만큼 어려운 문제였다. 그러니 실제 사회주의 나라에서도 이런 경지에 도달한 나라가 거의 없어 권력 교체기마다 위기나 체제가 붕괴하는 현상이 빈번히 발생했다. 소련 및 동구 사회주의권 멸망의 여러 요인 중에서도 가장 큰 요인이 이 요인이라는 것을 동의한다면 정말 어려운 문제라는 것도 금방 알 수 있다.

하지만, 북은 그러한 결과를 만들어내 내지 않았고, 아래에서 살펴지는 경험과 교훈에서 확인받듯 북은 단수 수령을 '유일' 중심에 놓는 이 일심단결로 소련과 동유럽 사회주의국가들이 돌파하지 못한 체제의 지속성과 내구력을 확실하게 키워냈다.

걸음, 걸음마다 그 노력이 보인다. 항일무장투쟁 첫 시작부터가 그랬다. 당시 초기 공산주의운동은 항일 대신, 파벌싸움과 헤게모니 쟁취에만 분투했다. 그리고 초기 항일의 의지는 온데간데없이 후반기로 가면 갈수록 개량화와 분열로 치달았던 임정 계열의 독립운동, 그렇게 두 전 과정을 지켜본 김일성 중심의 항일무장투쟁 세력은 분열과 파벌의 역사, 무기력에 종지부를 찍지 않고서는 절대 조국광복이 불가능함을 온몸으로 체현, 결과도 당연히 투쟁과 단결의 구심을 만들어 전체 조선 민족을 하나로 결집해내어야만 조국광복이 가능하다고 판단했다.

그래서 항일무장투쟁 세력은 그 중심으로 김일성 장군을 지목했고, 김일성 장군을 단결의 '유일' 구심으로 하여 항일무장투쟁 전 과정을 치러 냈다. 그리고 그 정신은 해방 이후에도 고스란히 반영되어 그들의 역사 서인 항일무장투쟁사에서도 '이때로부터 조선 민족에게 조국광복의 서광 이 비추기 시작하였다'라고 기록을 남긴다.

8월 종파사건과 갑산파 숙청 때도 이는 마찬가지이다. 그전 시기 - 항 일무장투쟁 시기인 그때는 코민테른과 주변 큰 나라의 당을 등에 업고 지도권을 행사해보려는 사대주의자, 교조주의자들의 책동이 문제였다면, 건국 이후에는 소련공산당이 1956년 2월에 열린 소련공산당 제20차 당 대회에서 당시 서기장 흐루쇼프가 자본주의에 대해 환상, 무엇보다는 미 국과 힘겨루기가 두려워 진영대결 - 반제투쟁을 멈추고 평화공존론을 선 택하면서 사회주의국가 내에서는 수정주의 노선과의 싸움이 한창이었다. 구체적으로는 스탈린식 정치방식 반대와 사회주의사회의 특장점인 정 치ㆍ사상적 단결을 부정하고, 그 양태는 스탈린 격하 운동이었다. 논리 적으로는 단결의 구심문제를 개인 숭배라고 왜곡해 버리는 것이었다.

상황이 이렇듯, 자칭 사회주의 종주국을 자처하며 정치ㆍ경제적 영향 력이 막강했던 소련공산당에서 벌어지고 있는 일이었으니 대부분의 사회 주의 국가들도 - 국가철학 없이 제도로만 사회주의 체제를 띤 국가들은, 구체적으로는 동구 사회주의국가들은 이 흐름을 마냥 무시할 수만은 없 었다. 아니나 다를까 대부분 사회주의국가는 동참했고, 북도 예외이지 않았다. 어떻게? 북도 이런 바람에 편승하여 당과 국가의 지도권을 쥐어 보려고 날뛰는 인물들이 나타났고, 이는 항일의 경험을 토대로 일심단결 의 구심으로 자리매김해가던 김일성 주석(당시, 수상)을 몰아내려고 한 사건으로 비화한다. 이름하여 8월 종파사건이다. 수습은 하였지만, 이 사 건 이후에도 계속하여 이 여진은 남아 교조주의자, 사대주의자들의 방해 뿐만 아니라 기회주의자, 출세주의자들까지 김일성 주석 중심의 유일사상체계 구축을 막아 나선다. 여기에다 소련도 자신들의 수정된 사회주의 노선을 끊임없이 계속 북에 강요했다. '갑산파 숙청'은 그 과정에서 발생한다.

바로 이때 북은 이 고비를 해결해낼 구원투수가 있었으니 다름 아닌, 당시 조선로동당 조직지도부 지도원이라는 직책을 가진 김정일 국방위원장이었다. 그는 사태의 심각성을 깨닫고, 일심단결의 구심을 확립하기 위한 대대적인 사업에 착수한다. 소위 '3대 혁명'과 '온 사회의 김일성주의화'로 불리는 전 사회적 개조사업이 그것이다. 1970년대를 거쳐 1980년대까지 이어진다. 구체적으로는 1974년에 '당의 유일적령도체계확립의 10대 원칙'을 확립하고, 1980년대에 이르러서야 하나의 사상, 하나의 수령을 단결의 구심으로 하는 체제를 확실하게 확립할 수 있었다. 철학적으로는 주체사상이 정립되고, 제도적으로는 수령중심의 유일사상체계가 완전 확립, 이의 정치·사상적 구호화가 '온 사회의 주체사상화', '온 사회의 김일성주의화'였다.

이후부터는 늘 일관되게 북의 정치·사상적 중심에 일심단결이 자리 놓인다. 김정은 총비서의 다음과 같은 성격 규정에서 이는 매우 명확하다. "일심단결은 위대한 수령님과 위대한 장군님께서 물려주신 가장 귀중한 혁명유산"이고, "일심단결의 위력은 역경을 순경으로 전환시키고 역풍을 순풍으로 돌려세울 수 있으며 그 어떤 난관과 시련도 뚫고나갈 수 있는 힘"이기에 "일심단결의 위력에 맞설 힘은 이 세상에 없다." 그래서 이 일심단결을 "주체혁명의 필승의 무기, 무적의 성새"라고 했고, 그 확신은 조선로동당 제8차 대회를 거치면서 이 일심단결을 3대 이념의 하나로 제시할 수 있었다.

절대 포기할 수 없는 일심단결, 김정은 시대에도 계속

북은 제8차 당 대회에서 자신들의 혁명 발전단계가 '계승기와 발전기'단계로 진입했다고 확신했고, 이로부터 북은 유일사상체계 안정화 및 유일 '수령 - 쉽' 구축, 그리고 혁명의 대(代)를 계속 이어나갈 주체-후계체제 구축이 시급히 나섰다고 본다. 2022년 12월 연말에개최한 제8기 6차전원회의 확대회의('사실상의' 2023년 신년사)를 보면 이는 분명하다.

이 회의에서 북은 '새시대 당건설의 5대로선에 대하여(약칭, 5대로선)'라는 결정서를 채택하는데, 참고로 5대로선은 '정치건설, 조직건설, 사상건설, 규률건설, 작풍건설'을 일컫고, 핵심 내용으로는 각각 △당 중앙의 유일적 영도체계 확립 △당 대열 정예화 △반사회주의, 비사회주의적 현상과의 투쟁 △전당적인 자각적인 규률준수기풍과 규률감독체계, 규률적용체계 확립 △인민을 대하는 올바른 관점과 태도 정립이다.

무엇이 보이는가?

첫 자리에 '△당 중앙의 유일적 영도체계 확립'이 있다. 그만큼 중요하고 반드시 구현해내어야 한다는 의미이다. 왜 그런지는 약 두 달 전 2022년 10월 17일 김정은 총비서가 당 중앙간부학교에서 행한 '새시대 우리 당건설 방향과 조선로동당 중앙간부학교의 임무에 대하여'라는 제목의 기념 강의 내용을 살펴봐야 한다. 2022년 10월 18일 <조선중앙통신> 보도에 따르면 그는 이날 강의에서 "'사상·영도 유일성' 10년 총화...새시대 당 건설 방향 제시"를 했다고 한다. 핵심은 "지난 10년간 당사업의 성과로는 △사상과 영도의 유일성을 확고히 고수·계승하고 △영도적 기능과 역할을 비상히 높인 것 △인민을 위해 복무하는 혁명적 성격을 더욱 강화한 것"을 꼽으면서 "우리 당을 사상과 영도의 유일성이 확고한 혁명적 당으로 계속 강화발전시킬 수 있는 만년기틀을 마련한 것은 이 기간 당건설에서 이룩한 가장 귀중한 성과"라고 하면서 그 중심에는 "당중앙의 유일적 영도체계 확립의 이상적인 목표는 전당이 당중앙과 하나의 머리, 하나의 몸을 이룬 일심일체가 되는 것이 있다"고 결론지었다는 것이다.

4일 뒤 <로동신문>도 거의 같은 내용의 사설을 싣는데 제목은 '새시대 5대 당건설방향을 따라 전당 강화발전의 최전성기를 열어나가자'였고, 사설의 핵심 내용도 <조선중앙통신> 보도와 같이 지난 10월 17일 김정은 위원장이 당 중앙간부학교에서 한 기념 강의 주요 내용을 상기시키고는 무엇보다 "김정은 위원장의 주위에 전당을 일치단결시키는 투쟁을 계속 심화시켜야 한다"라고 강조했다. 그러면서 김정은 총비서에 대해 "비범한 예지와 정력적인 사상리론활동으로 우리 당과 혁명의 앞길을 환히 밝혀주시는 위대한 수령"으로 지칭하였다.

그러면서 신문은 또한 "총비서동지의 유일적 영도체계확립은 새시대 당건설 방향의 중핵"이라고 하면서 "다른 모든 혁명적당들이 부러워하는 우리 당의 높은 존엄과 강한 전투력도 전당이 당중앙과 하나의 머리, 하나의 몸을 이룬 일심일체가 될 때 최상의 경지에서 떨쳐질수 있다"라고 역설했다.

신문은 계속해서 북이 2023년에 밝힌 '새시대 당건설의 5대로선에 대하여'와 관련해 그 핵심 내용이 김정은 총비서에로의 유일영도체계 확립에 있음을 알 수 있게 했다. "전체 일꾼들과 당원들이 머리끝부터 발끝까지 경애하는 총비서동지의 혁명사상만이 흐르고 총비서동지의 혁명사상을 견결히 옹호관철하는 진짜배기혁명가, 당의 정수분자가 되어야 한다"며, "당사업과 당활동에서 제기되는 모든 문제들을 철저히 당중앙에 집중시켜 결론에 따라 처리하고 당중앙의 유일적 영도밑에 전당이 하나와 같이 움직이는 칼날같은 기강과 강철같은 규율을 세우는 사업들을 한시도 늦추지 말고 계속 심도있게 벌여나가야 한다."

이렇듯 김정은 시대에도 일심단결의 정신과 이념은 수령과의 유일영도체계 확립과 밀접히 연관되어 강조된다. 해서 모르긴 몰라도 북 체제가 존속하는 한 이 일심단결은 '수령과의 유일영도체계 확립과 밀접히 연관되어' 영원하게 이어질 것이다.

결과, 북은 일심단결이 국가의 제일국력인 정치사상적 위력을 대표하며, 정치사상강국의 첫째가는 징표이자 이 일심단결로 인해 온 나라에 서로 돕고 이끄는 고상하고 아름다운 미풍이 넘치고 사회가 화목하고 단합하는 '하나의 대가정'으로 이 지구상 그 누구도 흉내낼 수 없는 '정치사상강국'반열에 올라섰음을 자부한다.

결론이다. 한 고사故事에 이런 얘기가 있다. 춘추전국시대 작은 나라 가운데 하나인 여국閭國과 관련된 얘기인데, 여국왕이 맹자에게 묻는다. "어떻게 우리나라가 큰 나라들 사이에서 살아 남을 수 있느냐"였다. 맹자는 답한다. "아무리 나라가 작아도 왕과 백성이 **일심단결하면**(강조, 필자) 넉넉히 전쟁에서도 이기고 살아남을 수 있다."

맹자는 그 답변을 하면서 과연 어떤 심정으로 그러한 얘기를 꺼냈을까? 상상 속에는 지금의 북은 없었을 것이다. 그런데도 지금의 이 가르침은 여전히 유效한 것일까? 많은 상념想念이 솟아오르지만, 분명한 것은 (맹자의) 가르침은 여전히 유효하고, 2,000여 년 후 '동방의 작은 나라' 조선에서 부활했다.

이를 〈로동신문〉(2003.01.12)과 〈김정일선집〉 증보판 제11권은 이렇게 표현했다.

> 우리에게는 (중략) 핵무기보다도 더 위력한 일심단결의 무기가 있다. (중략) 조선이 없는 지구는 깨버려야 한다는 것이 우리의 의지이다. 감히 우리의 자주권과 존엄, 생존을 건드리는 자들은 어디에 있건 우리의 상상할 수 없는 타격 앞에서 절대로 살아날 수 없다.

> 일심단결은 우리 혁명의 천하지대본이며 핵무기보다 더 위력한 필승의 무기입니다. 일심단결된 힘을 당할자 이 세상에 없습니다.

(3) 자력갱생에 대한 이해

알다시피 미국의 대북정책은 크게 '전략적 인내'로 대변되는 민주당의 관여 정책과 '압박과 봉쇄'로 대변되는 공화당의 대북정책이 있는데, 두 정책 공통점은 둘 다 자신들의 대북정책으로 인해 북의 '자력갱생' 체제는 불가능하다는 것이고, 해서 결국에는 북 체제가 붕괴한다는 확증 편향인식에 기반한다. 즉, 한 국가의, 그것도 자신들 기준으로 GNI(국민총소득) 1,500불 내외의 경제지표를 가진 국가가 '자력갱생' 경제로 버틴다, 그것은 원천적으로 불가능하고, 불가능하니 제재를 '약하게(민주당)' 혹은 '강하게(공화당)' 하면 굴복하여 자신들의 경제를 개혁·개방하게 되어 있고, 그렇게 개혁·개방하다 보면 최저最低의 도달점에는 체제전환, 최고最高의 도달점에는 체제 붕괴가 있을 수밖에 없다는 희망적 기대가 꽉

차지는 것이다.

그럼 왜 미국은 이런 인식을 하게 되었을까? 다른 데 있지 않다. 미국의 이런 인식은 자신들의 경험에 기인한 측면 때문이다. 정도의 차이 – 공화당과 민주당 정권과의 정도의 차이는 있을 수 있지만, 소련과 동구 사회주의권 붕괴는 북의 사회주의제도 또한 붕괴, 혹은 변질될 수밖에 없다는 강력한 믿음과 그 믿음에 따른 자신들의 대북제재와 이 제재에 전 세계가 동참하고 있는 상황하에서는 북이 절대 이러한 가혹한 경제제재를 이겨내지 못할 것이라는 확신을 가질 수밖에 없게 하였다. '믿음'과 '경험' 사이에서 점점 더 그렇게 기정사실화됐다.

미국 관점에서 이를 좀 더 대변해주면 이렇다. 일반적인 의미에서 나라가 크고 식량과 석유를 비롯한 전략물자 생산량이 풍부한 나라도 경제제재를 당하면, 그것도 몇 개월만 당해도 견디기 힘든 것이 사실인데, 같은 논리로 이를 북에 그대로 적용하면 북은 더더욱 그럴 수밖에 없어야만 한다. 하물며 그런데 북은 사회주의 체제가 갖는 자체 한계와 자신들을 비롯한 국제사회의 강력한 대북제재는 북 경제와 체제를 버티지 못하게 하여 결국에는 북이 '굴복하거나 붕괴할 것'이라는 환상적 기대를 갖게 한다.

실제로도 북이 그러한 모습 – 체제 위기의 모습을 잠깐이나마 보여 미국이 더더욱 그러한 환상을 갖게 했다. 미국 자신의 그러한 강력한 봉쇄와 1980년대 말에서 1990년대 초까지 불어닥친 현실사회주의권 붕괴, 그리고 뒤이어 북에 닥친 1990년대 중후반의 극심한 에너지난과 식량난으로 이어진 '제2의 고난의 행군'시기는 북 체제를 정말 위태로운 상황까지 몰고 갔다.

하지만, 미국의 환상과 기대는 거기까지여야만 했었다. 왜냐하면 결과는 전혀 다른 상황을 연출하였기 때문이다. 오히려 북은 2000년대에 들어서면서, 좀 더 구체적으로는 2010년대에 들어와 '사상강국', '정치강국', '군사강국' 완성을 선포하고, 급기야 조선로동당 제8차 대회에서는 강국의 마지막 퍼즐인 경제강국 건설에서 획기적인 성과를 올릴 것을 자신감 있게 설계해내었다.

미국을 비롯한 전 세계가 놀랄만한 일이 그렇게 발생했고, 그래서 우리는 이 상황을 지켜보면서 '어떤' 의문이 든다. 기간 도대체 북에 무슨 일이 있었길래 전 세계의 기대와는 전혀 다른, 상반된 결과를 만들어내었을까? 매번 북 붕괴론을 신봉하던 국가와 사람들을 좌절시킨 그들의 저력은 도대체 어디에서 나왔을까? 기적일까, 아니면 북 스스로 자신들의 힘으로 만들어내 낸 결과일까? 등등.

그런데 의외로 답은 그리 어렵지 않다. 김정은 총비서(당시, 제1비서)가 2014년 2월 24일 조선로동당 제8차 사상일군대회에서 한 연설을 보면 금방 찾아낼 수 있어서 그렇다.

> 우리식 사회주의의 전 역사를 쥐여짜면 자력갱생이라고도 말할 수 있습니다. 자력으로 사회주의를 건설하는 나날에 우리 당과 인민은 전대미문의 시련과 난관을 겪었지만 수천년 민족사를 다하여서도 누릴 수 없었던 모든 영광을 맞이하였습니다.

그리고 결과적으로도 이런 정신과 신념이 조선로동당 제8차 대회에서 3대 이념의 하나로 채택할 수 있게 했고, '자력갱생으로 수천 년 민족사를 다하여서도 누릴 수 없었던 모든 영광'이라는 표현에서 그 자부심은 철철 넘쳐난다.

자, 그래놓고 이제는 앞에서 설명된 미국의 생각과 인식은 그만 접고, 대신 북의 생각을 좀 더 들여다보자. 자력갱생에는 도대체 어떤 힘이 있길래 위와 같은 자부심이 철철 묻어나는 걸까? 다른 데 있지 않다. 북의 설명을 들어보면 이렇다. 즉, 그들이 생각하고 있는 자력갱생에 대한 개념 정의를 보면 '혁명과 건설에서 나서는 모든 문제를 자신이 책임지고 자체의 힘으로 해결하여 나가는 입장과 정신'을 말한다. 풀어쓰면 '자기 나라 혁명은 기본적으로 자기의 주체적 역량에 의거하여 완수하려는 철저한 혁명적 입장이며 자기 나라 건설은 자기 인민의 노동과 자기 나라의 자원으로 진행하려는 자주적 입장'으로 정리되는 혁명과 건설의 기본방도이다. 다른 말로는 국가 운영 및 혁명과 건설의 방법론적 원칙이라 하겠다.

해서, 자신들 국가의 경제전략인 '자립적 민족경제 건설노선'도 그 토대는 자력갱생에 있다. '자기 발로 걸어가는 경제'가 되고, 풀어쓰면 '자체의 원료·연료에 의거하고 자체의 기술에 의해 경제의 각 분야가 균형 있게 발전하는 경제노선'이다.

그런데 말이 쉽지, 만성적인 식량부족, 더해서 갓 해방된 농업국가에서 무슨 자금이 제대로 있었고, 기술 또한 매 마찬가지였을 것이다. 조건은 그렇게 외부의 지원 없이는 '낙후한' 농업국가를 발달한 산업국가로 만든다는 것은 결코 쉬운 일이 아니었다. 그래서 또 묻는다. 도대체 어디서 그런 기백과 발상이 나왔을까? 아니나 다를까, 시원始原은 항일시기의 '연길폭탄'에 있었다. 전기는 물론이고 기계나 변변한 쇠붙이 하나 없는 깊은 산중에서 폭탄을 만든다는 것은 정말 상상하기조차 어려운 일이었지만, 연길폭탄은 당시 항일유격대가 자체로 제작한 첫 폭탄이었다.

말 그대로 누구 도움 하나 받지 않고, 지원에도 기대지 않는 자체의 힘으로 일제와 싸워 반드시 이기겠다는 정신이 매우 강했기에 가능한 일이었다. 김일성 주석은 이 점을 놓치지 않았고, 그 DNA로 소련의 유혹과 압박을 뿌리치고 자주노선을 갈 수가 있었다.

그러나 이 노선이 처음부터 순탄한 것은 아니었다. 당 간부는 물론이고 소련이나 중국을 추종하는 소련파, 연안파 등 세력은 사사건건 다음과 같이 물고 늘어졌다. 조선은 오랫동안 일제의 식민 지배로 인해 식량 생산량이 자급자족에 필요한 필요량에 크게 못 미치고 있으며 그나마 있던 몇몇 공업시설들도 일제가 항복과 동시에 다 파괴해버렸는데, 어떻게 자력갱생이 가능하겠느냐며 이를 – 자립적 민족경제 건설노선을 수용하려 들지 않았다. 건국 초기와 조선반도(한반도)에서의 전쟁 이후 이러한 소극주의와 대국 추종주의는 극에 달했고, 엎친 데 덮친 격으로 같은 진영인 사회주의권에서조차도 조선은 정상적인 농업으로 식량문제 해결은 불가능하고 정상적인 농업국가로 발전하는 것은 정말 힘겨울 것이라 힐난했다.

이 중 특히, 한국전쟁 이후에는 저항이 더 심했다. 세력으로는 자국 내 종파세력들이라 할 수 있는 소련파와 연안파 등이 있었고, 산업적 기반은 그나마 조금 남아있던 공업시설마저 전쟁으로 인해 잿더미가 된 상황, 그리고 국제적 환경도 동유럽 사회주의국가를 비롯한 대부분의 사회주의국가가 소련을 종주국으로 하는 코메콘 가입을 계기로 경공업과 농업을 포기하며 소련의 예속경제로 편입되어 가고 있는 상황이었다. 이런 상황에서 전혀 다른 길, 즉 '중공업의 우선적 발전과 경공업 농업의 동시적 발전' 경제정책은 국내외적으로 엄청난 저항에 직면할 수밖에 없었다. 소련은 즉각 코메콘 분업체계에 들어오지 않는다는 괘씸죄를 적용해 복구사업에 필요한 경제적 도움을 주지 않겠다고 압박하고, 호시탐탐 기회를 노리던, 즉 소련에 연줄을 대고 갖가지 종파 활동을 하던 당시 박창옥 부수상 등 소련파 등은 김일성 수상의 자립적 민족경제 건설노선에 전면 반기를 들고 조직적인 저항에 나선다. 이름하여 8월 종파사건이 그렇게 발생한다.

하지만, 당시 김일성 수상은 이에 굴하지 않는다. 오히려 "경제적 자립은 부강하고 문명한 독립국가 건설의 필수적 조건이다. 자립적 민족경제를 건설하지 않고는 나라의 정치적 자주성을 확고히 보장할 수 없으며 생산력을 발전시킬 수 없고 인민들의 생활을 높일 수 없다"라고 하면서 더더욱 자립적 민족경제를 건설해야 한다고 역설하며 이 노선의 정당성을 지켜나갔다.

자력갱생은 이처럼 태동부터 북의 자립적 민족경제 건설노선과 밀접히 연관되어 시작했고, 자력갱생을 집약적으로 구현한 정책이 바로 자립적 민족경제 건설노선임을 알 수 있다.

김일성 수상의 강력한 의지는 이뿐만이 아니었다. "다른 나라에 대한 의존심을 가지고는 혁명을 할 수 없"고, "의존심이 있으면 자기 힘을 믿지 않게 되며 자기 나라의 내부원천을 최대한으로 동원하기 위하여 노력하지도 않게 된다"라고 하며 '중화학공업을 우선적으로 발전시키며 농업과 경공업을 동시적으로 발전'시켜나가려는 전략을 자립적 민족경제 건설노선과 결합하여 끝까지 사수한다.

--------- **보충설명** ---------

뜨락또르('트랙터'의 북식 표현)가 거꾸로 간 까닭은?

북의 자력갱생과 관련해 가장 상징적 일화는 '거꾸로 간 뜨락또르'이다. (사건의) 시작은 이렇다. 소련은 서방측의 마셜플랜에 대항해 1949년 사회주의권과 동유럽 여러 나라를 중심으로 하는 경제 협력 기구인 코메콘(Council for Mutual Economic Assistance)을 결성한다. 이때 동구 사회주의권 국가와 북도 이 기구 가입을 강요받는다. 하지만, 북은 앞서 설명한 바와 같이 단박에 거절한다. 그러자 소련은 이에 대한 보복 조치로 1950년대 중반 이후부터 대북 원조를 줄이고, 주요 기계류의 수출을 제한해 엄청난 압력을 가했다.

반대로 북은 농업 협동화 추진과 함께 쌀 생산증대와 기계화 영농을 위해선 꼭 뜨락또르가 필요한 상황이었다. 하지만, 소련은 코메콘에 가입하지 않은 북에 대해 괘씸죄(?)를 물어 뜨락또르 기술이전을 해줄 생각이 전혀 없었다. 그러니 북은 스스로 자체 뜨락또르를 생산해 내는 길뿐이었다.

그 묘수는 이렇게 나왔다. 소련으로부터 2대의 트랙터를 몰래 들여와(지금의 용어로 지차면 밀수입하여) 이를 분해하고, 각종 부속들을 그대로 복제, 생산해 내 다시 조립하는 방식으로 트랙터를 자체 생산했다. 시 운전했고, 다행히 뜨락 또르가 움직였다. 그런데 문제는 앞으로 나아가는 것이 아니고 뒤로 나아갔다. 당시 이 상황을 보고 받은 김일성 수상은 "그래도 가긴 가니 됐습니다. 일단 뒤 로라도 갔으니 앞으로 가게 하는 것은 어렵지 않겠습니다"라고 말했다고 한다. 기술자는 이 말에 크게 고무됐고, 얼마 후 마침내 기술적 결함을 찾아내 해결 했다. 때는 1958년 11월 북 스스로 자체 생산한 1호 뜨락또르 '천리마호'가 그렇게 세상에 나왔다.

해서, 이 일화는 다음과 같은 생각 지점을 도출한다. 이때 만약 북이 이 자력 갱생 원칙을 포기했으면 어떻게 되었을까? 과연 지금의 북이 있었을까? 생각 해보고 또 생각해 볼 일이다.

이후, 북은 또 다른 매우 큰 시련을 맞닥뜨린다. 1990년대 중후반에 찾 아온 일명 제2의 고난의 행군 시기이고, 이때 전 세계는 북이 극심한 식 량난으로 3주를 버틸지, 그것도 아니라면 최대 3개월 이상은 버티지 못 할 것이라며 서로 경쟁적으로 북 붕괴가 임박했다고 확신할 때다. 그런 데도 김정일 국방위원장은 이때 모든 이들의 예상 밖 선택을 하며 "수령 님께서 마련해 주신 자립적 민족경제의 잠재력을 믿어야 한다"라며 자력 갱생의 정신을 더 높이 발휘해 당장 닥친 어려움을 돌파해나갔고, 결과 적으로 북은 이 전략으로 전 세계에 보란 듯이 3개월이 아닌 3년, 아니 김정은 시대로까지 지속시켜 나올 수 있었다.

그러니 김정은 시대에도 그 인식은 여전히 유효하게, 아니 더 강하게 인식된다.

우리가 외세의 압력에 굴복하여 자력의 원칙을 포기하였더라면 주체의 사회주의는 지구상에 태여나지도 못하였을 것이며 세계사회주의체계의 붕괴와 함께 우리의 국호도 빛을 잃었을 것이다. 자력갱생 궤도우에서 페허우에 천리마가 날아올랐고 인공지구위성

제작 및 발사국, 핵보유국이 탄생하는 민족사적 기적이 일어났다(론설, "자력갱생은 사회주의 강국건설의 필승의 보검", 〈민주조선〉, 2017.11.03).

이로부터 약 2년 뒤 북은 〈로동신문〉(2019.09.17)에서 자력갱생 개념을 보다 구체화한다. 론설 "자력갱생은 우리 식 사회주의의 생명선"이라는 제목이 그것이고, 여기서 자력갱생은 4가지 의미로 성격 규정된다.

첫째는, '발전과 번영의 강력한 무기'라는 측면이다. "자력갱생은 혁명과 건설의 조건과 환경이 어떠하든 적들이 제재를 하든 안하든 변함없이 틀어쥐고나가야 할 우리의 발전과 번영의 강력한 무기입니다." 둘째는, '최강의 보검'이라는 측면이다. "자력갱생은 우리 식 사회주의, 우리 국가와 인민의 자주적발전을 확고히 보장할수 있게 하는 최강의 보검이다." 셋째는, '최선의 방도'라는 측면이다. "자력갱생은 전체 인민이 세상에 부럼없는 행복한 생활을 마음껏 누리는 사회주의강국을 하루빨리 일떠세울수 있게 하는 최선의 방도이다." 넷째는, '영원한 생명선'이라는 측면이다. "자력갱생은 우리 후대들의 행복을 굳건히 담보할수 있게 하는 영원한 생명선이다."

자력갱생은 이렇듯 자신들의 건국에서부터 지금까지, 아니 그 이후에도 단 한 번도 흔들리지 않을 철칙과 같은 생명선으로 자리 잡게 했고, 그 개념적 연관도 자립적 민족경제를 자력갱생의 집중적 표현이자 자력갱생의 정신이 발휘된 결과로 나타나게 했다.

제8차 당 대회는 그렇게 이어져 온 면면과 성과를 고스란히 그대로 반영한다.

우선, 제7기 사업총화보고에 고스란히 담긴다. "현 단계에서의 조선혁명의 진로를 명시한 당중앙위원회 제7기 사업총화보고의 진수는 **우리자체의 힘, 주체적력량을 백방으로 강화하여**(강조, 필자) 현존하는 위협과 도전들을 과감히 돌파하고 우리식 사회주의건설에서 새로운 비약을 일으키며"로 정의된 데서 충분히 예측할 수 있고, 그 결정서를 통해서 "사회주의건설의 **주체적 힘, 내적동력을 비상히 증대시켜**(강조, 필자) 모든 분야에서 위대한 새 승리를 이룩해 나가자는 것이 조선로동당 제8차대회의 기본사상, 기본정신입니다"로 정식화한다.

─────── 보충설명 ───────

북의 자력갱생을 폐쇄적 자력갱생으로 이해하지 않아야

북의 자력갱생과 관련해 우리가 간과하지 말아야 할 것은 북은 분명 자신들의 자력갱생에 대해 아주 철저하게 '자주'를 중심에 놓은 자강력이라 한다. 하지만, 이때의 자강력은 조선 시대 때와 같이 '쇄국'의 의미를 갖는 그런 자강력이 아니라 '열린' 자강력이라는 사실이다.

다시 말하면 미국의 제재 땜에 '열린' 자강력으로 못 나아가지, 언제라도 미국과의 국제사회의 제재가 풀리고 국제환경이 정상적으로 되돌아오면 북은 분명 그러한 자강력제일주의로 자력갱생 정신을 실현해나갈 것이고, 그 발현되는 형태는 모든 국가에 기회가 주어지는 개방형 '특구' 경제이고, 이것이 우리 민족 내부적으로는 6.15 남북공동선언 4항인 "남과 북은 경제협력을 통하여 민족경제를 균형적으로 발전시키고(중략)"이다.

이뿐만이 아니다. 제7기 사업총화보고에는 다음과 같은 내용도 있다. "우리 당의 자력갱생전략은 적들의 비렬한 제재책동을 **자강력증대, 내적동력강화의 절호의 기회로 반전시키는 공격적인 전략으로, 사회주의건설에서 항구적으로 틀어쥐고나가야 할 정치로선**(강조, 필자)으로 심화발전되었다." 더해서 "자강력을 증대시켜 사회주의건설을 다그치기 위한 전인민적인 투쟁속에서 **자력갱생은 주체조선의 국풍으로, 조선혁명의 유일무이한 투쟁정신으로 더욱 공고화**(강조, 필자)되었다."

---------- 보충설명 ----------

자력갱생과 자강력제일주의와의 상관관계

'자강력제일주의'는 김정은 위원장이 2016년 신년사 "사회주의강성국가 건설에서 자강력제일주의를 높이 들고 나가야 합니다"라고 하면서 세상에 널리 알려지기 시작했다.

개념 설명으로는 이렇다. 북은 자강력제일주의를 '자체의 힘과 기술, 자원에 의거하여 주체적역량을 강화하고 자기의 앞길을 개척해나가는 혁명정신'으로 규정한다. 이로부터 북의 자강력제일주의는 그 기반이 자기 나라 혁명은 자체의 힘으로 해야 한다는 정신이고, 이를 실현해 낼 방도가 자강력제일주의에 기반한 자력갱생, 간고분투라는 것이다.

그래서 제7차 당 대회 이후부터 자강력제일주의는 자력갱생을 실현해나가는 방도로 되어 사회주의 건설에서 항구적으로 틀어쥐고 나가야 할 전략노선으로 자리매김한다.

자력갱생에 대한 인식이 그런 만큼, 제8차 당 대회는 당연히 이 자력갱생을 3대 이념의 하나로 등장시켜야 했고, 그 힘으로 미국의 제재와 압박을 이겨나가 마침내 사회주의 문명국가 영마루를 반드시 점령해내겠다는 강력한 의지를 드러냈다. 분명 쉽지만은 않을 것이다. 하지만, 북은 연길폭탄을 자체로 만들고 뜨락또르를 자체의 기술로 움직이게 했을 때, 또 자체로 ICBM를 보유했을 때와 같이 이 자력갱생의 이념으로 자신들이 목표한 그 이상향을 반드시 실현해 낼 것이다.

김정은 총비서의 다음과 같은 발언에서 이는 확인할 수 있다. "오늘 우리에게 부족한것도 많고 없는것도 적지 않지만 자력갱생의 기치를 높이 들고나가면 뚫지 못할 난관이 없으며 점령 못 할 요새가 없습니다."

다음, 제8차 당 대회 이후 개정된, 즉 2021년 개정된 당규약 서문도 이를 분명하게 해준다.

조선로동당은 **자력갱생의 기치밑에**(강조, 필자) 경제건설을 다그치고 사회주의의 물질기술적토대를 튼튼히 다지며 사회주의 문화를 전면적으로 발전시키고 사회주의제도적우월성을 더욱 공고히 하고 발양시키면서 사회주의완전승리를 앞당기기 위하여 투쟁한다. (중략) 공화국무력을 정치사상적으로, 군사기술적으로 부단히 강화하고 자립적국방공업을 발전시켜 나라의 방위력을 끊임없이 다져나간다.

〈로동신문〉(2023.04.05)도 이를 뒷받침 해준다. 지금의 시기를 '김정은 시대'로 규정하고서는 "총비서 동지께서는 자력갱생을 자존과 자강의 생명선으로, 강력한 추동력으로 확고히 틀어쥐시고 자립경제의 명맥을 지키며 경제전반을 지속적인 발전궤도에 올려세우기 위한 투쟁을 현명하게 령도하시였다"며 "나라의 경제전반을 빠르고도 지속적으로 발전시켜 나갈 수 있는 새로운 잠재력과 토대가 강력하게 구축되고 있다"라고 강조, 예로는 "(자력갱생에 의해 일떠선) 려명거리 등 다양한 건설사업과 온실농장 건설 등을 경제분야 성과"로 거론했다.

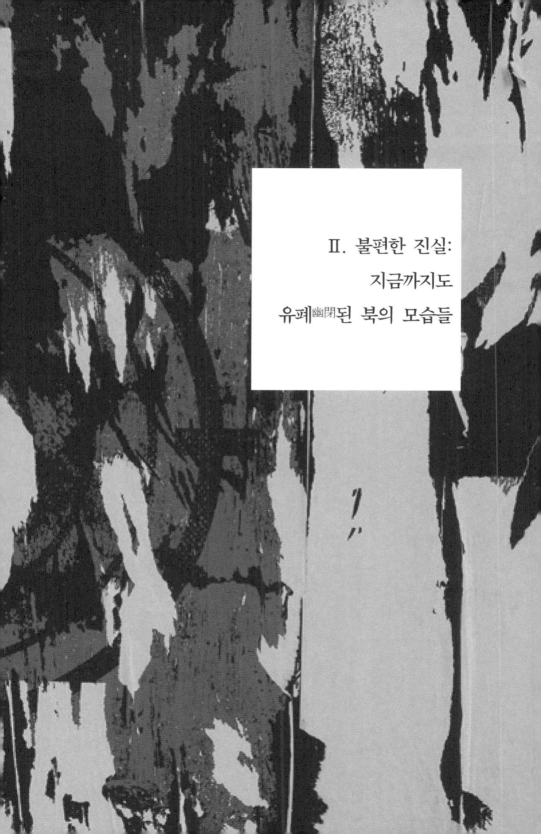

Ⅱ. 불편한 진실:
　　지금까지도
유폐幽閉된 북의 모습들

남과 북은 1991년 '남북사이의 화해와 불가침 및 교류·협력에 관한 합의서'라는 것을 채택했다. 약칭으로는 '남북기본합의서'라고 불린다. 바로 그 전문에 이런 내용이 있다. 남과 북에 대해 "쌍방사이의 관계가 나라와 나라사이의 관계가 아닌 통일을 지향하는 과정에서 잠정적으로 형성되는 특수관계라는 것을 인정하고 평화통일을 성취하기 위한 공동의 노력을 경주할 것을 다짐하면서 (중략)"이다. 전달하고자 하는 핵심 메시지는 '적'이 아닌 '동반자'적 관계라는 것이다. 악마화하고 적대할 것이 아니라, '통일'로 나아가기 위해 서로 이해하고 협력하고 하나 되기 위해 노력해야 한다는 의미를 담아냈다.

그런데, 그런데... 그러한 노력보다는 늘 우리는 북을 악마화하고, 북은 우리 대한민국보다 못살고 가난하고 굶주린 '굶주림의 동족'으로 인식해야만 한다. 이뿐만이 아니다. 북은 늘 적화통일만 능사라며 호전적이고 군사적 침략에만 몰두하는 그런 '전쟁광' 국가, 더해서 정치적으로는 불량국가여야 하고 깡패국가여야 했다. 여기서 끝? 아니다. 세습국가여야 하고 독재국가여야 했다.

반면, '동반자'적 관계에 의한 북은 예의 그 '자주'를 잃지 않기 위해 비록 먹고사는 문제가 좀 긴장되더라도 오로지 '경제'를 위해 '자주'를 버린 대한민국과는 달리 무상교육·무상의료·무상주택의 혜택이 주어지는 나름 지구상 유일의 사회주의 복지 국가체제의 북 모습이다. 또한, 현재까지도 일제 식민 지배를 완전하게 청산하지 못해 갈등을 겪고 있는 대한민국과는 달리 철저하게 일제 식민잔재를 청산하여 민족성을 지켜낸 북의 모습도 있다.

좀 더 구체적으로는 북은 우리 남측이 자신들을 악마화하기 위해 만들어낸 반공, 반북, 혐북으로만 접근하기에는 너무나도 완전하게 일제를 반대하며 형성된 항일무장투쟁의 경험과 이를 '자주'로 국체화해낸 매우 정통성 강한 나라이다. 즉, 어떤 외세의 부당한 간섭과 제재에도 절대 굴하지 않는 국가적 DNA를 가졌다. 둘째는, 무상교육·무상의료·무상주택으로 대변되는 사회주의 체제의 장점을 가장 잘 간직한 나라이다. 셋째는, 북은 이 지구상 유일하게 수령―당―인민대중이 일심단결된 유일사상체계를 갖췄다. 그리고 그 의미는 권력투쟁이 일반화되어 있는 자유민주주의 국가에서는 국가수반 자리를 단 하루만이라도 비워놓는 것이 불가능하거늘, 그 자리―국가수반 자리를 무려 3년간 비워놓고도 '유훈통치'라는 미명하에 국가체제가 유지되는 그런 국가가 바로 북이다. 물론 이러한 사고방식이 우리가 잘 이해하지 못하고 이상하게 보일 수는 있으나, 그것과는 별개로 그게 가능했다는 사실 자체 하나만으로도 그 체제―북 체제가 지닌 견고성과 내구력 정도는 대단하다 할 것이다. 넷째는, 군과 조선로동당이 갖는 힘을 절대 과소평가할 수 없다. 자칭 1990년대 그 어렵다던 고난의 행군 시기를 당과 함께 선군의 힘으로 헤쳐나간 나간 북이었다. 장성택 등 공개처형은 대단히 역설적이게도 당黨에 그 어떤 부정부패와 특권, 종파 및 분파를 허용하지 않는다는 일벌백계의 기풍을 가장 적나라하게 상징한다. 특권집단으로서의 당이 아닌, 인민의 이익에 복무하는 충복, 심부름 정당으로 자리매김하고 있는 당의 모습이다. 그래서 '유전무죄 무전유죄'가 일반화되어 있는 대한민국과 서방 세계에서는 도저히 상상할 수도, 이해가 잘 되지도 않는 최고 권력 집단, 그것도 깃털보다는 몸통인 당 간부들이 그렇게 가혹한 처벌을 받을 수밖에 없다. 다섯째는, 국가와 인민이 하나의 사상체계, 즉 주체사상으로 대변되는 지도이념으로 무장되어 그 어떤 외부적 충격에도 사상적 흔들림이 없다. 관련해 우리가 흔히 북 인민들을 말할 때 고집이 세고, 줏대가 높다는 말을 종종 하는데, 바로 여기에서 인민들 스스로가 "사람이 모든 것의 주인이자 모든 것을 결정한다"라는 주체사상의 철학적 원리가 무장되어 있고, 정치적으로는 수령－당－인민대중이 하나의 유기체적으로 연결되어 있으며, 이를 국가적으로는 하나의 '대가정'으로 연결하여 수령－당－인민대중이 하나의 운명공동체를 작동시킨다.

더도 말고 덜도 말고 '있는 그대로의 북' 모습은 분명 그렇다. 그리고 이 인식이야말로 동반자적 관계로 발전시켜 나가기 위해 남북이 합의한 남북기본합의서 정신에도 꼭 들어맞는다. 즉, 동반자가 되기 위해서는 단점과 약점보다는 장점과 강점을, 적으로 만들기보다는 동무로, 차이보다는 같은 민족의 한 동질성으로 존재하는 민족의 구성원으로, 그렇게 차츰 '같음'이 많아져야만 언젠가는 반드시 하나의 민족국가로 재결합할 수 있다. 이것이 헌법과 6·15선언에 합의한 연방제 정신에도 부합한다.

그러나 불행히도 우리는 단 한 번도 북의 그러한 모습을 인정한 적이 없다. 그러니 반드시 넘어야 할 산도 많다. 장장 70여 성상 우리 민족을 짓눌려왔던 국가보안법과 반공·반북, 혐북의 북 인식 문법에서 빠져나와야 한다. 특히 1970~80년대에 유행했던 인식 문법, 체제 대결적 적대의식을 내려놓아야 하고, 더 나아가 2000년대 이후부터 젊은 세대들을 중심으로 급격하게 생겨나기 시작한 묻지마식 '무조건 싫다'라는 혐북嫌北도 극복해내어야 한다.

이 장은 바로 그러한 측면에서의 긴 여정이자, 해답 찾기이다.

1. 북한과 조선:
'북한'이라는 나라는 없다.
그런데도 왜 '조선'으로 불리지 못하는가?

여기 한 국가가 있다. 그런데 우리는 그 국가를 정식 국가명으로 부르지 못한다. 정식 국가명보다는 지구상 없는 국가명으로 인식해야 하는, 그 국가는 다름 아닌 조선민주주의인민공화국이다. 왜 그래야만 해야 할까?

왜 조선으로 인식되고 불리면 안 되는 것일까? 도대체 뭐가 문제이길래 조선이 '조선'으로 불려지지도 못하고 '북한'으로 둔갑 되어 마치 홍길동이 자기의 아버지를 아버지라 부르지 못하는 것과 똑같은 그런 국가적 수모와 '지구적' 형벌을 받아야만 하는가?

묻고, 다음과 같은 문장으로 이 단락을 시작하려 한다.

흔히들 지금의 현대사회는 하나의 지구촌으로 연결되어 있다고 한다. 촘촘히 연결된 사회에 대한 사회학적 표현일 텐데, 그런데도 이 연결사회에서 유독 예외인 국가가 있다. 그것도 미국 허락이 없으면 아예 왕래 자체가 불가능한 국가이다. 덩달아 같은 민족인 대한민국도 마찬가지이다. 국가보안법에 의해 원천적으로 연결을 가로막고 있고, 단지 정권의 권력적 속성에 따라 왕래가 가능할 때도, 혹은 가능하지 않을 때도 있는 그런 국가이다.

눈치 빠른 독자들께서는 벌써 눈치를 챘을 것이다. 북한, 아니 조선민주주의인민공화국(이하, '북' 혹은 '조선'으로 표기)을 두고 하는 말이다. 이 지구상에서 실제 하는 국가로서의 국가명도 있고 국제연합UN에도 정식으로 가입된 엄연한 정상국가이지만, 정식 국가명으로 이 지구촌 사회와 국가 모두가 누리는 그 당연한 권리와 주권으로 연결되어 있기보다는 미국과 대한민국의 필요에 따라 가짜 국가명이 더 자연스러운 '희한한' 모습의 국가이다.

조선민주주의인민공화국(DPRK, Democratic People's Republic of Korea), 이것이 정식명칭이나 그 정식명칭보다 '북한(North Korea)'으로 더 잘 알려져 있다.

왜 이런 말도 안 되는 일이 발생했을까? 여러 요인이 있을 수는 있겠으나 다음과 같은 사실이, 즉 분명 북한이라는 국가는 이 지구상에 없는 것이 맞으나, 그런데도 그 없는 국가가 북한으로만 존재해야 하는 것은 미국의 국익 욕망, 즉 분단수립 이후 일관되게 추진해 온 조선이라는 국가체제 붕괴와 남쪽(대한민국) 체제로의 흡수통합 목적, 그런 미국을 숭미·사대하는 보수·수구세력은 자신들의 정권 유지 목적과 미국의 국익 욕망을 구현시켜 줄 마법 같은 장치, 반공·반북의 이념적 규정 – 국가보안법을 만들어 조선을 '북한'으로만 존재시키게 했다.

다음의 예는 그 사실을 분명하게 증명해준다. 대한민국 헌법 제3조에는 "대한민국의 영토는 한반도와 그 부속 도서로 한다"라고 되어있다. 바로 이 조항이 조선을 '미수복된 대한민국 북쪽 땅'으로 전락시키고, 이의 정치적 해석은 '대한민국에 의해 현재까지 미수복된 북쪽에 있는 대한민국 땅'이 된다. 이를 명사화한 것이 '북한'이고, 직역하면 '북쪽에 있는 대한민국 땅'이다. 국가보안법은 이를 보다 더 구체화한다. 국가보안법 제2조와 3조에 의하면 조선은 국가가 아니라 '반국가단체'에 불과하다. "'반국가단체'라 함은 정부를 참칭하거나 국가를 변란할 것을 목적으로 하는 국내외의 결사 또는 집단으로서 지휘통솔체제를 갖춘 단체를 말한다.”
해서 조선은 같은 우리 민족으로서 하나의 독립된 주권국가라기보다는
미수복된, 즉 반드시 수복해야만 하는 북쪽의 대한민국 땅이고, 이를 무
단 점령하고 있는 반국가단체로서의 ‘북한’만 있을 뿐이다.

　헌법과 국가보안법, 바로 이 둘 조합으로 인해 자유대한민국에서는 죽
었다 깨어나도 조선이라는 국가를 완전한 자주독립 국가로 인정해 줄 수
가 없다. 오직 북한이라고만 불려야 한다. 주야장천 북한만 되어야 한다.
엄연히 1991년 정식으로 국제연합UN에 대한민국에 이어 160번째로 가입
한 매우 정상적인 주권국가인데도 말이다.

　결과, 다음의 사례는 우리를 깜짝 놀라게 한다. 대한민국 정부의 모든

▲ 〈다음〉에서 갈무리(2023.05.11).
표에서 확인받듯 북의 언어 또한 ‘조선어’가 아닌 ‘한국어’로 둔갑하여 설명된다.

공식 발표문과 다음Daum 및 네이버Naver 두산백과 사전에도 '조선민주주의인민공화국'이라는 국가명을 입력하면 '북한'으로 변환된 국가명이 나오고, 조선의 국기인 공화국기도 '북한 국기'로 둔갑하여 설명된다.

〈네이버 지식백과〉도 마찬가지이다. 각각 '대한민국'과 '조선민주주의인민공화국'을 입력해봤다. 결론은 대한민국은 정상적인 의미에서 '국가'로 소개되고 있고, 조선민주주의인민공화국은 '정권'으로 소개된다. 이를 있는 그대로 인용하면 다음과 같다. "대한민국은 "아시아 대륙의 동쪽 끝 한반도에 있는 나라로서 (중략)", 조선민주주의인민공화국은 "동아시아 한반도의 북쪽(군사분계선 이북 지역)을 실효적으로 지배하고 있는 사회주의를 표방하는 정권이다". 또한 대한민국 국기인 태극기는 정상적인 개념 그대로 '태극기'로 소개한다. 반면, 조선민주주의인민공화국의 공화국기는 '북한 국기'로 역시 변환되어 소개된다.

도대체 무얼 의미하는 것일까?

명백하다. 조선은 죽었다 깨어나도 북한만으로 되어야만 하는 것이다. 그래서 그 북한은 이 단락 앞에서도 이미 충분히 설명해냈지만, 불량국가여야 하고, 깡패국가여야 한다. 세습국가여야 하고, 독재국가여야 한다. 최종적으로는 매우 가난한 공산주의 정권으로서의 악마국가여야 한다. 하지만, 정명正名된 조선은 앞에서도 누누이 언급하고 있듯 그 정반대이다. 무상교육·무상의료·무상주택의 혜택이 주어지는 세계 유일의 복지국가이고, 여전히 지금까지도 해결되지 못해 엄청난 홍역을 치르고 있는 대한민국과는 달리 철저하게 일제 식민잔재가 청산된 그런 국가'정체성' 확립의 나라이다. 나아가서는 분단체제 성립 이후, 70여 년 지금까지 미국의 적대 정책에 맞서 '우리식' 사회주의 체제를 유지해온 '주체' 조선이자 전략국가이다.

이를 정돈하면 아래 표와 같다.

정명으로 인식하지 못한 경우(=북한)	깡패국가, 세습국가, 독재국가, 이 지구상 가장 가난한 빈곤 국가, 악의 국가, 전쟁광 국가 등
정명으로 인식되는 경우 (=조선)	• 사회주의 체제: 유일사상체계에 근거한 수령-당-대중의 혼연일체 사회주의 체제 • 인민복지 국가: 무상의료, 무상교육, 무상주택 • 완벽한 친일 청산과 국가정체성 확립 • 전략국가 위상 확보: 미국과의 세기 대결

그래놓고, 이를 다시 총론과 각론으로 구분하여 한번 살펴보자. 먼저, 총론 부분이다. 북한이 아닌, 조선은 정권 수립과 동시에 완벽한 친일 청산을 단행했다. 그 바탕에 주체·자주·자립·자위로 하는 명확한 국체를 세워 미국의 대한반도(조선반도) 지배정책과 적대에 맞서 우리식 사회주의 체제를 고수해나가는 주체 조선의 배짱도 보인다. 이뿐만이 아니다. 이 지구상에서 유일하게 인류의 이상향인 무상의료·무상교육·무상주택이 보장되는 인민 복지국가로서의 자랑과 긍지도 보인다.

다음, 각론 부분이다. 첫째로는, 불량국가라는 거짓 허울이 벗겨진다. 불량국가라는 인식은 철저하게 미국의 잣대이고 인식 문법이다. 최고영도자의 고맙다는 말 한마디에 인민 전체가 울고, 지도자도 덩달아 우는 그런 국가가 어찌 불량국가일 수 있겠는가? 둘째로는, 북이 강대국의 협박에 순응하는 약소국이 아님도 보인다. 미 본토를 공격할 수 있는 전략핵을 보유한 명백한 전략국가이다. 같은 우방인 소련과 중국의 간섭도 허용하지 않고, 심지어 미국과는 카스라·태프트 밀약 이후 지금껏 지긋지긋하게 이어온 미국의 대한반도(조선반도) 지배 침략사를 끝장내려 한다. "그들은 우리의 승인 없이는 아무것도 하지 못한다"라는 미국 트럼프 대통령의 발언에 제 목소리 한마디 못 내는 대한민국과는 완전 다르다. 이뿐만 아니다. 대한민국 역대 대통령들 대부분 말로가 좋지는 않았다.

반면, 북은? 존경받고 심지어는 영생까지 한다. 예로 베트남의 호찌민이 존경받고 국부 자격을 획득하였던 요인이 "베트남판 목민심서" 구현자로서의 그의 모습과 그가 서거했을 때 평생 모은 재산이라고는 딸랑 "옷 두 벌과 폐타이어로 만든 샌들 한 켤레"로 상징되는 청빈에 있었다. 북도 매우 유사하다. 김일성 주석 서거 이후 그의 금고에는 평생 혁명 동지였던 낡은 사진 한 장만 보관되었다고 한다. 김책 사진이 그것이다. 김정일 국방위원장도 자신의 마지막 비준 수표裏名였던 "물고기 공급 안"을 현지 지도하려 나서려다 자신의 전용 열차에서 급성 심근경색으로 급서했다. 그런데도 정녕 우리 남측이 북측 지도자로부터 진정 배울 것이 하나도 없단 말인가? 분명한 것은 이 모든 것들이 우리 대한민국이 조금만 솔직해지면 다 보일 수 있는 것들이라는 사실이다.

그럼, 대한민국은? 대한민국은 해방된 이후에도 일제 식민잔재를 청산해내지 못해 지금도 친일청산 논쟁으로 시끄럽고, 결과적으로 국가정체성이 제대로 서 있지 못하다. 해서 선진국 클럽인 OECD가입국으로 10위권 정도의 경제 대국임을 자랑하나 분단 이후 지금껏 여전히 '자주'를 저당 잡힌 숭미·사대에서 완전 자유롭지 못하다. 실체로는 예속적인 한미동맹체제에 완전히 포섭돼 여전히 '현대판' 식민국가로 존재한다.

그런데도 과연 대한민국이 북보다 났다고만 할 수 있겠는가? 없다면 미국과 국내의 숭미·사대 세력이 왜 기를 쓰고 조선을 북한으로 둔갑시켜내고 왜곡된 이미지를 덮어 씌우려는지는 자명하다. 그래야만 대한민국 체제가 유지될 수 있다고 보는 '그들만의' 열등의식 때문이다.

발로發露는 북이 절대 우리 대한민국보다 '잘사는', 혹은 우리 대한민국보다 '우월한 체제로 인식되어서는 안 되는' 정권이자 국가여야 한다는 그들만의 결론이 북은 무조건 '못살아야 하고', 혹은 우리 대한민국보다 '못난 체제'여야 하고, 이의 총체가 '악마화된 북한'만 있어야 하는 것으로, 그 반대는 대한민국 국체가 뿌리째 흔들릴 수 있다는 그들만의 강박된 피포위의식이다.

결과, 북을 인식하는 데는 두 가지 인식 문법만이 있게 했다. 첫째는, 반공·반북·혐북 이데올로기로만 북 바라보기를 해야 하고, 둘째는, 그 어떤 상황에서도 대한민국이 북보다 체제가 우월하다는 체제 우월적 사고로 북을 들여다봐야만 한다는 것이다. 그리고 이 둘에는 극단적 체제 대결이 낳은 부작용이자 자유민주주의 체제와 공산주의 체제가 38°로 갈라져 대치하고 있는 분단체제가 낳은 비극 외 그 어떤 것으로도 설명할 수 없는 요인, 거기에다 그 종착점으로는 모든 대한민국 국민이 북 악마화의 법적 장치인 국가보안법에 가공된 '검은양 효과'에 피포위 되어있어야만 한다.

─────── 보충설명 ───────

체제대결이 낳은 '웃지 못할' 적대적 공존의 한 사례

북이 대한민국보다 자본주의 경제지표인 GNP 개념에서의 '가난하다'에 진입한 시기는 전문가들이 주장한 것처럼 1980년대부터이다. 그래서 이 사실은 대한민국이 북보다 '잘산다'로 역전한 것은 불과 30여 년의 세월밖에 흐르지 않았다는 사실이고, 그 이전까지는 북이 여러모로 대한민국보다 나았다는 것이다.

그 전제로 적대적 공존의 한 사례는 이렇게 들 수 있다. 당시 중앙정보부장이었던 이후락이 방북 후 방북 보고를 하는데, 이때 매우 충격을 받은 인물은 박정희 대통령이었다. 왜냐하면 이때만 하더라도 우리 대한민국의 경제 능력으로는 이미 무상교육과 무상의료, 무상주택 정책을 펼치고 있는 북을 이겨낼 수가 없었다. 그렇다고 늘 체제가 우월(?)해야만 했던 대한민국의 대통령으로서 이를 마냥 무시할 수도 없어 내놓은 궁여지책이 바로 북의 학생소년궁전을 모방해서라도 반드시 어린이회관을 짓는 것이었고, 이 외에도 새마을 운동, 예비군·민방위 제도 등 그 모두도 다 북의 천리마 운동과 노농적위대를 모방, 체제대결에서 지지 않기 위한 박정희 정권의 몸부림이었다.

결과적으로는 잘된 일이지만, 위 열거한 것들보다 더 웃고픈(?) 사례는 작금의 대한민국 건강보험제도와 관련된 내용이다. 다 아시다시피 대한민국의 건강보험제도는 미국식 민주주의 체제를 띈 대한민국에서 나올 수 없는 완전 기형과 같은 제도이다. 왜냐하면 뼛속까지 친미 국가이자 사대·예속국가인 대한민국이 전혀 미국적이지 않은 '유일한' 제도가 바로 전 국민을 대상으로 하는 건강보험제도의 도입이기 때문이다. 이는 감기조차도 갈 의료비가 없어(너무 비싸서) 매년 수만 명이 독감으로 죽어 나가는 미국과는 달리 대한민국은 단돈 몇천 원으로도 갈 수 있는 의료비이기에 감기로 죽어 나가는 국민은 거의 없다. 바로 이런 제도의 도입이 아이러니하게도 북의 무상의료에 자극받은 박정희가 북과의 체제대결에서는 절대 지지 않겠다는, 즉 적대적 공존이 낳은 '좋은 (?)' 선택 때문이라면 우린 이를 어떻게 해석하고 이해해야만 할까?

하지만, 그 금기가 깨지고 있다. 2018년 문재인 대통령이 한 평양연설 (9·19 연설) "어려운 시절에도 민족의 자존심을 지키며 끝끝내 스스로 일어서고자 하는 불굴의 용기"라고 말했던 그 발언 속에 이제까지의 조선 영상이 모두 담겨있다.

관련해 좀 더 사족을 좀 붙이면 진정, 이 땅의 많은 정치 지도자들, 학자들, 그리고 전문가들 그들 모두 '이제는 체제대결이 끝났다'라고 발언했던 것이 진정 사실이라고 한다면 이제는 북을 '있는 그대로' 들여다봐 3만 불 시대의 국가 저력과 대한민국 국민의 높은 사회적 SQ(사회적 지능지수)를 믿고 1991년 채택된 남북기본합의서대로 동반자적 관계로 나아간다하더라도 대한민국이 절대 붕괴되지 않는다는 사실에도 좀 착목해 주길 바란다.

그러면 다음과 같은 사실이 보일 것이다. 통합과 통일로 도달하고자 하는 정반합과 같은 인식은 없고 오직 제로섬 같은 적대와 대결만 있다면 한쪽에서는(대한민국) 제아무리 OECD 가입국으로 어깨가 으쓱하더라도 국제사회로부터는 진정한 주권국가인지 의심받아야 하고, 또 다른 한쪽은(조선) 분명 핵을 보유한 전략국가인데도 가난한 빈국의 국가로만 인식되어야 한다. 분단으로 남아있는 한 이 민족적 서러움은 그런 식으로 계속될 것이고, 분단과 민족적 자주성은 절대 양립되지도 않는다.

달리는, 남과 북이 통합되어야만 민족적 자주성이 되살아난다는 의미이고, 자주성 그 자체가 자주적으로 살며 행복을 누리려는 민족적 의지와 요구로 만들어진다는 측면에서도 반드시 그러해야만 한다. 더군다나 그 자주성이 외세 강요와 강권으로 인해 짓밟혔다면 더더욱 이를―자주성을 되찾기 위한 투쟁에 분연히 떨쳐나서는 것은 너무나도 정상적이라 할 수 있겠다. 3·1만세운동, 항일 독립운동 등이 이를 증거하고도 남음이 있고, 따라서 외세로 인해 강제된 국토 분할과 그로 인해 파괴된 국가의 통합성을 회복하기 위해서는 당연히 그 회복을 위한 투쟁에 나서야 하고, 또 민족 분열이 오랫동안 지속되면서 발생한 민족의 정체성 위기는 민족 동질성 수호와 민족적 자주성을 확보해나가는 방향에서 해결해나가야만 한다.

왜냐하면 한 국가를 이루는 가장 포괄적인 사회적 한 형태이자 본질이 민족이라 했을 때 이의 온전한 자주성은 완전한 국가 통합으로 나타나는 것이 너무나도 당연하고, 더군다나 그것이 우리 민족 스스로 원해서 그런 것이 아니라면 더더욱 그래야만 한다. 이를 요즘 우리 사회에서 많이 회자膾炙하는 방식으로 정의하자면 비정상성의 정상성, 즉 우리 민족의 주권과 자주성이 그렇게 계속 무참히 짓밟히게 내버려 둘 수만은 없다는 뜻과도 같다.

바로 그 연장선상에서 이 모든 것의 출발점은 조선을 '북한'으로 보지 않고, '조선'으로 정명正名할 때만이 됨을 분명히 알자. 그리고 그러해야만 하는 것은 또한 말과 언어라는 것이 타인과의 소통 시작이기 때문이기도 하지만, 그것과 함께 더 중요한 것은 그 말과 언어를 통해 그 사람의 사상과 생각, 신념체계가 고스란히 드러난다 했을 때 어떤 개념을 수용해 말과 언어로 타인과 소통하는가는 매우 중요한, 나아가서는 언행일치가 중요할 수밖에 없는 요인이 된다.

했을 때 우리가 그 조선을 조선으로 인정하지 않으려는 인식은 결국 나도 모르게 그들이 – '북한' 이해를 통해 이득을 보려는 정치세력들이 쳐 놓은 국가보안법과 반공 · 반북 이데올로기에 포획, '내 안의, 혹은 우리 안'의 '마음' 삼팔선을 존재하게 하고, 그것은 곧 '반국가단체＝북한'이라 는 리바이던Leviathan된 괴물로서의 조선을 인정하는 것과 똑같다.

그런데, 그런데... 다음과 같은 사실, 즉 국제법상 국가가 아닌 단체, 그 것도 반국가단체가 UN에 가입할 수 없는 것이라고 한다면, 북한이라는 국가는 이 지구상 그 어디에도 없다. 철저한 '허구, 혹은 허상'이다. 그리 고 그 허상, 혹은 허구는 앞 표에서 확인받듯 '깡패국가, 세습국가, 독재 국가, 이 지구상 가장 가난한 빈곤 국가, 악의 국가, 전쟁광 국가'이다. 이로부터 다시 왜, 또 그렇게 정명으로 되돌아가야 하는지가 분명해진다.

또 다른 측면에서 왜 조선이라는 정명 인식이 필요한지는 1991년 발효 된 남북기본합의서에 있다. 남과 북은 '동반자적' 관계라는 규정이 그것 이다. 그러니 이념과 체제를 떠나 같은 민족으로서, 종국으로는 하나가 될 수밖에 없는 같은 민족답게 서로 '호의好意'하면서 서로를 대해야 한다. 그러려면 '북한'이라는 반공 · 반북 용어가 걷히고 대신, 내 생각과 언어, 말에 '조선'이라는 정식국호가 들어오고(만약 이것에 정 익숙하지 않으면 '이북', 혹은 '북측'이라는 민족적 관점의 언어를 사용하면서 점차 익숙해 가는 그런 것도 괜찮다), 그렇게 정명된 조선은 역시 앞 표에서 확인받듯 불량국가, 깡패국가의 이미지 대신 사회주의 체제를 유지하려는 주체 조 선으로, 세습 · 독재국가 대신, 수령중심의 인민대중제일주의 국가로, 이 지구상에서 가장 불쌍한(?) 인민들이라는 인식보다는 그 어떤 국가들에서 보다 무상의료 · 무상교육 · 무상주택의 혜택이 주어지는 세계 유일의(?) 인민 행복 지수가 보인다.

이뿐만이 아니다. 아직도 친일 청산과 사대 매국에서 결코 자유롭지 못한 대한민국과는 달리 열 배, 백 배에 가까운 철저한 일제 식민잔재 청산을 이뤄낸 같은 우리 민족인 것도 보이고, 분단 이후 비정상적인 한미 동맹에 포획돼 미국의 동북아 패권 유지를 위한 전초기지가 된 대한민국과는 달리 미국의 적대 정책에 맞서 한반도 평화와 통일을 위해 노력하는 주체 조선의 모습도 보인다.

그리고 이 모든 것에 대한 예찬禮讚은 또다시 소환된 문재인 대통령이 대한민국 국민을 대신해 행한 평양연설로 인용한다. 그는 "어려운 시절에도 민족의 자존심을 지키며 끝끝내 스스로 일어서고자 하는 불굴의 용기"라고 했다. 이는 '북한'에 깃든 언어와 말의 세뇌에서는 결코 볼 수 없는 조선의 모습이다. 그러니 이제는 그 세뇌에서 벗어나 정명正名된 조선으로 원래의 실체대로 인식하자. 몰랐다면 앞으로는 그렇게 인식하고 이해하여 적어도 반공·반북 시대의 분단 고착화 개념인 '북한'에는 숨지 말자. 철저하게 동반자적 관계의 '조선'을 이해해나가자.

2. 북침과 남침:
왜 6·25전쟁으로만 기억되어야 하는가?

들어가기에 앞서 우크라이나전쟁에서 1950년 한반도(조선반도, 이하 조선반도 생략)에서의 전쟁이 아른거린다. 왜일까? 우크라이나전쟁이 미국 각본에 꼭두각시 주연배우 젤렌스키라는 대통령을 내세워 러시아와의 대리전을 펼치게 한 것이 그 본질이라 했을 때 미국이 이승만이라는 꼭두각시 대통령을 내세워 북과 대리전쟁을 치르게 했던 한반도에서의 전쟁과 너무나도 똑같이 닮아있어서 그렇다.

그러니 우크라이나전쟁 또한 미국이 승리를 장담하지 못할 때는 우크라이나 주권과 우크라이나 민족 운명과는 하등 상관없이 전쟁의 최종종착지가 우크라이나 분단으로 귀착되는 휴전에 머무를 것이다. 예상할 것도 없는 과학적 결말이다. 그리하여 러시아 턱밑에다 정치, 경제, 사회문화, 군사적 의미에서의 친미 위성국가, 반쪽의 우크라이나가 만들어진다.

대한민국도 똑같은 과정과 경로를 통해 그렇게 만들어졌다. 이승만 대통령의 행태와 한반도에서의 전쟁, 그리고 분단으로 이어진 일련의 그 모든 과정이 그대로 우크라이나와 정확하게 오버－랩 된다. 어떻게? 전범국 일본이 전후 독일과 같이 분단되어 국가주의적 힘이 약화된 것이 아니라, 독일과는 전혀 반대인 중국 접경의 한반도를 둘로 나눠 미국은 여태껏 남쪽을 지배하고 한미일 공조 체제로 동북아를 지배하는 수단으로 활용하고 있다. 그와 같이 우크라이나를 통해 미국은 러시아를 견제하고 '흔들리는' 유럽에서의 패권적 지위를 계속 지속시켜 나갈 음흉한 목적으로 우크라이나를 철저히 농락하고 있다.

그렇다. 우크라이나전쟁에서 한반도에서의 전쟁이 데자-뷰 된다는 것은 한반도에서의 전쟁이 지금까지도 여전히 현재진행형이라는 사실 때문이다. 나아가서는 지금까지도 전쟁의 성격과 관련해 '전통주의'설로 포장되어 반공·반북적 시각에서의 남침설, 여기에다 '수정주의'설로 일컬어지고 있는 미국과 남측의 함정설 및 유도설(사실상 북침설과 가깝다.), 그리고 북의 입장만 반영되어있는 조국해방전쟁설 등등까지 전쟁 성격 하나 제대로 규명하고 있지 못하다. 해서 유추컨대 우크라이나전쟁 또한 분단으로 귀결된다면 이러한 일련의 논쟁에서 결코 자유롭지 못할 것이다.

하지만, 분명한 것은 한반도에서의 전쟁이 제아무리 남과 북, 미국 자국들의 이해관계에 의해 왜곡된다 하더라도 분단을 극복하기 위한 내전으로서의 통일전쟁 성격만큼은 부정하지 못한다. 즉, 북에서는 조국해방전쟁, 남에서는 6·25전쟁(한국전쟁), 미국에서는 유엔 참전이라 명명된다하더라도 한반도에서의 전쟁은 민족적 관점을 넘어설 수는 없다. 그러니 그 전쟁은 분명 내전으로서의 '통일전쟁'이고, 세계사적 측면에서는 미소 냉전체제가 만들어낸 대리전쟁으로서의 '국제전'이 분명하다.

1) 6·25전쟁을 어떻게 부를 것인가?: 이제부터는 '조선반도(한반도)에서의 전쟁'으로 부르자

이 대목에서 평화학의 창시자인 요한 갈퉁이 번뜩 떠오른다. 한반도에서의 전쟁을 다음과 같은 인식 문법으로 그 성격을 드러냈기 때문이다.

갈퉁은 6월 25일 한반도에서 일어난 전쟁을 "한국전쟁Korean War"이 아닌 "한국에서의 전쟁War in Korea"이라고 주창했다. 즉, '한국전쟁'은 한국인들끼리 하는 전쟁이고, '한국에서의 전쟁'은 외세가 참여한 전쟁 성격이 강하다는 의미였다. 해서 그가 말하고 있는 '한국에서의 전쟁'은 이 책에서 말하고자 하는 '한반도에서의 전쟁'과 사실상 같다고 봐야 한다. 왜냐하면 제3자인 그가 볼 때 '한국'이 '대한민국'을 의미하기보다 남과 북을 합한 'One Korea'로 이해하는 것이 맞기 때문이다.

그러면 한반도에서의 전쟁은 이 글 첫 서문에서 미리 결론 낸 남과 북의 내전적 성격을 띠면서도 통일을 가로막은 외세-미국과 그에 동조한 이승만 정권과 분단이 아닌 민족적 재결합을 원했던 전체 조선 민족이 격돌한 통일전쟁이 맞는 것이다.

그런데도 왜 내전이자 통일전쟁으로 성격 규정되지 못하고 6·25전쟁으로만 불려졌을까? 그 속내를 한번 살펴보고, 전쟁 성격을 제대로 규명하지 못하는 한 북과의 동무적, 혹은 동반자적 관계 회복도 매우 어렵다는 것을 인식해내는 것이 이 단락 서술의 일차적 목적이다. 즉, 동반자적 관계 회복을 위해서는 기간 잘못된 고정관념과 확증편향 인식을 확실하게 뛰어넘어 제대로 된 한반도에서의 전쟁 이해와 성격 규명을 아래와 같이 하여 이제껏 남아있는 불필요한 남남갈등, 남북갈등 요인 하나를 없애야만 한다.

시작해 보자.

첫째는, 7월 27일에 깃든 함의를 제대로만 해석해 낼 수 있다면 한반도에서의 전쟁 성격 또한 제대로 이해할 수 있다는 측면이다. 다음과 같은 근거가 이를 뒷받침해준다. 1953년 7월 27일은 '전쟁이 아직 끝나지 않았고, 언제든지 전쟁이 다시 일어날 수 있다'라는 의미에서의 정전협정 Armistice Agreement일 뿐만 아니라 그 서명 당사자가 왜 대한민국 국군통수권자(대통령)가 아닌, 미국인지에서 그 전쟁 성격을 단적으로 알 수 있어서 그렇다.

둘째는, 위 '첫째'로부터 이제껏 알았던 '6 · 25전쟁'을 '한반도에서의 전쟁'으로 성격 규정해내자는 것이다. 왜냐하면 그 어떤 전쟁학 교본에도 '날짜' 개념의 전쟁개념은 존재하지 않고, 해서 보편적 의미에서 가장 많이 사용하고 있는 지정학적 의미와 전쟁의 목적에 부합하는 한반도에서의 전쟁으로 성격 규정하는 것이 맞아서 그렇다. 가장 최근의 '우크라이나전쟁'도 이를 확인해준다. 러시아가 우크라이나를 공격한 당일이 2022년 2월 24일이라 하여 전쟁 명칭을 '2 · 24전쟁'이라 하지 않은 것과 똑같은 이치이다. 외에도 미국에 의한 이라크침략도 '이라크전쟁'으로 명명하고, 확더 거슬러 올라가 보더라도 이는 마찬가지이다. BC 431년에 발생한 펠로폰네소스전쟁, BC 3세기 중엽에서 BC 2세기 중엽까지 진행된 십자군 전쟁도 다 전쟁의 성격과 지정학적 의미를 담아내는 명칭 개념이다.

이렇듯 예시된 모든 전쟁에는 날짜 개념이 없다. 6 · 25전쟁처럼 날짜가 그 전쟁의 성격이 될 수는 없으니 당연한 이치라 할 것이다. 같은 논리로 6 · 25전쟁도 한반도에서의 전쟁 명칭이 맞다. 그런데도 유독 왜 한반도에서의 전쟁은 6 · 25전쟁으로만 사용되어져야 할까? 무슨 의도가 있지 않고서는 이런 이론적 오류가 발생할 수 없다.

이유는 다른 데 있지 않다. 북을 악마화하기 위한 지독한 체제 대결적 결과물이자 반공 · 반북 교육의 결과이다. 또한, 여기에는 미국에 의한 '불편한' 진실도 숨어 있다. (미국에 의한 이 '불편한' 진실 숨기기는 아래 '2) 이제껏 열지 못했던 판도라 상자: 미국 참전에 담긴 불편한 진실은?'에서 자세히 설명한다)

관점을 그렇게 정립해내고 나면 6 · 25전쟁은 한반도에서의 전쟁이라는 성격 규정이 보인다. 이를 보다 세분화하여 민족적 관점에서는 이 전쟁이 내전으로서의 '통일전쟁'이고, 이 전쟁의 세계사적 차원에서 접근하면 미국의 대리전에 의한 '국제전'으로서의 성격도 명확하다.

먼저, 첫째와 관련해－민족적 관점에서 한반도에서의 전쟁개념을 보다 구체화하면 원래 하나의 민족이었고, 전범국가가 아닌 식민국가이니 독립되는 과정에서 분단될 이유가 하등 없었는데도, 그것도 우리 민족 스스로 원해서가 아니라 외세의 자국 이익에 의해－구체적으로는 미국의 이해관계 때문에 국토가 분단되어 서로 다른 체제가 들어설 수밖에 없었고, 그 결과는 체제경쟁이라는 적대성과 또 다른 한편에서는 분단극복을 향한 민족사적 숙명을 동시에 갖는 모순상태의 민족국가 태동이었다.

해서 전쟁이 비록 가장 극단적 한 형태라 하더라도 모순상태에 있는 분단극복을 위한 방식 중 하나였고, 그러니 논리적으로 남침, 북침, 그런 것은 애초부터 성립하지 않는다.

분명한 근거적 사례들도 있다. 첫째는, 그 전쟁－한반도에서의 전쟁을 '사실상' 기획했던 미국인 스스로의 회고록 내용에서의 확인이다. 당시 미국의 대소 봉쇄정책에 대해 깊숙이 개입하고 기안한 전 소련주재 대사이자 미 국무부 정책기획 실장이었던 조지 캐넌George Kennan은 자신의 회고록에서 "(한국)전쟁은 내전이며, 국제적 분쟁에서 말하는 (북의) 침략은 아니다"라고 했다. '사실상' 전쟁을 기획했던 당사자로부터의 증언이니 이 얼마나 한반도에서의 전쟁을 단순히 북에 의한 침략(남침)으로 인식한다는 것이 얼마나 큰 잘못된 오류인지 알만하다.

둘째는, 미국의 남북전쟁을 그 누구도 남부 연합군에 의한 '침략전쟁'이라 규정하지 않는다. 같은 논리로 한반도에서의 전쟁도 '남침'이니 '북침'이니 하는 개념이 성립되지 않는다. 내전에서는 그렇게 '침략'이라 성격 규정이 맞지 않는다. 해서 미국의 남북전쟁이나 한반도에서의 전쟁역시 '남침이냐 북침이냐'의 성격 규정을 갖는 것이 아니라, 전쟁의 결과가 노예제 폐지와 연방국가로서의 미합중국을 태동시킨 남북전쟁American Civil War이듯 한반도에서의 전쟁도 통일을 전제한 '통일'전쟁일 뿐이다.

그래서 한반도에서의 전쟁은 '북침이냐 남침이냐'를 그 본질로 하는 남과 북 서로를 향한 침략전쟁도 아니며, 미국의 남북전쟁과 같이 분단된 남과 북이 하나의 민족국가로 재결합하기 위한 내전적 성격이 그 일차적, 혹은 본질적 성격 규정을 갖는다.

──────── 보충설명 ────────

한반도에서의 전쟁이 '스탈린의 총체적인 기획'이라는 설은 어떻게 봐야 하는가?

다음과 같은 주장에 귀 기울여 볼 필요가 있다. 미 해군대학(Naval College) 교수였던 Stephen F. Ambrose의 주장인데, 그는 자신의 저서 <Stone> 서문에서 "중국인들은 한국전쟁을 원하지 않았다. 맥아더가 그들이 개입하지 않을 수 없게 만들 때까지는 그들은 북한을 원조하지도 않았다. 소련도 마찬가지이다. 그들은 초기 남침에 관여하지도 않았다. **전쟁의 원인은 분단이지**(강조, 필자) 소련이나 중국이 기획한 국제음모라고도 할 수가 없다." (I.F. Stone, "The Hidden History of the Korean War", Monthly Review Press, 1952, x - xi 참조)

대신, 그는 같은 책에서 다음과 같은 내용을 주장했다. "이승만이 장개석의 적극적인 지지와 맥아더와 트루만의 비밀 지원으로 북한의 공격을 도발하였다"라고 했는데, 이 주장에서 우린 되려 무얼 상상해 내어야만 하는가?

다음, 둘째와 관련된 – 세계사적 차원에서 접근된 국제전 이해 부분이다. 어떻게 내전적 성격의 통일전쟁이 미국과 연관된 국제전이 될 수밖에 없었던가, 하는 그런 문제이다.

설명으로는 이렇다. 본질은 분명 그렇게 통일을 전제한 남북의 내전이 맞지만, 이 내전에 미국은 제국주의 본성에 맞는 전쟁광답게 자국의 이익을 위해 16개의 나라를 UN의 이름으로 끌고 들어와 우리 민족 운명에 깊숙이 개입한다. 그래서 그 전쟁의 성격을 완전히 다르게, 즉 자유주의 수호 대 공산주의와의 대결이라는 국제전으로 전환한다. 그것도 대리전 성격을 갖는 개입방식을 취한다.

어떻게?

알다시피 6월 25일 당일 발생한 총격 사건은 남과 북이 단독정부 수립과 그로 인한 분단이 전쟁 발발일인 6월 25일까지 공식·비공식 그 교전交戰 횟수가 무려 4,000여 차례에 다다른데 그 연장 다름아니다. 크고 작은 교전이 삼팔선 근처에서 거의 매일 발생했고, 그때마다 매번 남과 북은 서로를 향한 '반격'을 해왔다. 그러니 그 어떤 특정 날짜를 못 막아 남과 북의 어느 국가 중 특정 국가가 먼저 공격한다는 의미, 혹은 침략했다는 의미에서의 '선제공격'은 절대 성립될 수 없다. 반면, 소련 자료, 북 자료, 중국 자료 등 그 어떤 문서에서도 이 '반격'은 명시되어 있다.

이렇듯 당시 상황은 한반도에서의 전쟁이 그 어떤 임의의 시각에 일어난다하더라도 하등 이상할 이유가 없다. 분단이라는 비정상성과 부정의를 바로잡기 위해, 즉 통일을 위해 전쟁은 발발할 수밖에 없었던 필연적 내적 요인이 있었고 민족사적 숙명으로도 존재했다.

그런데도 한반도에서의 전쟁을 6·25전쟁, 혹은 한국전쟁으로 명칭을 왜곡하여 미국과 이승만 정권은 자신들이 공모한 전쟁을 희석해내기 위해 북이 '남침했다'라는 것만 강조, 선전하였다.

또한, 이미 위에서도 잠시 설명하였듯 한반도에서의 전쟁이 전쟁의 성격상 '남침이냐, 북침이냐'로의 침략(Aggression 혹은 Invasion) 개념으로 성립되지도 않고, 더군다나 전쟁이 쉽게 일어나는 것도 아니며, 전쟁의 상대방도 있기에 한쪽만 무조건적인 악마화 인식관점은 명백한 오류일 수밖에 없다. 그래서 당연히 북의 상대방인 미국과 남측의 요인도 살펴보는 것이 정상적이다. 그러면 1949년 이승만 정권이 미국의 지시에 의한 수많은 도발과 1950년 1월 애치슨 성명, 그리고 그해 6월 덜레스의 38선과 서울, 동경방문과 그 전후한 38선에서의 도발들, 남과 북 각각의 정부가 들어선 시기부터 1950년 전쟁이 발발하기 전까지의 국제정세와 동북아 정세 등 이 모두 고려하면 한반도에서의 전쟁은 오히려 당시 미국으로서는 공산주의에 대한 예방전쟁과 자국의 군수산업 촉진, 나아가서는 미국의 동북아 전략과 맞물려 동북아에서 전략적 중추 역할을 해야 하는 일본을 보호하기 위해 내전 성격의 한반도에서의 통일전쟁을 북의 '남침'으로 호도해 참전 명분을 확보하려 했던 미국의 이해관계도 분명 있다.

──────── 보충설명 ────────

애치슨 라인(Acheson line)과 한반도에서의 전쟁 상관관계

이 장에서 계속 얘기하고 있듯 한반도에서의 전쟁은 미국의 전략적 이익과 당시 정권 지지기반과 정통성이 약했던 이승만 정권의 이해관계가 맞아떨어진 가운데 남측의 '무수한 도발'과 북의 '반격', 혹은 그 반대라 할 수 있는 북의 통일 의지가 워낙 강해 북의 '무수한 도발'과 남의 '반격' 과정에서 벌어진 내전적 성격, 그리고 이 과정에서 미국은 자국의 이익을 위해 이승만을 대리전쟁의 당사자로 내세우고, 진작 자신들은 16개국이 참전하는 연합군을 구성해 '합법적' 개입 명분을 가진 국제전의 최종 결정권자 역할을 하였다.

그러니 그 어찌 한반도에서의 전쟁을 단순하게 '남침이냐, 북침이냐'라는 '방아쇠' 논쟁만 하고 있을 수 있겠는가?

뒷받침할 자료와 주장들도 여럿 있다. 그중 하나가 1950년 1월 12일에 나온 애치슨 선언이다. 미국이 의도적으로 한국과 대만을 미국 방위선 밖에 있다는 '거짓' 정보를 흘려 통일에 대한 의지가 무척이나 강했던 북으로 하여금 전쟁을 유도했다는 의심이다.

충분한 이유도 있다. 당시 트루먼 대통령은 "북조선과 중공이 남한과 타이완을 공격한다 해도 미국이 개입하지 않을 것이다"라고 거짓말했고, 그의 외교 고문이었던 덜레스는 한국에서의 전쟁 발발 일주일 전인 1950년 6월 19일 38선을 시찰한 후 서울에 나타나 약 6개월 전의 애치슨 선언과 트루먼의 언급들을 전면 부정하며 대한민국 국회에서 "한국은 결코 혼자가 아니다(You are not alone)"라는 의미심장한 말을 남긴다. 이뿐만이 아니다. 미국의 당시 시사 월간지 <라이프> 1950년 8월 호에는 "우리는 우리의 역사에서 한국(조선)전쟁을 시작할 때처럼 치밀하게 준비한 예는 지금까지의 어느 전쟁에서도 찾아볼 수 없었다"라고 보도했는데 도대체 이것은 무얼 의미하는가?

또한 "6·25는 미국 작품".

위 발언은 1980년 61세로 은퇴할 때까지 35년 동안 미 중앙정보국(CIA) 극동 지부에서 비노출 요원으로 활약했던 한국계 미국인 하리마오 씨가 79세 되는 해에 전쟁 48주년을 맞아 출간한 <38선도 6·25 한국전쟁도 미국의 작품이었다>(새로운 사람들, 1998)에서 폭로한 발언이다.

결론하면, 위 모든 결과는 사실 그 어떤 특정한 한 방향을 가르키고 있다. 한반도에서의 전쟁이 적어도 미국에 의한 내전 유도설, 혹은 미국의 각본대로 이승만을 통한 대리전쟁의 성격을 분명히 갖는다.

참고로 황성환은 자신의 저서 <제국의 몰락과 후국의 미래>(민플러스, 2009)에서 당시 전체적인 상황 전개와 맥락으로 볼 때 오히려 전쟁을 먼저 개시한 쪽도 북이 아닌, 남(南). 그래서 '남침'보다 '북침'에 더 가깝다고 주장한다. 이승만 정권의 당시 상황이 전쟁 외에는 정권을 연장할 수 있는 수단과 방법이 없었다는 것이 그 주된 이유에서다.

사실이 이런데도 그냥 반북·반공이데올로기에서 주입되는 단세포적인 북의 '남침'이란 설명에만 현혹되어 이 전쟁 - 한반도에서의 전쟁이 갖는 진짜 의미, 내전으로서의 통일전쟁, 미국에 의해 대리된 국제전임을 잊고 지내야만 할까?

절대 그렇게 이해하고 기억해서도 안 된다. 왜냐하면 한반도에서의 전쟁은 외세인 미국이 반인륜적 세균전까지 동원하며 우리 민족을 너무나도 잔인하게 학살한 미 전쟁광들에게 절대 면죄부를 줘서도 안 된다는 것은 물론, 또한 반공·반북 이데올로기로 주입된 북의 '남침' 이해는 북과 '철천지원수'가 되어 남북기본합의서 정신 "쌍방사이의 관계가 나라와 나라사이의 관계가 아닌 통일을 지향하는 과정에서 잠정적으로 형성되는 특수관계"라는 것을 망각하게 하기 때문에 우린 절대 그렇게 왜곡된 한반도에서의 전쟁을 이해하고 기억해서는 안 되는 것이다.

그러면 - 내전으로서의 통일전쟁, 미국에 의한 국제전이라는 인식을 하지 못하고 계속하여 북의 '남침'이라는 프레임에만 갇혀있으면 윤석열 대통령처럼 우리 민족을 지배한 일본은 '이웃'이 되고, 진작 같은 민족인 북은 '원수'가 되어야 하는 통일 불가(不可)이다.

해서 한반도에서의 전쟁은 북이 악마화될 이유도 없고, 오히려 그 정반대, 미국과 숭미·사대 세력 자신들의 필요성에 의해, 다시 말해 그 '더러운 전쟁목적'을 감추기 위해 반공·반북 이데올로기 장치를 총동원해 '남침'으로 왜곡된 사실에 절대 눈감아서는 안 된다.

그래서 한반도에서의 전쟁은 옳고 그름의 문제도, 정의와 부정의의 문제도 아니다. 분단국가에서는 숙명과도 같은 필연성을 띤 전쟁이었을 뿐이다. 좀 더 설명하자면 인류 문명사에서 '지정학적 숙명' 개념이 있듯 분단 민족에게는, 그것도 원래는 같은 한민족이었지만 여러 이유로 인해 분단된 민족이라면 더더욱 '민족적 숙명'이라는 것이 있다. 그리고 그 숙명은 반드시 민족적 재결합이라는 통일을 지향하게 되고, 더군다나 그 분단이 민족 구성원 스스로가 원했던 것이 아니고, 외세의 개입과 그들 ─외세 개입국가들의 자국 이익을 위해 분단된 것이라면 더욱더 전쟁을 통해서라도 재결합의 숙명을 갖는다. 그러니 한반도에서의 전쟁은 이미 미국이 우리 민족을 분단한 것에서부터 시작됐다고 봐야 하고, 남침·북침이냐가 전쟁의 본질이 절대 될 수 없다. 이미 분단 그 자체가 전쟁의 씨앗을 잉태하고 있었다.

미국인 리처드 쏜턴 미국 조지 워싱턴 대학교수의 시각과 견해도 위와 같다. 자신의 저서 〈강대국 국제정치와 한반도〉에서 그는 위와 같은 시각을 드러낸다. 다만 그는 당시 한반도에서의 전쟁을 각각의 행위자에 대한 분석을 좀 더 집중하여 남과 북의 민족적 입장에서는 통일전쟁으로서의 내전 성격을 갖는 전쟁이지만, 당시 한반도는 외세의 의한 분단체제였기에 그로부터 그 상위체제인 세계체제의 관점에서 보면 그 행위자들은 트루먼, 스탈린, 마오쩌둥이었고 이들의 요구와 이해관계는 남과 북의 민족적 관점과는 좀 달랐다는데 중점을 더 두고 있을 뿐이다. 하여 (그는) 통일이 이뤄지지 않을 수밖에 없었던 이유도 거기에 있었다고 본다.

즉, 분단국가에서 전쟁, 내전은 통일의 한 과정과도 정확히 비례하지만, 당시 한반도에서의 전쟁은 그 상위체제인 미·소 중심의 냉전적 세계 질서를 뛰어넘지 못할 하위체제로서의 분단체제이다 보니 그 전쟁은 내전에 의한 통일전쟁이 되지 못하고, 미·소 중심의 국제전 양상을 띨 수밖에 없었다는 것이 그의 진단이다.

적용하면, 작금의 한반도(조선반도)는 우리 모두 익히 알고 있듯 세계 냉전체제의 하위 개념으로서 정전체제가 있고, 더 공고화된 혹은 더 적대화된 분단체제가 지금까지 지속되고 있다. 그리고 이의 정확한 비례는 지정학적 세계 질서 모순이 더 한반도에 집약되게 되고, 그러면 그럴수록—정전체제가 더 공고화된다면 동시적으로 아래 표에서 확인받듯 한반도에서의 통일 또한 더더욱 세계사적 질서에 포획되는 민족사적 해결 방안을 찾아야만 하는 지난 한 과정이 만들어진다.

결코 좋은 상황이 아니다.

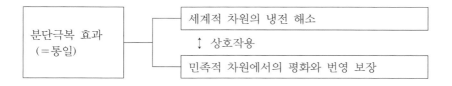

2) 이제껏 열지 못했던 판도라 상자:
미국 참전에 담긴 불편한 진실은?

그래놓고, 이제 미국 얘기를 좀 해보자. 과연 미국은 한반도에서의 전쟁에서 진정 대한민국을 구해준 고마운 은혜의 나라인가? 그 정반대는 정말 성립되지 않는 것인가? 즉, 유례없는 양민학살, 세균전, 제2차 세계대전 때의 일본인 살상보다 더 많은 약 527만 명 희생 등 그 어떤 전쟁사보다도 미군에 의한 숱한 '암흑' 기록을 남긴 이 전쟁이 오직 6월 25일 날짜 그 하나가 모든 것을 블랙홀로 빨아들여 단순 '남침이냐, 북침이냐'로 인식하게끔 하고, 미국에 대해서는 오로지 '고마운 은혜의 나라'로만 인식하는 것이 과연 타당한가, 그렇게 왜 되물을 수 없단 말인가? 하고 강한 의문을 가져야만 한다.

했을 때 결론은 그러한 인식 - 고마운 은혜의 나라로만 인식하는 것은 너무나도 우리 민족을 모독하는 것과 하등 다르지 않다라야 한다.

다음과 같은 두 발언이 이를 증거한다.

> 한국(에서의 전쟁)은 우리에게 축복이었다. 여기에 한국(전쟁)이 없었다면 이 세상 다른 어딘가에서 (전쟁은) 있어야 했다. (Korea has been a blessing. There had to be a Korea either here or some place in the world.)

> 6·25전쟁이 미국을 구해줬다.

앞 내용은 1952년 1월 밴 프리트 장군이 고백한 발언이고, 뒤 내용은 1949년 1월부터 1953년 1월까지 미 국무장관으로서 한반도에서의 전쟁을 워싱턴에서 진두지휘했던 딘 에치슨이 1953년 프린스턴대학 세미나에서 한 발언이다.

그들은 왜 이런 얘기를 했을까?

속내를 한번 보자. 두 발언 모두 갖는 공통은 미국이 미소 냉전에서 승리한 후 오늘날과 같은 세계적 패권국가로 부상하게 해준 전쟁이 1차 세계대전도 2차 세계대전도 아닌, 한반도에서의 전쟁이라는 사실을 숨기지 않고 있다. 다른 말로는 미국 자국 중심의 새로운 질서를 재편하는데 있어 한반도에서의 전쟁이 가장 큰 영향을 미쳤다는 사실이다.

왜 그런지는 당시 트루먼 행정부가 해결해야 할 외교적 과제가 한 6가지 정도였는데, 이 6가지 외교적 문제를 한반도에서의 전쟁 참전으로 말끔히 해결할 수 있어서 그렇다. 과제 하나하나를 살펴보면 △첫 번째가 대만해협 봉쇄 문제, △두 번째가 인도차이나(월남)에 대한 원조 문제,

△세 번째가 필리핀 원조 문제, △네 번째가 미국의 대규모 군비증강 문제, △다섯 번째가 서유럽과 나토 동맹국의 군사력증강 문제, △여섯 번째가 서독의 조기 재무장 문제였는데, 이 문제들을 한반도에서의 전쟁 한방으로 모두 해결될 수 있었다는 말이다.

어떻게? 미국 입장에서는 실상 한반도에서의 전쟁이 남침이든, 북침이든 아무런 상관없다. 단정 수립 이후 남과 북은 각기 자기들만의 방식으로 통일전쟁을 준비했고, 실제 휴전선 근방에서는 공식·비공식 포함해 4,000여 정도의 크고 작은 교전이 상시적으로 이뤄졌으니 전쟁은 이미 그렇게 시작되고 있었다고 봐야 한다. 그런데도 그 과정 모두를 무시하고 어느 한 특정일─6월 25일을 부각해내어 전쟁의 성격을 규정하려는 것은 전쟁을 남과 북의 이데올로기적 논쟁 산물로 몰고 가려 하는 나쁜 의도가 포함되어 있다.

약略하고 어쨌든, 그날─6월 25일부터 대한민국이 전쟁에서 계속 밀리자 자유민주주의 수호와 38선 복원을 위한 명분으로 미국은 원래 자신들이 계획했던 유엔군을 조직해 참전했고, 더해서 또 다른 각본에 있던 맥아더의 인천상륙작전과 압록강으로의 북진을 통해 '사실상' 중국군 참전을 유도해 미국이 원하는 국가이익을 실현해 나간다.

웬, 중국 참전 유도? 당시 미국은 2차 세계대전을 끝낸 직후였기 때문에 군비를 축소할 수밖에 없는 상황을 직면했고 병력을 줄여서 그 병력을 어디에 어떻게 배치할 것인가를 놓고 깊은 고민에 빠질 수밖에 없었다. 그 고민 해결을 위해 미국은 1950년 4월 12일 백악관 국가안보회의를 소집했고, 그 회의에서 미 국무부 정책기획실장 폴 니츠에 의해 입안된 전략문서 '미국의 국가 안보를 위한 목표와 계획에 관한 국무 및 국방장관 보고서', 약칭 NSC─68계획이라는 대외정책 기조를 내온다. 내용 핵심은 소련에 대해서는 서구 문명을 파괴하려는 악의 세력이라고 규정하고, 그런 소련과 대결하기 위해서는 소련의 군사력을 압도할 수 있는 국방력(구체적으로는 '핵전력'을 얘기하고 있다)을 구축해야 하고, 이를 위해서는 대폭적인 국방 예산 증가가 필요하다는 결론이다.

문제는 예산이었다. 그런데 때마침 천운이 찾아왔다. 자신들이 치밀하게 기획하고 준비했던 한반도에서의 전쟁이 마침내 발발한 것이다. 그래서 망설일 이유도 없이 전쟁 발발 3개월 뒤 트루먼 대통령은 NSC-68에 서명했고, 1950년 봄 당시 150만에 불과했던 미군 병력은 한반도에서의 전쟁 덕분에 350만으로 증원되어(예비병력까지 포함하면 총 약 1,000만) 재무장에 성공한다. 국방 예산은 1950년 이전 대비 400% 증액되어 핵무기와 재래식 군사력이 대폭 증강, 불황에 허덕이던 군산복합체 경제까지 되살아나는 쾌거를 올렸다. 연장선상에서 나토, 미일동맹 및 한미동맹과 같은 동맹체제를 굳건하게 구축했으며, 이후 이것이 (미-소) 냉전 승리의 초석까지 된다.

이처럼 NSC-68계획은 미국 경제를 군산복합 경제체제로 전환해낸 핵심 문건이자 미국 패권을 시작하게 만든 결정적 전략문서였다. 그리고 트루먼 행정부는 이 외에도 자신들의 그 6가지 외교적 해결 과제를 위해 다양한 전략문서들을 생산해 낸다. SL-17계획, R-3계획 등이 그 예들이고, 둘 다 내용 중에는 미국이 신속히 유엔군을 조직해 한반도에서의 전쟁에 참전해야 한다는 계획이 들어있다.

───── 보충설명 ─────

NSC-68계획, 그리고 SL-17계획 및 R-3계획에 대한 간략한 설명

가. NSC-68계획
당시 국무부 정책기획단장 폴 니츠가 중심되어 작성된 전략보고서이고, 이 보고서는 1950년 4월 7일 국가안보회의에 제출된다. 내용의 핵심은 소련의

남하를 막기 위해서는 미국이 소련보다 군사력의 총체적 우위를 확보해야 한다는 것이다. 그런데 문제는 군사력을 실제 증가시켜낼 수 있는 명분과 예산이었는데, 때마침 NSC - 68을 완성한 1950년 4월 7일로부터 채 3개월이 되지 못한 시점인 1950년 6월 25일 한반도에서 전쟁이 발발한 것이다.

과연 이것이 우연의 일치일까? 베트남 전쟁이 미국에 의한 동킹만 사건에 의해 일어난 것을 안다면 우연치고는 이런 우연 일치가 없다. 해서 바로 그러한 발상으로 처음엔 내전 성격을 띤 한반도에서의 전쟁이 왜 미국에 의한 국제전으로 비화할 수밖에 없는지 한번 곰곰이 생각해봐야 한다. 왜냐하면 NSC - 68 입안자들이 전쟁을 전제한 보고서를 만들어내었기 때문이다.

나. SL - 17계획

SL - 17계획은 2000년 미국에서 출판된 미국 역사학자 스탠리 웨인트롭에 의해 세상에 널리 알려지기 시작한 전략보고서이다. <맥아더의 전쟁: 코리아와 미국 영웅의 파멸(MacArthur's War: Korea and the Undoing of an American Hero)>이라는 책에서 당시 미국방부는 한반도에서의 전쟁 직전에 NSC - 68에 의거하여 SL - 17이라는 제목의 작전계획을 미리 마련해두었다는 사실을 밝혀냈다.

좀 더 구체적으로는 1950년 6월 19일에 작성된 이 작전계획 SL - 17은 만약 한반도에서 교전이 확대되어 전쟁이 발발하는 경우 곧바로 "유엔군 형태로 참전"하되 신속히 후퇴하여 낙동강 방어전선 구축과 인천상륙작전을 전개하는 것으로 계획되어 있고, 대략의 일정도 다 설계되어 있다. 어떻게? 1950년 9월 30일까지 인천을 점령하고, 10월 15일까지 서울을 탈환한 후, 1951년 1월 31일까지 남포와 원산에 동시 상륙하여 평양을 점령한 다음, 1951년 6월까지 38도선 이북 전역을 점령하는 것으로 되어있다.

관련해 SL - 17 문건 작성자인 도널드 커티스의 증언도 위 일정들에 대한 신빙성을 더해준다. "1950년 6월 26일 미국의 극동군 총사령부는 갑자기 SL - 17 복사본 50부를 요구했고, 맥아더는 여기에서 인천 상륙 작전의 아이디어를 얻었다." 실제 미국국방부는 1950년 6월 19일 이 작전계획 - 맥아더의 인천상륙작전을 승인한다. 과연 이것도 우연의 일치였을까?

다. R - 3계획

R - 3계획은 한반도에서의 전쟁과 관련된 미국의 또 다른 비밀문건이다. 공개는 한반도에서의 전쟁을 전문적으로 연구해온 재미 학자 방선주 교수에 의

해 세상에 공개됐는데, 책에서 그는 보고서가 "(한반도에서의)전쟁을 유발하기 위한 것으로 작성되었다"라고 결론지었다.

근거는 이 보고서가 "트루먼 대통령의 지시에 따라 맥아더가 작성하였으며 트루먼과 애치슨, 국무부 극동국장 버드워즈, 웨드마이어 중장, 해군작전국장 핀벨트제독이 참석한 자리에서 확정되었다"라고 되어있는 만큼, 목적은 한국에서의 전쟁을 유발하기 위한 것이라고밖에 할 수 없다는 것이다. (<미제침략사>, 남녘, 1989에서 재인용)

해서, 적어도 위 3개의 문건이 던져주는 공통점은 한반도에서의 전쟁이 이미 미국에 의해 기획되고 유인되어 졌다는 사실이다. 또한, 이 전략 문서들은 당시 팽창주의적인 지배정책에 목말라했던 국가는 소련이라기보다는 미국이었음도 알 수 있게 한다. 즉, 당시 미국은 자신들의 외교정책이었던 봉쇄정책을 철회할 명분이 필요했고, 그 명분으로 공산주의에 대한 예방전쟁과 자국의 군수산업 촉진이었다. 그러려면 연장선상에서 전쟁은 꼭 필요했다. 한반도는 그 좋은 먹잇감이었을 뿐이었다. 이뿐만이 아니다. 이 전쟁에서 — 한반도에서의 전쟁에서 더 확대된 전쟁, 즉 소련이나 중국 참전 등도 꼭 필요했다. 왜냐하면 전쟁을 보다 오랫동안 지속시켜야만 위 목적, 즉 6가지 외교적 해결 과제와 '공산주의에 대한 예방전쟁과 자국의 군수산업 촉진'을 더 확실하게 실현해 나갈 명분이 되었기 때문이다.

그렇게 미국은 이미 한반도에서의 전쟁 이전 모든 계획을 완성, 전쟁 날짜만을 기다리고 있었고, 낙동강 방어전선 구축과 인천상륙작전 또한 전쟁 발발 이전 중국 참전을 위해 모두 계획했었다는 사실이다. 다만 그 참전 시점이 늘 항시적으로 있어왔던 남과 북의 단순 교전 시기가 아니라, 확대되어 교전이 치열해지고 남측이 절대적으로 불리한 그 순간, 즉시 유엔군을 조직하여 참전해 확실한 명분과 실익을 챙긴다는 것뿐이었다.

그러니 한반도에서의 전쟁을 단순 남침이냐, 북침이냐? 또 한국전쟁, 혹은 6 · 25전쟁 등과 같은 그런 전쟁 명칭만으로는 절대 위 내용들에 대한 진실을 밝혀낼 수 없다.

3) 못다 한 이야기:
정녕 미국과 16개국, 진정 대한민국을 돕고자 했을까?

위 '3)' 질문은 우리가 한반도에서의 전쟁에 대해 단 한 번이라도 질문을 던져보거나 의심해보지 않은 질문주제이다. 무조건적으로 이들 국가에 대해서는 늘 고맙고, 감사해야만 하는 형제의 나라였을 뿐이었다. 하지만, 그 세뇌를 좀 벗고 아래 질문에 의문을 품을 수만 있다면 위 질문도 충분히 우리 눈에 들어올 수 있다. "베트남 전쟁에 과연 우리 한국은 남베트남을 돕기 위해서만 참전했을까?"

모르긴 몰라도 절대 다수는 아마도 '우리의 혈맹, 미국 요청 땜에', 혹은 '자유민주주의 체제인 남베트남을 도와 남베트남으로의 베트남통일을 위해'라는 인식을 보일 것이고, 반면 소수만이 '대한민국 경제 이득을 위해'라고 대답할 것이다. '다수'와 '소수', 과연 어디에쯤 그 진실이 숨어 있을까? '다수'가 과연 당시 한국이 왜 베트남 전쟁에 개입했을까에 대한 100%의 진실한 답이 될 수 있을까? 필자는 되지 못한다고 생각한다. 왜냐하면 '대한민국 국익을 위해서'라는 진짜 참전 결정 요인이 빠져있기 때문이다. 해서 오히려 '소수'가 진실의 문을 열 수 있는 진짜 열쇠를 갖고 있다 이다.

그래서 대한민국의 국가이익, 그것 때문에 남의 나라 베트남전쟁에 참전했고, 결과도 우리가 익히 다 알고 있듯 대한민국 경제에는 큰 도움이 되었고, 베트남 국가에는 베트남 민중을 학살한 씻을 수 없는 범죄 국가로의 낙인이었다. 종속적, 혹은 예속적 한미동맹체제로 포박된 대한민국이 미국의 요청에 용병으로 가담해 얻은 결과는 이처럼 잔인하다.

자, 그럼 이제 연동해보자. 그러면 굉장히 불편해지는 진실 문제 하나가 생긴다. 우리 전쟁, 즉 한반도에서의 전쟁에 미국을 따라 대한민국을 '돕는다'라는 명분에 참전한 16개국에 대한 진실 문제이다. 즉, 자국의 이익을 위해 참전했어도 그것이 '돕는다'로 위장되고, 우리는 '은혜'만 해야 하는 그 결과가 과연 불변하는 진실로만 남아있어야 하는가?라고 묻는 문제이다.

하지만, 분명한 것은 위에서도 확인했듯 대한민국이 자국 국익을 위해 베트남전쟁에 참전해 베트남 민중을 무참히 학살한 것과 똑같이, 같은 논리로 단지 16개국은 미국의 요청에 용병으로서 자국 국익을 위해 참전했을 뿐이다. 그런데도 다만, '예쁘게' 화장化粧되어 있을 뿐이다.

그러면—그렇게 예쁘게 화장된 것으로 이해할 수만 있다면 다음과 같은 인식도 가능하다. 다른 국가를 침략하려는 목적이 아닌 한 민족국가 안에서 벌어지는 내부의 전쟁이라면, 특히 그 전쟁이 분단된 민족국가가 민족적 재결합, 즉 통일을 위한 내전 형태의 전쟁이라고 한다면 그런 전쟁(내전)에 왜 타국이 개입하지, 그렇게 묻고, 대답으로는 개입해야 할 명분도 이유도 하등 없다, 그래야만 한다.

다시 이는 그 어떤 참전도 참전 국가를 돕는다는 의미에서의 '선한' 선린·호혜주의적 행동은 있을 수 없다 이다. 오직 있다면 자국의 국가이익을 위한 명백한 내정간섭이자 분열된 주권을 재통합하려는 그 민족에 대한 주권적 침해일 뿐이다.

해서, 다시 물을 수 있다. 미국과 16개국은 정말 통일을 전제한 우리 민족 내전에 과연 진정으로 대한민국을 위해서 참전했을까? 더 비틀어도 같은 질문은 가능하다. 정말 미국과 16개국은 자국의 이해관계와는 전혀 상관없이 자유민주주의 체제 대한민국을 수호해주기 위해서만 도와주었을까?

역시 대답은 '천만의 말씀'이어야 한다. 그 어떤 미사여구를 붙이더라도 한반도에서의 전쟁 개입은 당시 냉전체제라는 세계 질서하에서 미국 자신의 국익 – 자국 중심의 냉전체제 구축과 동북아에서의 패권적 지위 확보 및 정치·경제적 이득을 위한 전략적 이해관계가 맞아떨어졌기 때문에 16개국을 유엔군으로 포장, 그 16개국 또한 자국의 이익 때문에 미국의 용병으로 자처해 대한민국 도와주기를 빙자했을 뿐이다.

두 가지 근거로 증명 가능하다. 첫째는 역사적 증명방식이다. 다름 아닌, 모든 전쟁, 혹은 내전에 타 국가들이 연합하여 반드시 참전하지 않았다는 사실이다. 1936년에 발생한 스페인 내전이 그랬는데, 당시 자유 진영 – 미국, 영국, 프랑스 등은 한국전쟁에서와 같이 '자유민주주의 질서' 수호라는 명분을 내걸고 참전하지 않았다. (그런데도 한국전쟁은 16개국 연합국 참전이 무조건 정당화되어져야 한다? 한 번쯤은 의문을 품어야 한다.)

둘째는 이후 (미국에 의해) 진행된 수탈상황을 보면 아주 명백히 증명된다. 전후戰後 대한민국 경제건설지원이라는 미명하에 잘 '포장된' 유·무상의 원조와 차관의 그 본질은 대한민국 경제를 완전 자신들의 하청下請 기지화하여 자신들이 수탈할 '마르지 않는 샘물'을 구축하기 위한 술수였다. 마치, 이는 일본에 의한 식민지근대화론이 그 어떤 미사여구를 다 동원하더라도 식민지근대화론은 식민지근대화론일 뿐과 똑같다.

구체화하면 우선, 미국과 그에 빌붙은 국내 숭미·사대세력들은 자신들의 권력적 기반을 잃지 않기 위해 통일전쟁으로서의 내전을 오로지 북침이냐 남침이냐의 프레임으로 전환, 농락했다. 대신, 이승만의 북진통일에 대해서는 눈감고, 북의 통일 의지는 철저히 남침으로 악마화하고, 또 다른 한편으로는 전쟁의 모든 원인과 책임을 오로지 북과 북을 도운 소련과 중국에 떠넘기기에 바쁜 이데올로기적 낙인까지 했다. 바로 이 과정에서 미국은 자국의 이익을 대한민국 안보로 포장하여 대한민국 작전지휘권을 완전 장악, 사실상 대한민국이 군 통수권을 갖지 못하는 좀비 국가로 만들어 놓았다. 이후부터는 모든 것이 미국 뜻대로의 일사천리인데, 확고한 동맹체제를 구축해 '항구적' 내정간섭의 기틀을 마련하고, 결과 대한민국 28곳에 미군 기지를 강제로 세워 70여 년이 넘게 이 땅을 무상 점유하고 있다. 또한, 온갖 명분으로 사실상 북침 전쟁 연습인 한미합동군사훈련을 정당화하여 이 땅 한반도를 항시적 전쟁물자 박람회 그 자체로 전변시켜 놓았다. 여기에다 자국의 이익을 위한 분단 고착화는 국가보안법에 꽉꽉 가둬놓는다.

다음, 해마다 겪는, 혹은 반복되는 한반도에서의 전쟁 위기는 미국 자신들의 이익관철을 위한 수단이다. 반비례적으로 우리 민족은 미국의 이익 때문에 항시 전쟁의 먹구름을 이고 살아가야만 하는 동토凍土와 같다. 국민의 힘으로 대변되는 수구·보수는 말할 것도 없고, '촛불정부'임을 자임했던 민주당의 문재인 정권도 이를 막지 못해 '아름다운' 땅 성주에다 사드를 배치해 그들—미국의 대중국 견제를 위한 병참기지로까지 전락한다. 윤석열 정권은 여기서 한발 더 나아간다. 중국과 러시아의 '완전한' 병참기지, 한미일 군사동맹까지 추진한다.

정명해야 될 이유는 또 있다. 즉, 한반도에서의 전쟁을 '한국전쟁, 혹은 6·25전쟁으로 부르지 말자'여야 하는 것은 그 명칭에 이 글 제일 앞 '1) 6·25전쟁을 어떻게 부를 것인가?'에서 내내 확인했듯 세계 전쟁사에서도 유례없는 전쟁학명이고, 미국과 이승만 정권의 전쟁기도 은폐, 북을 악마화하기 위한 고도의 이데올로기적 장치이기 때문이다. 즉, 한반도에서의 전쟁을 두고 '남침'이다, '북침'이다 하는 논쟁은 결국 한반도에서의 전쟁을 통일전쟁으로서의 내전 성격을 희석하고, 미국이 자국의 군비증강 목적과 자국 중심의 냉전체제 구축을 위한 대리전쟁의 성격도 온데간데없이 만들기 위한 반공·반북 이데올로기적 인식 문법이자 우리 스스로를 피포위의식Siege mentality에 가두는 행위이다.

하여, 좀 불편하더라도 전쟁의 성격과 내용 중심으로 봐야지 본질과는 아무런 상관없는 날짜 중심의 '총알을 남과 북 중 누가 먼저 쐈는지'에만 정신 팔려서는 안 된다.

철저하게 봉인된 판도라 상자를 열어 전쟁의 성격과 내용, 본질을 분명하게 해야 한다. (왜 그러해야 하는지는) 이유도 간단하고, 매우 명료하다. 전쟁 명칭이 정명正名되어야만 숭미 사대와 함께, 반공·반북에 찌든 방식으로의 '북에 의한 남침이며 스탈린의 총체적 계획과 이를 결행한 김일성의 책임'이라는 인식에서도 벗어나고, 그렇게 벗어나야만 이제까지 우리 사회를 짓눌려놨던 반공·반북 덫도 넘어서서 통일로 나아갈 수 있는 길이 활짝 열리기 때문이다. 다른 말로는 이제껏 북을 악마화한데서 빠져나와만 민족사적 관점에서 왜 통일이 그렇게 절실할 수밖에 없고, 지금의 한미동맹 본질과 주한미군이 갖는 정치군사적 의미도 제대로 파악될 수 있다.

또한, 그래야만 애치슨의 "6·25전쟁이 미국을 구해줬다"가 괜한 말로 들리지 않고, 분단과 동북아 냉전체제도 예의 그 '선한' 지원 뒤에 숨어 침략과 전쟁을 그 본성으로 하는 제국주의 미국의 검은 마수도 볼 수 있다. 어디 이뿐만이겠는가? 남南 포함 유엔 진영 17개국과 북北 포함 공산 진영 3개국이 관여한 냉전시대 최초의 열전이자 수많은 사상자와 이산가족을 만들어낸 비극적 국제전임도 각인된다. 더 나아가서는 관련국 각자 자국의 이해관계에만 초점 둔 전쟁 이해방식도 극복할 수 있다. 어떻게?

북은 오직 '조국해방전쟁', 남은 오직 '북침', 혹은 '동족상잔의 비극', 그리고 미국은 자신들의 패배가 가려지길 희망한다는 측면에서의 '잊혀진 전쟁', 반면 중국은 자랑스러운 '항미원조'의 기억, 그 기억들 모두 다를 한반도에서의 전쟁으로 기억되게 해야 한다.

단일한 전쟁학명을 그렇게 성립시켜야만 한다.

3. 빈곤貧困과 부민富民:
가난하지 않은 북, 왜 가난해야만 하는가?

잘 삶과 못 삶. 구분하는 기준이 과연 뭘까, 있다면 이를 어떻게 구분하는 것이 정상적일까? '졸부'는 과연 부민富民 개념의 부자일까, 아니면 그냥 돈 많이 가진 자에 불과할까? 연장해서 그럼, 노블레스 오블리주 없이 돈만 많이 가진 자는 과연 부자일까, 아니면 돈錢맛만 안 돈의 노예일까? 더 나아가 돈으로 자기를 과시하는 사람은 과연 '천금 같은' 돈의 무게를 알고서 그럴까, 아니면 돈맛만 아는 '샤일록'과 같은 단순 고리대금업자에 불과할까?

정말 쉽지 않은 문제이다.

(쉽지 않기로는) 국가도 마찬가지이다. 윗글에서 '개인' 대신, '국가'라는 단어로 바꿔 질문해도 마찬가지이기 때문이다. 그런데도 우리는 북에 대한 인식을 1,500 $ 내외의 GNI 국가라는 그 한 이유 땜에 북이 가난하다는 결론을 너무나도 쉽게 내리고, 그렇게 인식하는 것에 매우 익숙하다. 일반 사람들은 물론이고, 하물며 진보적 시민사회단체, 혹은 많은 진보적 인사들 조차도 절대 예외이지 않다. 대한민국 사회 전반이 그렇게 북이 '가난하다'라는 인식은 확정된 상수이고, 그로 인해 파생되는 수많은 개념은 북을 수십, 아니 수백 가지의 부정적 이미지로 덧씌우게 한다.

그리고 그러한 많은 한 예例 중에 상징은 다음과 같다. 2020년 6월 25일

한반도에서의 전쟁 70돌을 기념하기 위해 참석한 당시 문재인 대통령은 기념사에서 남과 북 경제 비교하면서 약 40배 내외 정도의 국내총생산(GDP), 혹은 15배 내지 20배 정도의 국민총소득(GNI) 격차를 예로 들어 "이제 체제경쟁은 끝났다"라고 말한다.

과연 그럴까? 한번 생각해보자. 물론 한 국가의 국력을 평가할 때 경제력도 매우 중요한 요소임은 틀림없다. 하지만, 한 국가의 국력이 제대로 평가, 비교되려면 경제력만으로는 되지 않는다. 그 나라의 정치, 경제, 군사, 문화를 포함한 사회 전반을 비교 분석해야 하는 것이 더 옳다. 왜냐하면 이는 앞에서도 잠시 언급하였듯 돈만으로는 그 사람의 품격 전부를 다 진단할 수는 없는 논리와 똑같다. 경제력만이 아닌, 언행, 인품, 관용 등등을 종합적으로 평가하여 최종적으로 판단하는 것과 같은 이치이다. 그렇지 않으면 졸부, 즉 돈 자랑만 해대는 갑질에 지나지 않는다. 그래서 우리는 자기가 가진 돈만 믿고 돈 자랑 '갑질'하는 사람을 매우 경멸한다. 그리고 이 인식에는 단지 돈이 많다는 그 한 이유만으로 돈이 적은 사람을 무시하거나 패배자Loser로 차별하는 것에 대해서는 오히려 그 사람을 매우 천박한 졸부 근성의 소유자로 규정, 그러한 사회적 합의가 작동한 결과이다.

해서, 문 대통령의 위 '체제 대결은 끝났다'라는 인식은 북 체제가 가지고 있는 다른 면, 자본주의적 잣대인 GNI 외 북이 가지고 있는 수많은 장점을 보지 못하고 오직 돈만 자랑한 것과 똑같다. 즉, 액면 그대로의 대한민국 졸부 근성만 발현한 것 외에는 아무것도 아니고, 체제 대결적 관점의 대북 우월의식만 드러낸 꼴과 하등 다르지 않다. 결과적으로도 6·15정신에 깃든 연방제 정신에 부합하지도 않고, 본인 스스로가 두 번의 남북합의문을 내온 당사자임에도 (북에 대한) 예의를 전혀 갖추지 못한 북 인식 문법이다.

그런데 과연 이러한 인식 문법이 문 대통령만의 문제였을까? 절대 아닐 것이다. 왜냐하면 하물며 대통령까지도 그런 인식을 해대는데, 국민은 오죽하겠는가?

그렇다. 일차적으로는 진보적 시민운동을 하건 하지 않건, 또는 보수건 보수가 아니건, 나아가 남측 국민 다수는 자본주의 체제인 대한민국이 사회주의 체제인 그것도 1인 독재체제로서의 사회주의라고 여기는 북보다는 '더 낫고 더 잘 산다'라는 체제 우월적 시각에서 결코 자유로울 수 없기 때문이다. 또 다른 한 요인으로는 북의 식량부족 및 가난하다는 경제지표들은 그냥 막 과잉으로 쏟아져 나오는데, 정반대인 식량이 조금 모자를 수는 있으나 '절대적인' 의미에서의 식량 부족 문제는 발생하지 않는다는, 또 자본주의인 대한민국과는 달리 그 경제지표를 산정하는 방식의 차이를 반영해 북의 경제 상황을 진단하면 북의 경제가 전혀 다른 결과가 나올 수 있다는 '반박' 관련 주장은 거의 없는데 따른 확증편향 요인도 분명 있다. 이 외에도 종편 등에 나와 지껄이는 체제이탈자(탈북자)들의 증언이라면 아무런 의심도 없이 신뢰부터 보내는 사회적 분위기도 결코 '작지' 않은 한몫을 한다 하겠다.

결과, 이 모든 주장들의 한결같은 결론이 북은 못 살고, 가난하고, 아주 문제가 많은 국가로의 귀결이다. 비례하여 북은 가난하고 못살고, 우리 대한민국보다 '못하다는' 생각을 하지 않고서는 배겨날 재간이 절대 없다.

해서 이번 주제의 글에서는 과연 그런가? 묻고, 아래와 같은 반론으로 그 답을 한번 찾아가는 여행이 되고자 한다.

1) 부자 논쟁 ① – 경제지표가 말해주지 못하는 것들: 대한민국, 정말 북보다 우월한가?

　질문과 관련된 시작을 이렇게 한번 해보자. 가정법으로 굳이 남南이 북北보다 낫다는 체제 우월적 시각을 가질만한 근거가 굳이 있다고 한다면 그건 아마도 10위 정도의 경제력으로 선진국 클럽인 OECD 가입을 들 수 있을 것인데, 문제는 위에서도 잠시 언급을 하였지만 한 국가의 건강성, 혹은 국격이 그 국가의 국내 총생산GDP, 혹은 국민총소득GNI 그런 경제지표로만 입증될 수 있는가에 있다. 물론 GDP나 GNI 등은 그것을 증거 할 수 있는 한 요인은 될 수 있겠지만, 그것만으로 한 국가가 잘 산다는 총체성 의미의 유일 기준은 될 수 없다. 정말 만약 그것만으로 부자와 가난, 잘살고 못살고, 선진국과 빈국을 구분해야 한다면 그거야말로 앞서 내내 고민했던 '졸부'의 치사함과 무엇이 다른가?

　그래서 잘 산다는 개념은 수없이 많은 요인들이 입체적 관계로 결합하여 만들어져야 한다. 특히, 그 비교 대상이 국가와 국가라면 더더욱 그러해야 한다. 대표적으로는 정치, 경제, 국방, 사회문화 등의 다양한 분야에서의 지표요인들이 총합하여야 하고, 연장선상에서 한때 부탄(2011년도 국가총행복 지수 조사에서 '세계에서 가장 행복한 나라' 1위 차지)도 자신들이 이 지구상에서 가장 행복한 국가였음을 상기한다면 비교 대상 국가에 대한 구체적 이해와 실정實情도 충분히 반영된 결과여야 함을 알 수 있다.

─────── 보충설명 ───────

국가총행복(GNH) 지수의 유래

　주관적이거나 심리적인 영역으로 여겼던 행복의 측정을 계량화하고 이를 국가발전의 한 척도로 삼아야 한다는 것이 GNH 핵심 가치이다. 시작은 부탄이었고, 이를 유엔이 행복국가론으로 발전시켜 10년 전부터 전 세계 국가들의 행복 지수를 매년 발표하고 있다.

좀 더 설명하면 영국의 <파이낸셜타임스>가 1987년 '왕축의 행복국가론'을 소개하면서 캐나다와 브라질 등 여러 나라가 이 부탄을 주목하기 시작했고, 그 때마다 왕축은 "부탄 국민들의 1인당 소득이 향상된다고 해서 행복이 그만큼 더 커진다고 보장할 수 없다"라며 "국가총생산보다 국가총행복(GNH)이 더 중요하다"라고 강조했는데, 마침 1990년대 들어 경제 위기가 세계 여러 나라로 도미노처럼 확산하자 이때 물질적 풍요 수준에 상관없이 행복한 삶을 추구하고 있던 부탄의 국가철학이 그 대안으로 부상하기 시작했던 것이다.

바로 이 지점에 대한 천착을 유엔은 놓치지 않았고, 비록 부탄의 1인당 국내총생산(GDP)이 고작해야 3,000달러 수준으로 전 세계에서 최하위권이고 평균적인 교육 수준도 매우 낮지만, 그런데 진작 부탄 국민은 왜 자기들이 이 지구상에서 가장 행복하다고 여기지? 하는 고민을 시작, 해답에 현 국왕 지그메 케사르 남기엘 왕축이 집권한 1974년부터 국민의 행복을 경제성장보다 더 중시하는 행복 정치를 통치 철학으로 내세운 것에 주요인이 있음을 발견한다.

결과, 2013년 유엔은 '한 국가의 성공을 판단하는 잣대가 그 나라 국민의 행복이어야 한다'라는 결의안을 채택하기에 이르렀고, 이를 기념하기 위해 유엔은 매년 3월 20일 '세계 행복의 날'로 지정, 기념하고 있다.

그러니 한 국가의 총체적 건강성, 혹은 국격은 위 두 문제의식을 조합해 볼 때 '잘 산다는 것'과 '행복하다'라는 것이 반드시 비례하지 않기에 GNI 혹은 GDP 개념만으로 한 국가의 국격을 논할 수는 없다.

연동하면 대한민국이 경제적으로 세계 10위권 정도의 경제지표를 갖고 있다 하여 이를 곧바로 대한민국이 잘 살고, 우리 국민 모두 행복하다, 그렇게 말할 수만은 없다. 왜냐하면 대한민국은 예의 그 '잘산다'라는 프레임 뒤에 우리 모두 인정하고 싶지 않은, 즉 수없이 많은 다음과 같은 엄청난 병을 앓고 있다. 1인당 국민소득 3만 2천 달러(2022년 기준), 스마트폰 보급률 세계 1위를 자랑하지만, 진작 그것과는 별개로 2022년 유엔 세계행복보고서에 나타난 행복 순위는 59위다. OECD 회원국 중

뒤에서 1등 그룹에 속한다. 또한, 같은 보고서에서 한국의 사회적 고립 인구 비율은 2021년 기준 18.9%로 OECD 회원국 가운데 최상위권이었다. 의미는 10명 중 8명이 주변에 '도움 청할 사람 없다'이다. (우리가 항상 긍지하고, 자랑해왔던) 공동체의 완전 붕괴이다.

이뿐만이 아니다. 수년째 불평등, 빈곤, 빈약한 사회안전망이 국민의 삶을 항시적으로 불안하게 짓누른다. OECD 가입 회원국 중 자살률과 노인 빈곤율 1위 오명은 2022년에도 여전히 지속된다. 출산율도 꼴찌이다. 국가공동체 유지가 어려운 상황이다. 참고로 2022년 대한민국 합계 출산율은 0.78명으로 OECD 가입 회원국 중 최하위이다. 그래서 이런 추세라면 2025년에는 0.61명으로 떨어져 한 국가가 '국가' 공동체라는 것을 유지할 수 있는데 있어 치명적 수준 도달이라는 것이 전문가들의 공통된 인식이고, 경고이다.

또 있다. 국제조사기관 월드 밸류 서베이의 7차 조사(2017~2022년)에서 밝혀진 한 국가의 공동체성 건강지표를 나타내 주는 사회적 자본지수에서도 한국은 거의 절망적 수준에 가깝다. 사람을 믿는지에 대한 물음에 응답자의 32.9%만 믿는다고 답해 뉴질랜드, 독일, 미국, 일본보다 낮은 하위권에 속했고 정부, 의회, 언론에 대한 신뢰도 역시 각각 12.9%, 14.2%, 13.7%로 최하위권이다. 빈곤, 차별, 장시간 노동이 유지되다 보니 산업재해로 죽어 나간 노동자들의 수도 매번 OECD 가입국 중 1, 2위를 다툰다.

그리고 어쩌면 심각하기로는 다음이 주는 상징적 의미가 더 클 수 있다. 왜냐하면 대한민국 미래의 불행을 충분히 예견해주는 사례이기 때문이다. 예는 이렇다. 초등학생에게 이미 고등학생 3학년 내용에 해당하는 미적분 공부를 시키는 '올케어반'이 학부모들 사이에 매우 유행하고 있다는 것인데, 애들한테 잔인해도 이렇게 잔인할 수 없다. 단지, 의대에 입학시키겠다는 학부모들의 '미친' 욕망이 선행학습이라는 명목으로 초등학생을 '초등학생'이 아닌 '입시병기'로 만들어버렸다.

백번 양보해 모든 학생에게는 학습해야 할 의무가 있다는 것을 인정하더라도 그것은 정상적인 교육과정에 의한 학생 의무이지, 즉 초등학생에게는 초등학생다운 학습 의무가 있는 것이지, 이를 훌쩍 뛰어넘어 고등학생 3학년 수업을 미리 해야 한다는 학습 의무는 절대 아니다. 또한, 정상적인 학습 의무 못지않게 그 나이대에 맞는 '놀' 권리도 충분히 있다. 이는 대한민국 정부에 의해 이미 1990년 5월 12일 선포된 청소년헌장靑少年憲章에도 명백히 보장되어있는 그들의 권리이다.

> 청소년은 자기 삶의 주인이다. 청소년은 인격체로서 존중받을 권리와 시민으로서 미래를 열어 갈 권리를 가진다. 청소년은 스스로 생각하고 선택하며 활동하는 삶의 주체로서 자율과 참여의 기회를 누린다. (중략) 청소년은 배움을 통해 진리를 추구하고 자아를 실현해 갈 권리를 가진다.

이렇듯 '청소년은 자기 삶의 주인이고, 인격체로서의 존중받을 권리'가 있고, '배움을 통해 진리를 추구하고 자아를 실현해 갈 권리'를 가진다. 그런데도 초등학생 자신의 주체적 결정이 아닌, 부모의 욕망 때문에 의대에 가기 위해 고등학생 3학년 내용을 자기 나이보다 미리 5~10년을 뛰어넘어 학습해야 할 진리 추구는 그 어디에도 없다. 명백한 인격살인이고, 그 어떤 아동학대보다도 뒤지지 않는 아동학살이다.

다른 지표는? OECD가 2018년 발표한 '더 나은 삶의 지표(BLI; Better Life Index)'에 따르면 대상국－OECD 가입 38개국과 러시아, 브라질 중 대한민국은 '공동체 관계망'과 '환경 지표'가 각각 꼴찌(40위)이고, '일과 삶의 균형' 부분은 37위를 차지하는 등 거의 모든 부분에서의 삶의 만족도가 최하위이다. GNI 3만$이라는 경제지표로만 보면 성공했다고 말할 수 있을지는 모르겠으나 전혀 행복하지 않은 나라, 그런 나라가 대한민국이다. '사다리 걷어차기'로 상징되는 '1:99' 사회, 그리고 2019년 시장조사 전문기업인 '엠브레인 트렌드모니터'가 '현대인의 정신건강 인식조사'를 실서했는데, 이 조사 결과를 따르더라도 전체 응답자 가운데 대한민국 국민은 76.4% 정도가 '내 삶이 불행하다는 생각을 가져본 적이 있다'라고 답했다. 더 심각한 지표도 있다. 서울대 사회발전연구소의 세계 가치관 조사(2015년)에 따르면 "자녀에게 나보다 못한 사람과 더불어 살아야 한다는 관용성을 가르치겠는가"라는 질문에 가르치겠다는 한국인 부모는 45.3%다. 조사 대상 52개국 중에 52등으로 꼴찌다. 르완다보다 못하다. 못사는 사람들과 같이 살겠다는 르완다의 관용성은 56.4%였다. 명백히 '함께, 더불어 살기 어려운' 사회로의 위험 신호들이다.

끝? 아니다. 7차 세계 가치관 조사(2020)에 따르면, 한국인은 평등을 12.4%만 선호하고, 불평등은 64.8%가 선호한다. 즉, 한국인의 60~70%가 입으로는 평등을 말하지만 실은 평등에 반대한다는 괴이쩍은 결과이다.

해서, 묻는다. 위 모든 지표 속에서 우린 무얼 생각해내어야만 하는가?

묻고, 남측이 먹고 사는 문제인 '경제'를 위해 '사실상' 모든 것을, 특히 그중에서도 (미국에) '자주'를 저당 잡혀, 다른 말로는 '대한민국 다운 줏대'를 모두 상실해가면서까지 얻어낸 결과가 위에서 열거한 그러한 불명예들이라고까지 한다면 같은 논리로 북에게는 다음과 같은 결론까지 줄수도 있다. 먹고 사는 문제인 '경제'가 좀 희생되고 어렵더라도 그 모든 것을, 특히 외세로부터 그 어떠한 일이 있더라도 '자주'를 지켜내겠다는 지난한 분투의 과정과 정확히 일치했음을. 그래서 당시 문재인 대통령도 9·19 평양연설에서 "어려운 시절에도 민족의 자존심을 지키며 끝끝내 스스로 일어서고자 하는 불굴의 용기를 보았습니다"라고 인정할 수밖에 없었던 것 아닌가?

하지만, 다음과 같은 반문도 가능하다. 자주를 위해 그 많은 것들을 희생하는 것이 과연 '옳은'일이었던가? 선택은 분명 북의 몫이겠지만, 분명한 것은 그 질문에 '옳다, 그르다'와 같은 그런 답은 존재하지 않는다. 왜냐하면 그러한 선택에는 수학을 풀 듯, 혹은 법에서 말하고 있는 정의, 혹은 부정의와 같은 그런 공식과 옳고 · 그름의 문제라기보다는 한 국가가 자기들의 국가정체성과 존엄, 긍지를 어떻게 지켜나가며 발전시켜 나갈 것인가, 하는 매우 엄중한 현실적인 문제와 맞닥뜨려 있기 때문이다.

그런 만큼 북의 입장에서는 국가 주권의 생명선과도 같은 '자주'를 지키기 위해 다른 분야의 것들이 좀 희생되더라도 그걸 감수하겠다는 국가적 선택을 했고, 이에 대한 인민적 동의가 있었으니 그러한 정책을 과감하게 펼쳐 나갈 수 있었다.

그러니 이를 두고 어찌 옳고 · 그름의 잣대인 법률적 판단을 할 수 있겠는가? 없다면 북은 응당 자주독립 국가라면 자주는 생명과도 같은 것이니 자주를 잃으면 모든 것을 다 잃는다고 생각하는 그런 국가관을 가져 그러한 선택을 해야 했다고 봐야 한다.

즉, 우리 남측과는 달리 자주를 지켜내기 위한 그 대가가 아주 세계국가정책을 압박해 먹고 사는 문제에 좀 지장을 주더라도 자주를 절대포기하지 않겠다는 명백한 국가관을 소유한 이 지구상 몇 안 되는 자주독립 국가의 정형이라는 사실이고, 그런데다 그것 외에는―잘 먹고 잘사는 것 외에는 우리 남측보다 별로 못할 것이 없는 A+의 성적표라면 과연 앞에서 던진 질문, '그래도 대한민국보다 못난 체제이고, 못 산다'라고말할 수 있겠는가에 어떻게 답해야 할까?

달리는, '졸부' 개념의 '잘 먹고, 잘 산다'가 아니라, 좀 가난하더라도 총체적 국가지표로서의 존엄과 긍지를 지켜나가겠다는 그런 행복 지수를 지닌 주체성 강한 나라라면 우린 이를 어떻게 설명하고 이해해야만 할까?

꼬리에 꼬리를 문 이 질문들에 다음과 같은 사실들로부터 위 질문들에 대한 대답을 한번 찾아보자.

이 지구상에서 북에 대해 내정간섭 할 수 있는 나라는 그 어디에도 없다. 또한, 남과는 달리 거의 완벽하게 100% 친일 세력을 청산한 매우 국가정체성 강한 민족자주 독립국가이다. 이뿐만이 아니다. 그 어떤 비아냥과 비난에도 불구하고 자위적 전쟁 억지력인 ICBM을 보유해 전략국가의 반열에 올라섰고, 이를 토대로 지구상 마지막 남은 제국주의인 미국을 보통 국가화하고 세계평화를 위해 실질적으로 미 본토를 공격할 의사가 있는 '유일한' 반미국가로 존재한다(반미국가가 좋은지, 나쁜지 그런 의미는 생략한다. 왜냐하면 그건 상대적이기 때문이다).

그런데도 과연 우리 대한민국이 북 보다 잘났다고 감히 말할 수 있겠는가? 다시 묻고, 대답은 독자들의 몫으로 남긴다.

2) 부자 논쟁② - 가난의 본질과 식량문제를 둘러싼 거짓, 혹은 진실: 북 식량난 문제, 북 붕괴를 말할 만큼 과연 심각한가?

남측에서는 북 식량난을 얘기할 때 그 역시 경제지표를 활용한다. 동시적으로는 북 가난을 증명하는 방식이기도 하고, 나아가서는 북 체제 붕괴와 반드시 연결되는 단골 메뉴이기도 하다.

왜 그런지 좀 더 깊은 속내로 한번 들어가 보자. 대한민국은 1인당 국민총소득(GNI)이 2022년 기준 약 3만 2천 불이다. 반면, 북은 대략 1,500, 혹은 2,000$ 내외로 본다. 대략 15배 내지 20배 정도의 차이다. 이 차이로 대한민국은, 대한민국 국민은 북보다 매우 잘 산다고 생각한다. 하지만, 여기에는 엄청난 착시가 있다. 사회주의 체제인 북은 자신들의 경제 능력을 자본주의적 방식인 계량지수, 즉 경제지표로 산출하지는 않는다. 또 경제가 대한민국과 같이 수출중심의 무역으로 움직이지 않아 경제산업(무역) 총생산량 등으로 비교하는 것도 사회주의 체제인 북에는 맞을 수 없다.

그러니 위와 같은─GNI나 GDP와 같은, 혹은 무역 총생산량 등과 같은 그런 방식으로의 비교 자체는 성립할 수 없다. 복싱의 예로 보자면 전혀 다른 체급, 즉 페더급과 헤비급이 맞붙었을 때 누가 이길까, 그런 비교방식과 비슷하다. 열이면 열, 백이면 백 모두는 헤비급 선수가 이길 것이라 할 것이다. 마찬가지이다. 사회주의인 북과 자본주의인 남은 그 경제운용 방식이 완전 다른데, 그 다름의 차이를 무시해버리고 자본주의적 비교방식만으로 비교하여 15배 내지 20배 정도의 차이가 나니 '북보다 대한민국이 잘 산다'라고 확정하는 것은 '단순' 오류라기보다는 대한민국 국민의 인식을 왜곡시키기 위한 '의도된' 오류에 가깝다.

그럼, 진실한 비교는 어떻게 해야 하는가? 자본주의 경제지표 방식인 GNI만으로는 도저히 잡히지 않는 사회주의 방식만의 경제적 특성을 반영, 보완해 주어야 한다. 예하면 북은 사회주의 체제의 국가이니 무역 중심의 경제운용 방식이 아니라는 점, 거기에다 무상주택, 무상교육, 무상의료가 제도화되어 인민복지가 실현된다는 특성, 이런 사실들 모두가 반영되어 이를 자본주의적 지표인 계량지수로 환원해 주어야만 한다. 그러면 북도 1인당 GNI가 2만, 혹은 3만$ 아니라고 누가 과연 장담할 수 있을까?

관련한 재미있는 에피소드 하나가 있다. 필자인 나는 가끔 한 번씩 '북바로알기' 강연을 할 때가 있는데, 그때마다 위와 같은 논리로 다음과 같은 예를 들어, 즉 대한민국에서는 1인이 대학가까지 졸업할 경우 들어간 총비용이 대략 3억 원(2022년 기준) 정도, 그리고 2022년 7월 19일 경제정의실천시민연합(경실련)이 발표한 자료에 따르면 서울에서 2022년 기준으로 내 집(30평 규모의 아파트) 장만까지 걸리는 기간이 2004년 대비 2배가 늘어난 36년이 걸리고 비용적으로도 4배 가까운 9억 4,000만 원 상승한 12억 8,000만 원이라고 하는데, 그런데도 3만 불 뒤에 숨겨진 '불편한 진실'이 우리 대한민국에게는 보이지 않는가라고 반문, 북에서는 집과 의료, 집까지 '공짜'로 국가에서 지원해 주니 이 전부를 다 자본주의적 지표인 계량지수로 환원한다면 누가 더 행복지수가 높을까? 그렇게 묻는다면 전혀 다른 결론도 가능할 것이라고 언급, 결론으로 북이 결코 '못살지도, 가난하지 않다'라는 것을 굉장히 강조하는데, 그때마다 강연에 참석한 모든 참석자들이 한결 같이 놀라워하며 다음과 같은 반응을 보인다. "와~우, 박사님과 같은 그런 접근, 그런 결론도 가능하네요. 그런데 왜 우리는 그런 인식을 단 한 번도 하지 못했을까요?" 왈曰, '누구도 그렇게 인식하는 법, 또 그렇게 인식해도 된다고 하는 방법을 가르쳐 주지 않아서 그렇습니다'라고 답변한다. 아무도 가르쳐 주지 않았으니, 당연히 모를 수밖에 없다.

어쨌든, 그런데도 과연 북이 가난하고 못산다고만 확신할 수 있을까? 묻고, 문제는 그렇다 하더라도 남는 문제는 있다. 다름 아닌, 잊을만하면 늘 회자 되는 단골 메뉴, 즉 '굶어 죽는' 문제이다. 해결해−속 시원하게 해명해주지 못한다면 제아무리 위와 같은 인식 문법으로 북을 이해해 주고자 하더라도 북이 가난하고 못 산다는 것을 결코 떨쳐내기란 쉽지 않다.

그러니 다음의 예에서 그 궁금증 해소를 위한 해법을 한번 찾아보자. 지금은−2000년 이후 북은 1990년대와 같은 그런 '고난의 행군시기'가 아니다. 그런데도 어느 날 갑자기−2023년 2월부터 북이 고난의 행군시기 때와 똑같이 엄청난 식량 위기가 닥쳤고, 급기야 평양 다음의 큰 도시 중 하나인 개성시에서조차 굶어 죽어가는 아사자가 하루 '수십 명씩'이라는 보도가 나온다. 관련해 합리적 추론으로는 이렇다. 갑자기 왜? 윤석열 정권은 그렇다 치더라도―자신들의 정파적 이익을 위해 그렇게 왜곡시킨다하더라도 그래도 한때는 문재인 정부하에서 북 전문가로 이름 날렸던 그 수많은 전문가와 관료, 예하면 정세현 통일부 장관 같은 사람들조차도 언론매체에 나와 '대북 소식통'이라는 익명을 팔면서 '개성시와 같은 큰 도시에서 하루에 수십 명씩 굶어 죽는다는 것은 북의 식량난이 그만큼 심각하다'며 북의 식량난을 사실화한다. 이뿐만이 아니다. 예를 들어 ICBM 신형 로켓(미사일)을 발사할 때마마 그로 인해 굶어 죽어가는 인민들, 그러한 인민들과 북을 대비시켜 북을 비난하고 혐오한다.

과연 이 인식이 맞는 것일까?

아주 원론적 인식접근부터 한번 해 보자. 정쟁 수단으로서의 '식량난'과 주권적 차원에서의 '식량문제'는 좀 구분해야 한다. 왜? 북은 그 어떤 국가보다도 식량자급률이 매우 높은 나라이다. 그것도 이미 우리가 고등학교 지리나 역사 시간에 다 배웠듯 전 국토의 70%가 산악이라는 것, 가뭄과 홍수 등 기후변수가 많음에도 불구하고 그 (열악한) 조건에서도 90% 이상의 식량자급률을 유지하는 국가가 북이다. 반면, 대한민국은 식량자급률(참고로 쌀을 제외한 식량자급률은 대략 5% 미만 수준)이 20% 내외이다.

──────── 보충설명 ────────

남과 북, 어느 쪽이 더 식량 주권국인가?

　북은 90% 이상(약, 92%)의 식량자급률 국가이다. 반면 대한민국은 20% 내외의 식량자급률(쌀을 제외한 식량자급률은 불과 5% 미만) 국가이다.
　결론은 위에서 이미 났다. 그래도 다음과 같은 상상력을 한 번 더 보태보자. 남南의 경우는 위에서 확인받듯 식량자급률 20% 정도이니 여러 가지 이유와 환경으로 수입이 중단되면 100% 기아와 영양실조에 시달리는 국가가 된다.

반면, 북은 이미 미국 등 서방 세계에 의해 강력한 제재를 받고 있는데도 90% 이상 식량자급률을 달성해놓고, 앞으로 이보다 더 상황이 안 좋은 상황은 있을 수 없으니 앞으로는 식량문제가 해결될 일만 남아있다.

이로부터 누가 더 식량 주권 국가인가?

묻고, 역설적이게도 식량 주권 위기는 대한민국과 같이 수출중심의 산업국이 갖는 필연적 비애이다. 공산품을 팔기 위해 시장을 개방해 농업과 식량 주권을 포기해야 하는, 거기다가 먹거리도 GMO(genetically modified organism) 농산물 수입 1위 국가로 국민 건강권은 심각하게 훼손되고 있다.

또한, 식량이 점점 더 무기화되어가고 있는 작금의 이 시대적 환경에 속수무책으로 당할 수밖에 없는 대한민국 농업구조이다. 반면, 북은 지리적 조건과 기후가 자급자족하기에 정말 그렇게도 불리한데, 이를 오히려 전화위복시켜 1990년대 일부 시기를 제외하고는 거의 90% 이상을 늘 자급자족해 오고 있다.

해서, 다시 묻는다. 누가 더 식량 위기 국가인가?

그래서 드는 의문은 이런 것이다. 그럼 왜, 90%의 식량자급률을 가진 북은 식량 위기가 발생하고, 20% 정도의 식량자급률인 대한민국에는 왜 식량 위기가 없는가, 정말 이상하지 않은가?

다음과 같은 가설이 가능하고, 두 가지 접근을 통해 이를 증명할 수 있다. 이 문제―북의 식량난 문제는 구조적 문제로서의 식량문제라기보다는 다른 원인, 즉 미국을 비롯한 남쪽의 종미·예속 정권, 국제사회가 북을 실패국가로 낙인하기 위한 '정치적 의도'에 의해 발생하는 문제로 보는 것이 더 정확하다, 그렇게 말이다.

좀 더 구체적으로 첫째는, 북의 식량 자주권을 인정하려 하지 않으려는 서방 세계의 지독한 미국 편들기 때문이다.

아시다시피 북은 이미 90% 이상의 식량자급률을 가진 국가이다. 참고로 이 의미는 이 지구상에서 자체적으로 식량자급률을 90% 이상 간직한 국가가 몇이나 되겠는가? 그런 질문을 가능하게 하고, 답으로는 몇 개 나라밖에 없다 이다. 그럼, 북의 식량난은 다른 외적인 것이다. 그리고 그건 북의 식량난이 '핵' 때문이라는, 그리하여 핵을 포기해야만 식량난 문제가 풀어질 수 있다는 미국의 비핵 논리와 정확히 일치한다. 해서, 북의 식량난 문제는 실제 북의 식량이 부족해서, 혹은 그 부족한 10% 때문에 일어나는 문제라기보다는 반드시 '식량난'이 발생해야만 하는 정치 논리 때문이다.

어떤 정치 논리? 다름 아니다. 현대국가의 고유한 주권적 영역이 자주권의 문제라고 한다면 어떤 국가(미국에 저항하지 않는 나라)의 자주권 문제는 허용되고, 그렇지 못한 나라는(미국에 저항하는 나라) 허용되지 않는다면 이는 분명 국제사회에 자주권과 관련해 이중 잣대가 작용하고 있다는 것을 상징한다. 이른바 미국에 저항하지 않는 국가의 자주권과 유엔 상임이사국, 그리고 핵은 보유했으나 미국에 저항할 의사가 전혀 없는 핵보유국들인 이스라엘, 인도, 파키스탄 등 그런 국가들만 자주권이 허용되고, 핵을 보유하고 미국에 저항할 의사가 명백히 있는 북의 자주권만 용인 안 된다? 이거야말로 명백한 이중 잣대가 아니라면 도대체 뭐가 이중 잣대란 말인가? 엄연한 자주권 문제를 식량난 문제로 둔갑시켜 북의 핵 포기를 이끌려내려는 미국의 비열한 술수일 뿐이다.

둘째는, 위 '첫째'와 연동하면 국제법상 보장된 인도적 권리문제를 정치적 문제로 왜곡한 결과이다.

20% 내외의 식량자급률 밖에도 안 되는 국가도 식량난 문제가 해결될 수 있는 것이라면 당연히 90% 정도의 식량자급률 국가는 더 그 문제가 잘 해결되어야만 하는 것이 정상적이다. 그런데도 그 문제가 해결되지 못한다면 이는 분명 다른 원인으로 그 이유가 찾아져야 한다.

어떤 이유로? 인도적 지원 문제까지도 정치적 해결책으로 몰고 가려는 강대국, 구체적으로는 미국의 야만적 횡포라고밖에 말할 수 없다. '봐라. 북이라는 국가는 자기 인민들도 먹여 살리지 못하는 가난 그 자체이고,

엄청난 빈국이다'라는 프레임을 씌워 북 체제 붕괴나 체제전환을 유도하고자 하는 '의도된' 체제 붕괴전략이 작동되고 있지는 않은지 잘 살펴봐야 한다는 것이다. 다른 말로는 인도적 지원 문제여야 할 식량문제마저도 미국의 의도 때문에 국제법상 보장된 인도주의적 관점에서 못 풀리고, 항상 미국의 이해관계로 정치 쟁점화되어 북 정권을 악마화하는 도구로 활용해지는, 바로 그 지점을 너무나도 잘 바라봐야 한다는 점이다.

해서, 결론은 명확하다. 북의 식량난 문제는 식량문제 그 자체라기보다는 식량문제를 정치적으로 이용하려는 미국 등 일부 국제사회의 '잘못된' 정치 놀음의 결과이다.

한편, 구체적 지표를 통해 북의 식량문제를 한번 들여다보더라도 결과는 역시 마찬가지이다.

자료의 신빙성 문제는 둘째치더라도 2022년 12월 농촌진흥청이 발표한 자료에 따르더라도 2022년도 북의 식량작물 생산은 451만 톤이 된다. 이는 2021년 대비 469만 톤보다는 18만 톤(3.8%) 감소했으며 2020년도 439만 톤보다는 12만 톤이 증가한 것이다. 결과, 이 발표만 보더라도 북이 2023년에 식량문제가 발생할 이유는 전혀 없다. 왜냐하면 2022년은 물론이고 2022년보다 12만 톤 부족했던 2020년도에도 대한민국 정부가 그 어떤 곳에서도 북이 식량문제가 발생했다는 자료를 내놓지 않았기 때문이다. 그랬는데 2020년 대비 12만 톤 증가한 2023년에 오히려 식량난이 발생하여 아사자가 속출한다? 정부의 이런 공식발표는 과연 진실인가, 아니면 명백한 거짓인가? 12만 톤이 모자랄 때도 식량난이 없었고 아사자가 없었는데, 어떻게 12만 톤이 증가한 2023년에 아사자가 발생한단 말인가? 논리적으로는 절대 설명될 수 없는 부분이다.

정치적 의도 외에는 달리 설명할 길이 없다.

파고 들어가면 상황은 더 심각하다. 농촌진흥청 발표에서 빠진 것까지 포함하면 정부의 이러한 발표는 더 정치적 의도가 담긴 것으로 밖에 되지 않는다. 다름 아닌, 북은 식량문제를 해결하기 위해 생산 단위마다 자체적으로 텃밭을 가꾸고 주민들도 주택 주변이나 야산의 텃밭을 통해 남새(채소)나 밭작물을 기르며 스스로 식량을 보충한다. 집계되지 않는 먹거리 생산도 이렇게 의외로 많다는 것이다.

또, 백번 양보해 정부가 북의 식량난 근거로 들이대고 있는 쌀이나 옥수수 가격의 변동을 인정한다 하더라도 이는 1990년대 고난의 행군시기 때와 같이 국가의 중앙공급체계에서 식량 배급이 중단되어 아사자가 발생했던 김정일 시기와는 완전 다르다. 식량난이 발생하지 않았던 2020년 대비 12만 톤 더 많은 작황 현황을 보인 2023년의 김정은 시기는 오히려 중앙공급체계로 식량 배급을 정상화하는 과정에서 나타난 일시적 현상이라고 보는 것이 더 맞다.

근거도 충분하다. 북은 2021년도를 스스로 '건국 이래 알곡 생산에 있어 최고로 수확한 해'라고 했다. 그리고 그 해를 포함 이후 3년 동안 북은 1990년대와 같이 3년 연속 큰 홍수피해가 난 것도, 또 최고 수확을 했던 그해―2021년보다 오히려 더 농업생산량을 증대시켜 낼 획기적 조치들이 연이어 3년간 나타났는데 되려 2023년 들어 갑자기 식량문제와 아사자 속출이 연속적으로 발생했다, 과연 가능한 일인가?

묻고, 계속 합리적 추론을 한번 해 나가 보자. 2022년도 하반기 북은 우리 남측사회를 깜짝 놀라게 한 기사 하나를 내보낸다. 2022년 9월 27일 〈로동신문〉 1면 기사이다. 축구 경기장 8개의 면적에 달하는 6만여㎡에 트랙터 5,500대가 한 줄로 무려 50리에 가까운 길이로 도열 했고, 황해남도 농장으로 보내진다는 내용이었다.

▲〈로동신문〉에서 갈무리, 2022.09.27.

많은 의미가 담긴 기사이다. 트랙터를 만들어낼 공장이 정상적으로 돌아갔고, 그 트랙터를 움직일 기름이 확보되었고, 알곡 생산을 증가하기 위한 농촌의 현대화가 진행되고 있다는, 뭐 대충 생각해도 그 정도 의미는 유추할 수 있지 않겠는가. 이외에도 식량 생산증대와 관련해 매우 중요한 한 요인이 비료라고 한다면 이 비료도 매년 약 40만 톤 정도를 수입해왔는데, 이를 탈피하기 북은 최대의 비료 생산기지인 흥남비료연합기업소에서 비료가 안정적으로 생산되고 있음이 〈로동신문〉을 통해 알려졌다. "가스발생로 3호와 산소분리기 2호 등 능력확장된 비료생산공정을 만가동시키기 위한 작전과 지휘를 해나가고 있다."(2022.02.24) 그리고 이보다 더 앞선 2020년에는 순천인비료공장도 준공했다. 역시 관련된 보도 내용을 보면 "우리의 원료와 자원, 기술에 의거해 고농도 인안비료를 대량생산하는 순천인비료공장이 완공됨으로써 농업생산을 획기적으로 발전시키는데서 돌파구가 열리고 농업전선의 튼튼한 병기창,부강조국건설을 위한 또 하나의 만년재부가 마련됐다."(〈조선중앙통신〉, 2020.05.02) 이뿐만이 아니다. '당 창건' 77돌을 맞아 완공된 '연포온실농장' 준공식에 대해 〈로동신문〉은 "당중앙위원회 제8기 제4차전원회의 결정에 따라 세계 굴지의 대온실농장으로 건설된 연포온실농장은 함흥시와 함경남도 인민들의 남새 보장을 위해 동부전선의 공군기지를 대규모온실농장으로 전변시켰다"라고 소개하며 "280정보의 부지에 현대화, 집약화, 공업화된 850여 동의 수경과 토양온실들과 지방의 특색을 살린 1,000여 세대의 살림집과 학교, 문화회관, 종합봉사시설 등이 구획별로 이채롭게 조화됐다"라고 설명했다. 그러면서 신문은 김정은 국무위원장의 발언을 이렇게 소개하고 있다. "남새('채소'의 북쪽 단어) 품종을 더욱 늘이고 온실 면적을 효과적으로 이용하는 등 남새 생산과 경영 관리의 과학화 수준을 높여 실지 함경남도 인민들이 덕을 보는 농장으로 되게 해야 한다."(2022.10.11)

무엇이 보이고, 무슨 생각이 드는가? 정말 자신의 정권 운명이 좌우될 수도 있는 식량난 문제가 그토록 심각하게 발생할 수 있다고 생각했다면 어떻게 이러한 한가한(?) '남새(채소) 증대계획' 타령이나 하고 있었겠는가?

전혀 설명할 수도, 이해할 수도 없는 부분이다.

또 있다. 2023년 2월 말에 열린 조선로동당 중앙위원회 제8기 제7차 전원회의 확대회의를 소집하면서 내린 소집목적과 채택된 결정서를 보면 이는 더-2023년 북은 식량난이 발생하지 않았다는 것이 확실해진다.

"농업을 안정적이며 지속적인 장성 궤도에 올려 세우기 위하여서는 농업 과학기술의 우선적 발전을 추동하며 전반적인 관개 체계의 완비를 다그치는 것을 비롯하여 농업 부문의 물질기술적 토대를 더욱 강화"하기 위해 "새 시대 농촌혁명 강령 실현을 위한 지난해 투쟁 정형을 총화하고 당면한 농사 문제와 농업 발전의 전망 목표들을 토의하기 위하여" 그렇게 되어있는데, 실제 이 회의 - 제8기 제7차 전원회의 확대회의에서 채택된 최종 결정서인 '사회주의 농촌혁명 강령 실행을 위한 결정서'에는 "농촌혁명강령은 사회주의농촌테제 발표이후 변천하는 시대와 혁명의 요구에 부응하여 농촌의 개변을 위한 중요한 단계들과 점령해야 할 목표들을 명백히 밝히고 가까운 장래에 현실로 변모되는 농촌, 선진기술과 현대문명을 겸비한 부유하고 문화적인 사회주의농촌을 건설하려는 우리 당의 확고부동한 신념과 의지의 발현"이라고 결론 낸다.

───────── 보충설명 ─────────

왜 '개성시, 하루 수십 명 아사자 발생'이란 보도가 나왔나?

북은 2023년 2월 26일부터 3월 1일까지 조선로동당 중앙위원회 제8기 제7차 전원회의 확대회의를 평양에서 개최했다. 이날 알려진 바에 따르면 첫 번째 의안이 '새 시대 농촌혁명강령 실현의 첫해인 2022년도 사업정형을 전면적으로 분석총화'하는 것이라고 했다.

여기서 우리를 궁금하게 하는 것은 2022년도 채택된 농촌혁명강령이 도대체 무슨 내용인가, 하는 것이다. 김정은 총비서는 2021년 12월 28일 조선로동당 중앙위원회 제8기 제4차 전원회의에서 '우리식 사회주의농촌발전의 위대한 새 시대를 열어나가자'라는 제목의 보고에서 농촌혁명강령을 제시하였다. 그리고 그 성격 규정을 " '우리나라 사회주의농촌문제에 관한 테제'를 21세기의 혁명적 요구와 시대적 환경에 맞게 심화·발전시킨 것"이라 했다. 참고로 '우리나라 사회주의농촌문제에 관한 테제'는 김일성 주석이 1964년 2월 25일 조선로동당 중앙위원회 제4기 제8차 전원회의에서 발표한 역사적 문헌이고, 이번 테제는 그것을 계승했다고 봐야 한다. 이름하여 Ver.2이다.

핵심 내용은 다음과 같은데, 첫째, 사상혁명을 더욱 힘있게 다그쳐 농업노동자들의 머리속에 남아있는 낡은 사상을 없애고, 그들을 농촌혁명의 담당자, 주인으로 개조한다. 둘째, 기술혁명을 더욱 힘있게 다그쳐 농업노동자들을 지식형의 근로자로, 높은 과학기술의 소유자로 준비시킴으로써 21세기 농촌진흥을 가속화 한다. 셋째, 문화혁명을 더욱 힘있게 다그쳐 농업근로자들의 문화의식수준을 높이고 농촌에 혁명적이고 문명한 생활문화를 확립하며 농촌주민의 생활환경을 획기적으로 개변시킨다. 넷째, 과학기술을 농업발전의 주되는 동력으로 틀어쥐고 나라의 농업을 선진적인 농업으로 전환시켜 농업생산을 획기적으로 늘린다. 다섯째, 농촌경리의 수리화, 기계화, 전기화, 화학화를 높은 수준으로 끌어올린다. 여섯째, 농업생산에 대한 지도와 관리를 개선하고, 농업생산의 과학화, 정보화, 집약화를 실현한다. 일곱째, 농업부문에 대한 국가적 투자를 늘려 농촌경리의 물질기술적 토대를 더욱 강화한다.

이렇게 정리된 7가지 핵심 내용에 근거해 북은 제8기 제7차 전원회의 확대회의에서 김정은 총비서의 보고를 통해 "당의 농촌발전전략실행의 첫해 사업에서 이룩된 성과와 극복되여야 할 편향 및 교훈들을 다면적으로 해부학적으로 상세히 지적하였다"라고 한데서 이를 맥락적으로 보면 2021년 1월 개최된 제8차 당 대회에서 제시한 식량생산목표를 달성하기 위한 투쟁과 사업이 집중 요해 되었음을 알 수 있다.

그것은 다름 아닌, 김정은 총비서가 조선로동당 제8차 대회에서 "앞으로 2~3년간 해마다 국가의무수매계획을 2019년도 수준으로 정하고 전망적으로 수매량을 늘려 식량공급을 정상적으로 할 수 있게 하여야 한다"라고 언급했는데, 이는 2019년도 식량생산량을 기준으로 하여 국가가 농민들로부터 식량을 의무적으로 수매하여야 한다고 언급한 것으로 봐야 하고, 이것이 2023년 2월 열린 제8기 제7차 전원회의 확대회의에서 완전한 결론을 내왔다고 볼 수 있다.

그런데 왜 2019년이 기준인가? 참고로 북에서 말하고 있는 식량작물은 쌀, 강냉이, 감자, 고구마, 보리, 콩, 기타 잡곡 등의 총체를 말하고, 그 생산량 최고 기록이 2019년에 있었고, 북 농업성이 2021년에 제시한 식량작물 생산목표가 730만 톤이었던 것을 감안하면 2019년도 식량작물 생산량은 적어도 700만 톤 이상이었던 것으로 추정할 수 있다.

하여 알 수 있는 것은 북의 연간 식량 수요량이 600만 톤 정도이므로 600만 톤 이상 작황이 이뤄지면 식량작물은 해마다 남는다. 다른 말로 이 상황은 농민들이 분배받을 양곡이 더 많아지고 농가마다 잉여양곡이 생겼다는 것과도 같다. 그래서 지난 시기에는 농가의 잉여양곡이 농민시장에 흘러나와 쌀이나 강냉이를 사적으로 거래할 수 있었으나 2023년 2월에 개최된 제8기 제7차 전원회의 확대회의의 첫 번째 의안인 '새 시대 농촌혁명강령 실현의 첫해인 2022년도 사업정형을 전면적으로 분석총화'한 것에서 확인받듯 - 새 시대 농촌혁명강령을 채택했고, 그 첫해인 2022년도 사업정형을 전면적으로 분석총화했음으로 이제는 전면적인 사회주의 경리제도실시와 사회주의제도에 맞는 식량 분배원칙을 새롭게 재확립했음을 알 수 있다. 그리고 그것은 사적인 잉여양곡거래가 금지되었음을 알 수 있다. 즉, 전국 각지에 설치된 국가양곡판매소가 농민에게서 직접 잉여양곡을 수매하고, 국가양곡판매소는 다시 이를 도시주민에게 양곡을 공급하는 시스템이 확고히 구축되었다는 말과도 같다.

바로 이 과정에서 - 잉여양곡 거래가 사라진 이 상황이 우리 대한민국에서는 온갖 억측과 왜곡 - 개성시, 하루 수십 명 아사자 발생 보도 등 - 이 보도되기 시작한 시점과 정확히 일치하는바, 2023년 2월에 발생한 북의 식량난은 그해 북의 ICBM - 17형 발사 등에 화들짝 놀란 미국과 윤석열 정권의 '의도된' 왜곡 다름 아니게 된다. 합리적 추론은 적어도 그렇다.

해서 정말 지금 당장 먹고사는 식량난 문제가 심각했다면, 이를 해결하기 위한 회의 소집이어야 했고, 결론도 이 문제 - 당장 급한 식량난 해결 문제해결 방도여야 했다. 그런데 그 어디에도 그런 시급하고 해결해야 할 과제는 눈에 띄지 않는다.

오히려 소집목적에는 "농업을 안정적이며 지속적인 장성 궤도에 올려세우기 위하여서는 농업과학기술의 우선적 발전을 추동하며"와 채택된 결정서에는 "가까운 장래에 현실로 변모되는 농촌, 선진기술과 현대문명을 겸비한 부유하고 문화적인 사회주의농촌을 건설하려는 우리 당의 확고부동한 신념과 의지의 발현"만 보인다.

그러니 이 역시, 긴급하고도 절박한 식량난 문제를 해결하기 위한 제8기 제7차 전원회의 확대회의가 아니었음을 알 수 있다. 대신, 제8차 당대회와 2023년 신년사를 대체했던 조선로동당 중앙위원회 제8기 6차 전원회의 결정 사항인 '지방건설, 농촌건설을 힘있게 밀고 나가 나라의 모든 지역을 고르롭게, 특색있게 발전시키는 것'을 좀 더 구체적으로 논의해 '농촌문제에 있어서도 도시와 같은 삶의 질과 수준, 즉 커다란 전환을 가져와 '국가부흥발전과 인민복리증진에서 결정적 국면을 열겠다'라는 목표 실현 방도에 대한 논의가 더 깊게 있었다고 보는 것이 맞다.

근거도 충분하다. 북도 1990년대 '고난의 행군' 시기와 같은 그런 최악의 상황에만 계속 머물러 있지 않으려고 한다면, 그러한 국가적 노력은 고난의 행군 시기 이후부터는 농업 과학기술의 발달과 종자 혁명 및 수산·축산가공물의 다양성 추구, 여기에다 제도와 법 정비를 통해 농업현대화를 정말 꾸준하게 지속시켜왔다. 아래 표가 이를 증거 한다.

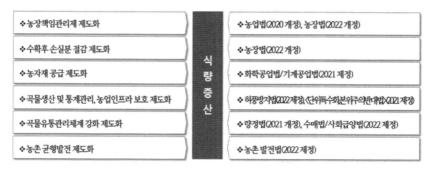

▲ 김일한, "북한 식량 현황과 농업 과학기술", 겨레하나평화포럼, 2023.4.6.

결과로 다양한 대체식량 공급과 식량 배급 문제가 안정적으로 해결되면서 서방 기준으로는 약간의 '쌀' 식량이 좀 부족할지 모르겠지만 북 인민들이 굶어 죽지도, 아니 종합시장(농민시장)에 내다 팔 여유까지 생긴 국가로 전변되었다. 해서, 정말 북 식량문제가 있다고 보려면 조금 '긴장된다'라고 말할 수는 있겠으나, 아사자가 속출할 수 있는 그런 상황이 아님은 분명 아니다.

더 나아가 설령 북에서 식량난이 발생한다하더라도 그것과 북 붕괴가

가능하다? 그런 가설은 성립하지 않는다. 왜냐하면 첫째, 역사적 경험에서 가난 그 자체 때문에 한 국가체제가 붕괴한 적은 없다. 둘째, 백번 양보해 앞 '첫째' 이유가 북 멸망의 근거가 될 수 있다 하더라도 그렇다면 북보다 더 가난한 아프리카 국가 등은 매우 자주, 혹은 매우 빈번하게 이미 국가체제가 붕괴했어야 했다. 그런데 그 어디에도 그런 ─ 식량이 부족해 국가가 멸망했다는 소리는 들려오지 않는다.

결과, 이 둘에서 함의해주는 바는 매우 깊다.

3) 부자 논쟁 ③ ─ 국가정체성과 체제 내구성 측면에서도 대한민국은 과연 북보다 나을까?

알다시피 북은 국가보다 당 우위가 보장되는 사회주의 국가체제 질서이다. 그러면서도 이 지구상 그 어떤 국가도 시도해보지 못한 수령의 절대성이 보장되는 수령중심 사회주의 체제이기도 하다. 이렇듯 북은 보편성으로서의 사회주의 체제와 특수성으로서의 수령중심 체제를 잘 조화시킨 이 지구상 '유일' 사회주의 국가이다.

그리고 오늘날의 그런 북은 당연히 그냥 그렇게 되지는 않았다. 북은 자신들만의 그러한 사회주의 체제를 성립시키기 위해 자신들의 역사적 경험이라 할 수 있는 항일무장투쟁과 사회주의 국가들이 갖는 한계, 특히 후계승계 과정에서 발생한 전임자 비판과 쿠데타 등을 면밀히 반면교사하고, 더 나아가서는 현실사회주의 국가들 ─ 소련과 동구 사회주의 국가들의 체제전환과 몰락을 지켜보면서 자신들만의 유일사상체계를 성립시켜 내었던 것이다.

중심에 먼저, 북 자신들의 역사적 경험을 혁명전통 이론으로 정립했다. 1930년대 항일무장투쟁 과정에서 형성된 역사적 경험의 총체로 항일유격대가 자신들의 최고사령관을 중심으로 일심단결한 그 경험과 '물고기가 물을 떠나 살 수 없듯'이 '인민유격대 또한 인민을 떠나서는 살 수 없다'라는 경험이 지금의 수령유일체계 확립과 조선로동당의 불변不變 철칙이 되었다.

두 번째로, 북은 자신들 스스로 목격한 현실사회주의 체제전환과 동구 사회주의 국가들의 몰락을 보면서, 여기서 얻은 경험과 교훈을 철저히 반면교사 했다. 즉, 소련과 중국 등 사회주의 체제에 성공한 국가들이 '다음' 수령을 승계시켜 나가는 과정에서 발생한 전임자 비판 및 후계승계의 좌절 등을 목격하면서 북은 절대 선대 수령(최고영도자)의 사상과 노선을 0.0001%의 이탈도 없이 철저하게 그대로 '순응승계'하는 방식으로 유일사상체계 및 후계체제구축을 확실하게 성립시켰다. 즉, 자신들 수령(최고영도자)을 중심으로 일심단결하지 않으면 안 되는 사회주의 체제 교리를 확실하게 확립시켰다는 말이다.

반면, 대한민국은 어떤가? 위 '1) 대한민국, 정말 북보다 우월한가?'에서 잠시 살펴봤지만, 민주주의 국가로서 나타나는 지표는 정말 형편없다, 자살률, 실업률, 교통사고율, 일등주의에 따른 입시지옥, 자식이 부모를 살해하는 풍경 등 이 모든 것들이 일상화된 그런 대한민국이다. 거기다가 여·야의 정쟁에 덩달아 국민도 이념적 피포위 강박관념에 양분되고, 사회적 관용성과 포용성도 점점 나빠져 예전부터 1:99 사회의 위험에 항시적으로 노출돼있다.

더 큰 문제는, 현대 정당정치에서 국민적 지지 여부로 해결되어야 할 정당 존재 이유가 법적(국가보안법) 잣대가 개입돼 진보정당이 해산된 것, 또 정치적으로는 헌정사상 처음으로 임기 중 대통령이 파면될 만큼 어떤 의미에서는 대의제 민주주의 체제가 그만큼 많은 문제점과 허약했다는 것이 증명된 자유민주주의 체제이다.

지금의 현실도 다르지는 않다. 정상적으로 작동되는 정치는 없다. 보수 · 수구의 이명박 · 박근혜 정권 10년은 말할 것도 없고, 지금의 윤석열 정권도 국민보다는 미국을 더 바라본다. 그럼, 개혁과 진보를 자칭하는 민주당은 온전한가? 전혀 아니다. 개혁과 진보를 대변하지도, '이게 나라인가?'라는 국민의 질문에 전혀 답하지 못한다.

이 외에도 비정상은 수없이 많다. 나라말 국어도 있고, 그 장려정책으로 '꼭 필요한 외래어가 아니면 모두 우리말로 표현해야 된다'는 법률이 있음에도, 그 법률은 이미 사문화돼 외래어가 천지에 범람하는 대한민국이 되었다. (북은 완전 반대이다. 국어정책을 확실하게 해내 우리 민족의 언어 순수성을 잘 지켜나가고 있다)

다음의 예는 그 명백한 상징이다. 시부모님이 찾아오지 못하게 아파트 이름도 외래어로 어렵게 짓는다는 그런 국가가 대한민국이다. 과연 이것이 정상적인 사회라 할 수 있는가? 정말 '웃고픈' 대한민국이다.

또한, 발생한 국가적 아픔과 이를 해결해 나가는 방식과 태도, 역시 확실하게 다른 남과 북이다. 1990년대 중반 남과 북은 둘 다 똑같이, 물론 그 성격과 내용은 다르지만 같은 어려움을 겪었다. 하지만, 체제와 이념 문제를 걷어내고 국가의 존재 이유와 책무란 관점에서 봤을 때 그것을 극복해나가는 원칙, 방도, 결과 등 모두는 달랐다.

IMF 때 대한민국은 모라토리엄(국가부도)으로 나타났고, 이를 극복하는 과정에서는 그나마 겨우 살짝 걸음마를 띠기 시작했던 국민복지, 노동복지, 인권과 경제권마저도 상당히 후퇴시키는, 즉 미국의 일방적 신자유주의 정책을 도입했다면, 북은 그러한 상황 — 고난의 행군 시기에서도 자신들 시행해왔던 그 숱한 사회주의 시책들에 대해 고난과 재정적 어려움이 있다는 그 이유만으로 — 물론 보장의 질적인 측면에서는 우여곡절이 있기는 했지만, 그렇다하더라도 전반적 무상 11년 의무교육제도(지금은 12년)와 무상 의료치료제도, 무無 세금제도, 무상주택 분배제도 등은 그대로 유지시켜 자신들 인민에 대한 국가의 무한책임을 다한 그런 국가였다.

묻는다. 누가 더 국가적 의무를 다했다고 보는가?

(체제가 어쨌든 간에) 국가를 부도내고, 하루아침에 평범한 수많은 노동자, 민중들의 삶을 파탄으로 몰고 간 그런 대한민국, 이후—극복 이후에는 권력과 돈으로 갑질gapjil이 일상화되고, 사회는 1 : 99로 양분되고, 위임된 권력은 '직업 정치꾼'들에 의해 사유화되어 가고 있고, 다수의 전직 대통령들은 줄줄이 감옥 가고, 그런 대한민국이 더 정상적인가? 아니면, 비록 백번 양보해 인민들을 '배고픈 소크라테스'로 만들었다고는 할 수 있으나, 그 어려운 국가 살림에도 불구하고 끝까지 자신들의 전략과 노선을 지켜나가려고 했던, 나아가 한 국가의 생명과도 같은 자주의 문제를 끝까지 포기하지 않으면서 당당한 국가의 모습을 보여주려 했던, 더 나아가 이 지구상 유일하게 3대 무상복지가 보장되는 그런 국가를 만들어낸 북이 더 정상적인가?

쉽지 않은 판단일 수도 있다. 하지만, 분명한 것은 모든 행복을 돈으로 살 수 없듯 자주 또한 구걸로 살 수 없다는 사실도 명백하다.

해서, 북을 무조건적으로 찬양할 이유도 없겠지만, 무조건적으로 비난할 이유도 없다. 또한, '잘 먹고 잘산다는' 의미가 진정 무엇인지, 연동하여 북은 정말 과연 '가난한가, 아닌가?' 묻고, 한번 곰곰이 생각해봐야 하는 것은 분명 맞다.

4. 지속과 붕괴:
실체 없는 북 붕괴설, 왜 계속 득세해야만 하나?

한 국가에 대한 붕괴론이 70여 년 이상 지속되는데도 붕괴하지 않고, 그 국가가 건재하다면 이는 붕괴론에 해당하는 국가가 이상한 것이 아니라 70여 년 동안 그런 주장을 한 붕괴론이 이상한 것이다. 그리고 그런 붕괴론에 근거해 한 국가를 계속 붕괴하도록 몰아붙인 그런 국가가 오히려 더 이상해야 한다.

그런데 현실은 70여 년 동안 그렇게 북 붕괴를 주야장천晝夜長川하고 있는 미국도, 그에 빌붙어 앵무새처럼 북 붕괴를 주장하는 남쪽의 친미·종미정권도 이를 철회할 생각이 전혀 없다. 결과, 북 붕괴론은 그렇게 정확한 실체도 없이 유령 되어 배회를 계속한다. 그것도 무려 70여 년이나, 아니 그 이상을.

도대체 왜 그럴까? 제아무리 생각해봐도 이유는 없다. 오직 있다면 루쉰의 〈아Q정전〉과 같이 "바라는 것이 무엇인지 그 자신도 몰랐다"이다. 북 붕괴를 바라는 국가가 아Q와 같은 정신 승리법에 감염되어 그냥 북이 망할 것이라는 심리적 환상만 남았다. 그런데 그사이 북은 사회주의 문명국가와 전략국가의 반열에 올라서고 있다.

계속 아Q 얘기를 좀 더 해 보자. 1980년대 말 소련과 동구 사회주의 체제의 전환시기, 1990년대 북의 제2차 고난의 행군시기, 그 두 시기 철석같이 믿었던 북 붕괴론은 지금까지도 여전히 미련으로 남아있는 현재형 '과거' 인식, 여기에다 플러스(+) 대한민국의 자유민주주의 체제가 북의 사회주의 체제보다 우월하다는 '우월' 인식, 그렇게 두 인식이 또 상승적으로 맞물려 현실은 전혀 그렇지 않은데도, 맹신한 그 현실은 그냥 북 붕괴론으로 둔갑하여 오로지 북 붕괴론만 철석같이 신봉하는 미국과 그에 빌붙은 친미·종미정권의 대한민국만이 북을 멸망시켜 북에 승리할 수 있다는 현대판 아Q의 정신 승리법이 작동한다.

그야말로 "아Q"한 상황이다. 그러다 보니 다음과 같은 어처구니없는 상황인식이 비일비재하다. 이명박 정권 때인 2010년 2월에는 천영우 외교부 2차관이 캐슬린 스티븐스 주한 미 대사에게 "북한은 이미 경제적으로 붕괴하고 있고, 김정일 위원장이 사망하면 2, 3년 내 정치적으로 붕괴할 것"이라고 주장한 걸로 나타나 있다. 또, 2011년 11월 위키리크스 Wikileaks가 폭로한 비밀 외교 전문에 따르면, 2009년 7월 현인택 통일부장관은 당시 커트 캠벨(Kurt Campbell) 미 국무부 동아태 차관보에게 "북한은 오래 가지 못할 것이다. 한미 양국은 (북한 붕괴를) 기다리며 압박을 가해야 한다"라고 말한 것으로 기록되어 있다. 뿐만아니라 같은 해 커트 캠벨은 자국을 방문한 일본 의원단에도 "북은 6~7개월 버틸까 말까 하는 상황"이라고 장담했다.

박근혜 정권하에서는 북 붕괴론에 대한 신앙심(?)은 더 깊어진다. 그 단적인 예가 2013년 12월 21일 국가정보원 송년 모임에서 당시 남재준 국정원장이 "2015년에는 자유 대한민국 체제로 조국이 통일돼 있을 것"이라는 발언이 그것이다. 발언 뒤 공교롭게도 2014년 새해 기자회견에서 박 대통령은 통일 대박론을 처음 들고나왔고, 곧바로 통일준비위원회를 출범시켰다. 과연 우연의 일치였을까?

절대 아니다. 북 붕괴를 절대적으로 바라는 미국과 숭미·종미로 표현되는 분단적폐세력 자신들의 영구지배와 통치를 강화하려는 목적을 버리지 않는 한 이 망상은 항상 독버섯처럼 기생한다. 아니, 더 정확하게는 한국판 아Q가 곳곳에서 이렇게 생성되어 암약한다, 하겠다. 패턴도 아주 단순하다.

첫째, 최고영도자 사망 → 권력투쟁 → 급변사태 → 체제붕괴 → 흡수통일
둘째, 식량난 → 폭동 → 급변사태 → 체제붕괴 → 흡수통합

둘은 그렇게 번갈아 가면서 그들의 필요에 따라 항상 활용된다. 1980년대 말-1990년대 초에 발생했던 현실사회주의권 붕괴, 1994년 김일성 주석의 사망, 1990년대 중·후반의 식량난, 그리고 박근혜 정권 때 등장하였던 통일대박론, 2021년에는 빅터 차의 북 붕괴론, 2023년에는 급기야 개성시 식량난과 폭등에 의한 북 체제 멸망론까지 모두 다 위 패턴에서 한 치 오차 없다.

퍼 나르기 나팔수들도 비일비재하다. 1차 진원지는 체제이탈자(탈북자) 집단이다. 자신들의 체제이탈에 대한 합리화가 꼭 필요한 그들, 즉 남쪽 체제에 잘 적응해야 함은 물론, 자칫하다 간첩(위장 탈출)으로 몰릴 수 있는 그들이기에 이를 활용하려는 국정원의 요구를 마냥 외면할 수만 없는 그들이다. 결과, 북에 대해서는 무조건적 비난에 동참할 수밖에 없다. 다음, 2차 진원지는 분단체제 지속에 정치적 이해관계를 가진 정치집단 그들이다. 미국의 딥스테이트 세력과 국내 보수·수구세력의 정치적 집합체가 그들이다. 국내적으로는 국민의 힘과 그들의 정치적 기반인 한국자유총연맹 등 각급 국민운동단체들이다. 물론, 미국의 딥스테이트 세력에 의해 포섭된 민주당 일부 세력도 이 분단체제 지속에 정치적 이해관계를 상당히 갖는다. 마지막, 3차 진원지는 조·중·동으로 대변되는 보수수구 언론 및 그들에 기생해 있는 자유·보수수구계열의 전문가(학자, 지식인 등) 집단들이다. 더해서 '국방의 의무'보다 더 직업화한 군인 집단도 예외이지 않다.

사례

군인들이 군사적 판단을 하는 대신, 정치적 판단 놀음을 즐겨..

1996년 당시 주한미사령관인 게리 럭(Garry Ruck)이 미 하원 안전보장위원회 세출위원회에 출석하여 북의 붕괴에 대해 "붕괴할 것인가, 아닌가의 문제가 아니라 언제인가라는 시기의 문제이다"라는 진술을 했다. 또, 한미 당국이 수립한 '작전계획 5029'의 일부 내용에 대해서는 "1. 식량난으로 굶주린 주민들의 불만이 증폭되고, 다수가 국경을 넘는다. 2. 민심을 의식한 지도층 다수가 불만을 표출하며 북한을 탈출한다. 3. 급기야 민중봉기가 일어나고 군부가 호응해 정변을 일으킨다. 4. 김정은을 제거하고 정권을 교체 내지 전복시킨다"라며 김정은 체제에 대한 몰락 및 전복을 기정사실화하고 있다.

그래서 나타나는 현상이 정말 기이하다. 어떻게? 일반적으로는 거짓말이 그렇게 지속되면 양치기 소년에서 함의되는 바와 같이 더이상 그런 주장이 용납되지 않거나, 설 땅이 없어져야 하는 것이 매우 정상적이다. 그런데도 어찌 된 판인지 북 붕괴와 관련해서는 "어떤 보이지 않는" 그 무엇(세력)의 필요에 따라 없어지지도 않고, 계속 부활하고 진화만 거듭한다. 틈만 나면 부활의 기회를 포착하고, 시도 때도 없이 북 체제 멸망이라는 희망적 사고는 전년 대비 경제지표가 조금만 나빠져도, 김정은 총비서의 '자그마한' 부정적 언사나 현실진단 등에도, 혹은 겨우 대외공관 공사 정도의 인사가 망명해도 북 붕괴 지수는 곧장 비약되어 멸망론으로 둔갑한다.

흔한 시쳇말로 '기·승·전−북 멸망'이고, 마치 이 확증 편향은 그들에게 신화적 불로 알려진 '야나르타쉬의 불꽃'과 같을 수 있다. 아니, 확실할 것이다. 왜냐하면 제아무리 양치기 소년 짓을 해도 북 붕괴론은 무너지지 않으니, 이 어찌 '키메라의 불꽃'과 같이 그들의 구세주라 하지 않겠는가? 역설paradox도 이런 역설이 없다.

두 가지 측면에서 이 역설은 증명된다. 첫째는, 이승만 세력들의 단독정부斷政 수립이 필연적 체제경쟁을 유발했고, 그런 '신화'를 계속 유지해 나갈 수 있는 근본 토양을 제공한다. 즉, 남과 북으로 대치되어있는 상황에서는 이념대결과 체제 존속, 이를 위한 대결에서 살아남기 위해서는 대한민국에 정부 수립 정통성이 있음을 확고히 해야만 했다. 그러려면 북은 무조건 깔아뭉개져야만 하는 적대적 대상일 뿐이다. 그러니 국가보안법과 같은 악법은 물론이고, 여러 제도와 기구를 총동원한다. 그런데 문제는 그런 체제경쟁의 이면에 대한민국 체제의 정통성 불안이 아킬레스건으로 존재한다는 사실이다. 그래서 달리 표현하면 자기들이 세운 대한민국 체제가 자기들이 생각한 만큼 그렇게 강하지 않다는 것이고, 자신감도 없다는 것이다.

이유도 분명 있다. 태생적으로 봐도 남南은 북北보다 정부 수립 과정에서 국가 정통성이 취약했다. 미군정과 야합하여 국가를 건국한 이승만 정치세력의 원죄 때문이다. 더 정확하게는 미국에 의해 육성된 '친미 자산' 이승만에 의해 대한민국은 매국적이고 배족적인 한국 보수가 될 수밖에 없었고, 일본의 식민 지배 때 일제의 가렴주구苛斂誅求가 된 친일 부역자들, 그중에서도 친일 경찰들을 핵심 통치 수단으로 삼아 정권을 탄생시켰다. 결과, 친일 청산을 위해 태동했던 반민족행위특별조사위원회(약어, 반민특위)는 해산되고, 그 정점에 여운형 암살과 이승만의 단정론에 반대하며 민족통일국가를 수립하려 했던 김구 암살이 있다. 이후 벌어진 한반도에서의 전쟁도 그 연장선상이다. 미국은 미국대로, 이승만은 이승만대로 자신들의 정치적 생존과 친미·예속정권을 유지하기 위한 고육지책苦肉之策으로 전쟁은 기획되고 발발 되었다. 민족자주 세력에 대한 소탕을 남쪽만이 아닌 전국적 범위, 즉 북까지 확장하여 조선반도(한반도) 전체를 영구적 친미·예속정권을 유지하려는 미국과 국내 사대·매국세력의 이해관계가 딱 맞아떨어진 합작품이다. 물론 이 의도는 미국 뜻대로 완전 100% 목표를 이뤄내지는 못했다. 하지만, 한반도에서의 전쟁을 통해 미국은 적어도 남쪽에서는 민족자주 세력을 말살시켜 대한민국을 그들의 완전한 예속체계와 대북 적대체제를 골간으로 하는 대한반도 지배전략을 완성해낸 성과를 가진다. 그 중심에 분단체제가 있고, 그 분단체제는 미국이 제아무리 대한민국 자주권과 국민주권을 유린한다하더라도 항의 한번 못하게 만들어놓았다. 그 예가 문재인 정권 때 발생한 트럼프의 "그들은 우리의 승인없이는 아무것도 하지 못한다(They do nothing without our approval)"이고, 윤석열 정부 때인 2023년 4월 '대통령실' 자체가 미국의 불법 도청에 쑥대밭 되었는데도 항의 한번 못하는 대한민국이 되어버렸다. 정치, 경제, 군사, 문화 등 전 영역에 걸쳐 완벽하게 그들이 지배할 수 있는 구조와 체계를 그렇게 구축한 것이다.

이에 반해 북은 친일청산 및 외세로부터 자주를 챙기는 문제 등에 있어서는 거의 완벽에 가깝게 처리해내었다. 그러니 권력을 잡은 남쪽의 친미·종미세력들은 늘 불안하다. 겉으로는 세계 10위권의 경제 대국 이야기를 입버릇처럼 자랑하지만, 실상은 북北에 비해 국가 정통성이 한참이나 뒤떨어지니 이를 감춰내기 위해 악착같이 기를 쓰고 자유민주주의 체제를 옹호해야만 한다.

둘째는, 1980년대 말부터 1990년 초까지 봇물 터지듯 진행된 소련 및 동구 사회주의권의 몰락이 또 다른 의미에서 북은 멸망할 수밖에 없다는 확증 편향인식을 강제하는 하나의 직접 요인으로 작용한 듯도 보인다. 그것은 사회주의 종주국 소련도 망했고, 당시 기준으로는 북보다 훨씬 잘 살았던 동구 사회주의권도 무너졌는데, 그렇게 못 살고 문제가 많은 북이 버텨낼 수 있다? 그들은 그런 생각을 상상도 할 수 없었다. 아래와 같은 그들 인식이 그 예다.

"오늘날 제아무리 북한이 부인하더라도 전 세계 사람들은 공산주의 진영 대부분이 붕괴된 것처럼 결국에는 북한도 무너지고 말 것이라고 믿고 있다."(척 다운스, 송승종 옮김, 〈북한의 협상전략〉, 366쪽)

또 있다. 당시 후쿠야마Francis Hukuyama 인식도 큰 몫 했다. 〈역사의 종말〉에서 그는 "자유민주주의체제로 역사는 이미 끝났다"라고 말해 (자본주의)체제 우월적 사고를 전 세계에 퍼뜨렸다. 그런데 문제는 이후이다. 다름 아닌, 그는 트럼프의 정치행태를 보면서 자신의 위 역사 인식이 틀렸음을 뒤늦게 인정하고서는 "민주국가도 퇴행한다"라는 입장으로 선회(현지 시각, 2017.02.09), 사회주의 체제만 몰락(혹은, 멸망)하는 것이 아니라 자본주의 체제도 충분히 몰락할 수 있다는 것을 경고했으나, 그의 이런 뒤늦은 후회에 귀 기울이는 자는 아무도 없었다. 여전히 몰락한 사회주의 체제만 보고, 세계화와 미국식 신자유주의 이념으로 인해 엉망진창이 되어버린 자본주의 체제의 위기와 몰락징후는 전혀 보려 하지 않는다.

그런데 더 큰 심각한 문제는 위에서 잠시 언급한, 즉 아Q와 같은 그러한 인식에다 좀 더 더해진 더 큰 심각한 문제는 북 붕괴론 실체가 뭔지를 아무도 모른다는 것이다. 다른 말로는 북 붕괴론을 말하는 이들조차도 북 붕괴론이 북 체제가 붕괴한다는 것인지, 아니면 북이라는 국가 자체가 없어진다는 것인지, 아니면 김정은 체제가 무너진다는 것인지, 이런 것들에 대한 구분도 없이 그냥 북 붕괴만 얘기하고 있다는 것이다. 즉, 그렇게 자신들도 모른 채 그냥 자신들의 정치적 목적에 따라 내뱉은 정치적 술수이다 보니 다음과 같은 웃지 못할 가설이 성립하는 희한한 상황만 발생한다.

정말 그들이 북 붕괴론과 관련해 현실 가능한 상황으로 믿는다면 그들은 아주 철저하고도 정교하게 북 붕괴 의미를 정확하게 정립해 효과적으로 대국민, 혹은 전 세계 인민들에게 맞춤형 설득과 홍보에 나섰을 것이다. 그러나 그들은 절대 그렇게 하지 못한다. 이유는 북 붕괴론 실체에 대해 자신들도 모르니 그럴 수밖에 없고, 이는 마치 마르크스가 1848년에 발표한 공산당 선언에서 "하나의 유령이 유럽을 배회하고 있다"라고 하면서 전 인류에 엄청난 충격파를 던져주었듯 오직 있다면 북의 급변사태만 바라며 '감나무 밑의 나그네' 신세와도 같거나, 아니면 현대판 혹세무민惑世誣民에 속기만을 바라는 연목구어緣木求魚와도 같은 어리석음이다.

<hr>
보충설명
<hr>

'하나의 유령 배회'와 관련된 함의

　이 책에서 "하나의 유령이 유럽을 배회하고 있다"가 인용 소개되는데, 이는 북 체제 붕괴가 형체도 없는 '유령'과 같다는 의미에서 비유하여 표현한 것이지, 이것이 당시 유럽의 (혁명 전야) 상황을 무시하고 폄훼하고자 의도는 전혀 없었음을 미리 밝혀둔다.

　당시 영국은 산업화 진행으로 인해 자본과 노동의 대립이 심히 격화되는 시점이었다. 그래서 계급투쟁의 관점에서 보자면 사회변혁의 최고조에 달한 시기였다. 반면, 지금의 북은 미국의 세기적 제제와 압박에도 불구하고 사회주의 강성국가로 진입하려 하고 있다. 완전 다른 두 상황이다.

　해서 위 비유는 '유령'이라는 비유를 통해 북에 대한 혹세무민의 의도가 어디에 있는지를 매우 분명하게 드러내고자 했다. 그 이상·이하도 아니다.

그래서 북 붕괴는 실체도, 현실화도 결코 될 수 없다. 백번 양보하여 만약 북 붕괴의 실체가 있다면 그건 아마 다음과 같은 3종류의 형태가 있을 수 있을 것이다. 첫째는, 조선민주주의인민공화국이라는 국가 자체가 소멸(몰락)하는 것이고, 둘째는, 과거 동구 사회주의에서와같이 사회주의 체제에서 자본주의 체제로 전환된다는 의미에서의 체제전환을 뜻하는 것이고, 셋째는, 그것도 아니라면 지금의 지배 체제(좁히면 김정은 체제)가 쿠데타나 시민봉기 등에 의해 붕괴하여 권력층의 교체가 일어난다는 의미에서의 지배 체제 변동이라 할 수 있다.

그래놓고, 결코 일어날 수는 없지만, 그래도 혹시 백번 양보 된 그 세 가지 유형은 현실에서 어쩌면 가능하지도 않을까, 하는 그들의 기대마저도 산산散散이 깨트려놓기 위해 다음과 같이 각각 반박한다.

먼저, 북이라는 국가 자체가 소멸할 수 있느냐의 문제인데, 소멸 자체는 충분히 이론적으로 가능하다. 두 가지 매우 명백한 근거가 있어 그렇다. 하나는, 천재지변(지진 등) 등에 의한 자연적 소멸 경우가 그것이다. 또 다른 하나는, 이夷민족의 침략을 받아 국가 자체가 병합되는 경우이다. 그런데 전자의 경우는 그들이 말하고 있는 북 멸망론하고는 거리가 멀다. 왜냐하면 그것은 자신들의 정치적 목적을 달성할 수 있는 북 멸망론이 아니기 때문이다. 그렇다면 후자인데, 후자는 과연 성립 가능한가? 실현 가능성이 아예 없다. 0%의 확률이다. 왜? 이미 북은 국방에서의 '자주' 기치로 국가 핵무력 완성을 선언한 명실상부한 핵보유 전략국가이다. 그것도 ICBM을 보유한 세계 5위 안에 드는 핵강국이다. 이 지구상 그런 국가를 상대로 어떤 국가가 감히 공멸을 자초할 핵전쟁을 일으킬 수 있으며, 또 전쟁에서 승리할 수 있단 말인가? 절대 불가능하다.

다음, 한 국가 내에서 발생하는 쿠데타나 민중봉기 등 국가적 변란에 의해 그 변란 세력들이 다른 국가에 자신들의 국가를 헌납하는 방식이다. 역시, 불가능한 상상력이고 가설이다. 왜냐하면 북은 이 지구상에서 유일하게 사회주의 국가이자 수령 중심의 유일사상체계를 확립했고, 결과는 자연스럽게 반국가단체나 체제전복 세력 및 정치세력화를 허용하지 않는다. 그러니 그와 연동된 시민봉기나 시위가 아예 불가능, 실제로도 북에서는 이제껏 단 한 번의 반체제 시위나 데모가 없다.

또 하나의 가설은 민중봉기 및 지배 세력 내의 권력투쟁, 이로부터 파생되는 세력 교체도 불가능하다. 왜냐하면 이 측면 – 민중봉기 및 지배 세력 내 권력투쟁이 발생하려면 적어도 몇 가지 측면에서는 다음과 같은 사실이 확인될 수 있는 징후가 나타나야 한다. 첫째, 체제전복을 꿈꾸는 세력이 북의 지도이념인 주체사상을 부정하고 있는지. 둘째, 그 주체사상에서 출발한 유일사상체계에 어떤 균열이 발생하고 있었는지, 다른 말로는 과연 파벌이 생겨나고 있는지. 셋째, 유일역사 정통성, 즉 혁명전통으로 확립된 김일성 중심의 항일무장투쟁이 어떻게 부정되고 있었는지. 넷째, 비적대적 관계인 당과 인민의 관계에서 그 어떤 새로운 세력이 인민들로부터 믿음과 신뢰를 형성하고 있는지. 다섯째, 수령과 당의 군대로 된 군대가 수령과 당에 대한 믿음과 신뢰를 철회하여 실제로 군벌을 형성했다는 등 그러한 정황증거가 충분히 감지되어야만 한다. 그런데 이제까지 그 어디에서도 그러한 확인과 징후는 없다. 없다면 북 체제의 특성상 앞으로도 계속 그러할 것이라는 것이 보다 더 합리적 추론에 맞다.

끝으로, 동구 사회주의권과 같은 체제전환이 가능한가, 인데 이 또한 절대 일어날 수 없다는 점이다. 이유는 만약 그러한 상황이 일어나고자 했다면 그 상황은 이미 1980년대 말과 1990년대 초 소련과 동구 사회주의권 전체가 체제전환의 길을 걸어가고자 했을 때 북도 그때 일어났어야만 했다. 이치理致에도 그것이 맞다. 그렇지만 그때 북은 소련과 동구 사회주의권과는 전혀 다른 길을 걸어갔다. 오히려 수령을 중심으로 더 일심단결한 사회로, 그런 방향하에서 사회주의 체제를 더 강화해내었다. 분명 사회주의 체제 위기의 극복 항로를 그렇게 잡은 것이다.

백번 양보해 그 이후, 또 다른 하나의 체제전환 가능성을 굳이 찾자면 2011년 아랍권의 오렌지 혁명이라 불렸던 "중동의 봄", 즉 민주화의 물결이 불러왔을 때이다. 하지만, 그때도 북은 많은 사람(혹은, 많은 국가)이 기대했던 것과는 달리 북은 한 치의 동요도 보이지 않았다. 오히려 북은 소련과 동구 사회주의권의 체제전환에서 얻은 반면교사의 경험을 더 확실히 살려 앞서와 같이 더더욱 수령 - 당 - 인민대중이 일심 단결하는 방향으로 국가체계를 재정비해냈다.

─────── 보충설명 ───────

일부 진보적 시각의 북 붕괴론에 대한 반론

북 체제 변동과 관련해 우리가 매우 유념해야 할 부분은 그들 - 수구·보수 세력들의 허구적 인식은 그렇다손 치더라도 진보적 자유주의에서 보이는 "북처럼 폐쇄적인 독재국가에서는 대규모 시위가 일어날 수 없다. 정보가 통제되고 자유가 제한되어 불만 표출이 어렵고, 설령 데모가 발생하더라도 그에 대한 탄압과 처벌이 너무 가혹할 것이기 때문이다"와 같은 시각도 절대 간과해서는 안 된다는 점이다.

왜냐하면 언뜻 보면 이들의 시각이 마치 일리 있는 것처럼 보이기도 하지만, 결국 이 시각 또한 북 멸망론 못지않게 심각한 문제가 있어 그렇다. 내용인즉슨 이들의 논리를 따라가다 보면 '북 지배 체제의 변동이 불가능하다'라는 이유가 마치 북이라는 국가가 매우 '폐쇄적인 독재국가'이기 때문이라는 근거를 들어서 설명해내고 있는데 이는 옳지도 않고, 이 논리를 수용하면 다음과 같은 오류가 있어 더더욱 잘못된 진단이다.

양보해 북이 정말 폐쇄적 독재국가라고 한다면 그 칼날로 인해 지금 당장은 인민의 저항을 다소 늦출 수는 있겠지만, 진보적 시각에서 우리가 늘 보아왔고 주장해왔듯 언젠가는 민중들의 승리가 확정적이라는 사실이다. 아랍의 봄이나 우리(대한민국)의 경험처럼 독재체제는 반드시 민중의 저항을 받게 되어 붕괴한다는 점이다. 그렇다면 이 인식 - 북이 정말 폐쇄적 독재국가라고 인식하는 그것은 결국 북도 언젠가는 반드시 무너질 수밖에 없다는 확신이 자신의 인식을 지배하고 있다는 것과 하등 다르지 않다. 해서, 그러한 인식은 북 체제 변동을 잠시 유보해낼 인식은 될 수 있겠지만, 언젠가는 북 체제가 변동될 수밖에 없다는 인식으로 이어져 북 붕괴론에 동조하는 꼴이 된다.

어떻게? 노동자를 포함하는 기층민중은 물론 유학생이나 작가, 교원 등 지식층뿐만 아니라, 당 간부를 포함한 외교관 등 일부 지배층의 망명까지 다양한 계급·계층에서 체제이탈자가 발생하면 이를 두고 "기층민중들의 체제 염증", "지식층의 이반", "지배층의 동요" 등으로 확대해석해내어 이것이 곧 체제 붕괴의 징조라는 결론으로 유도될 수밖에 없다.

하지만, 이 논리적 인식에는 다음과 같은 치명적 약점을 안고 있다. 첫째, 체제이탈자들의 층위 구별에 대한 간과 부분이다. 즉, 체제이탈자 중에는 여러 종류의 사연이 있을 수 있다. 진짜 북 체제가 싫어서, 또 정말 배고파서나 이미 체제이탈을 한 가족을 찾기 위해, 이 외에도 이들 체제이탈자 중에는 상당수가 자신들의 잘못(범죄)에 따른 처벌이 두려워 이를 회피하기 위해, 혹은 권력투쟁에서 밀려난 소외감 등으로 탈출할 수도 있다. 바로 이런 것들을 고려하지 않고 오직 체제를 이탈했다는 그 결과만으로 북 붕괴의 신호가 될 수 있다고 보는 것은 누가 봐도 논리적 모순인식일 뿐이다. 또한, 이를 백번 양보해 이 인식이 인식적 오류가 아니라고 하면 적용 잣대는 똑같아야 한다. 대한민국 또한 해마다 해외로 탈출하는 이민(移民)수가 북의 체제이탈자 수보다 더 많거나, 엇비슷하다 했을 때(2020년 기준, 총이민자 수는 대한민국이 무려 약 10배나 더 많다.) 그러면 대한민국 체제도 붕괴할 수 있다, 그렇게 인식해줘야 하는데 과연 그러한 요인만으로 대한민국 체제가 붕괴할 수 있다고 믿는 대한민국 국민이 몇이나 있을까? 없다면 이 인식은 똑같이 북 에게도 적용돼야 하는 것이 맞다.

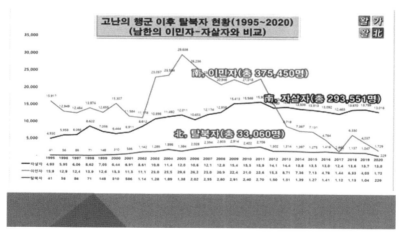

▲ 유영호, 〈왈가왈북〉 YOUTUBE에서 인용(2023.03.17)

둘째, 백번 양보해 체제이탈자 수가 곧바로 체제 붕괴로 이어진다는 직접적 상관관계도 실제와는 매우 다르다. 황장엽, 태영호 등 고위층의 체제이탈자가 발생했음에도 불구하고 북은 "비겁한 자여 갈 테면 가라"로 정리될 만큼 체제

안정성이 있고, 또 북 체제이탈자 수와 쿠바 체제이탈자 수(3만여 명 對 2백 30여만 명)를 대비해보더라도 약 76배가 더 많은 쿠바도 체제 붕괴설에는 하나도 시달리지 않는다.

　해서, 결론이다. 북 체제에 대해 항시적인 체제 붕괴라는 위험 요소는 있으나 '지금은 아니다'라는 인식은 성립될 수 없다. 대신, 오히려 북 체제의 특성과 그 체제를 지탱해내고 있는 내구력 정도를 볼 때 '북 체제 붕괴는 사실상 불가능하다'라는 인식이 더 합리적이고 본질적이다. 그렇게 인식해내는 것이 더 합당하다.

　중심에 북 체제는 우리 모두 알고 있는 수령 - 당 - 인민대중이 혼연일체가 된 수령 중심 유일사상체계로서의 인민대중 중심의 사회주의 체제가 있다.

그런데도 북 붕괴론을 계속 믿어야만 할 것인가? 판단은 독자들의 몫이지만, 분명한 것은 북이 붕괴하는 것이 아니라 '북 붕괴론' 그 자체가 붕괴하고 있다는 사실이다. 즉, '북 붕괴론' 그 자체의 붕괴이다.

5. 수령과 우상:
'우상' 수령은 없다

북의 '수령'개념만큼 핫한 이슈는 아마도 이 지구상에는 없을 것이다. 또한, 그러함에도 이 '수령'개념만큼 제대로 이해하지 못하는 개념단어도 없을 것이다. 개념 자체는 아주 단순하지만, 그만큼 여러 정치적 이해관계가 얽히고설켜 있다는 말과도 같다. 해서, 북의 '수령'개념을 이해하자면 다음과 같은 전제는 꼭 필요하다. '수령' 정의를 수용하고, 못하고는 그 수용자의 철학적 자세와 사유적 믿음 체계에 따른 사회과학적 자유이다. 하지만, 그것과 '묻지마'식 이해에 따른 우상화는 '수령' 개념을 미신화하고, 이를 무조건적으로 정당화하려는 매우 나쁜 인식 습관이다.

즉, 북의 수령에 대한 '우상화'적 인식은 수령을 마치 숭배의 대상으로 떠받들어지는 신격화와 동일시화하여 마치 이는 신계神界에서 인간계人間界로 내려온 리바이어던Leviathan된 괴물과도 같고, 그 괴물에 대해 북의 모든 인민은 절대화, 신격화, 무조건화로 숭배하고, 섬겨야만 하는 그런 현대판 토테미즘 신봉자, '불쌍한' 국가구성원으로 전락하는 극단으로서의 의미전달만 있다.

하지만, 이 책에서는 북의 '수령' 개념을 그렇게 보려 하지 않으려 한다. '사유적 믿음 체계에 따른 사회과학적 자유'는 존중하되 북의 '수령' 개념은 북 자신들의 국가이념 체계와 통치이념, 그리고 자국의 지도 사상으로서의 주체사상에 기반한 정치·사상적 개념이자 사회과학적 용어이고, 더 중하게는 자신들의 역사적 경험과 전통에 기반한 그 연장선상에서 정립·정의할 수 있는 그런 개념으로 이해하고자 한다.

또한, 이 책에서는 가장 간단한 방법으로 북의 수령이 독재자인지, 아닌지를 증명하려 한다. 다름 아닌, 이 지구상 존재했던 그 수많은 독재자들의 독재 기간을 비교해 북의 수령(최고영도자)이 진정 독재자인지, 아닌지를 검증하고자 한다는 말이다. 그 한 예로 대한민국에서 독재정권의 대명사였던 박정희 정권의 장기집권은 불과 18년에 불과했고, 이 18년과 아래 표에 예시되어있는 모든 독재자들의 집권 기간을 합쳐도 65년밖에 되지 않는다.

인물	집권기간
'나찌즘'의 대명사가 된 독일의 히틀러	12년
'파시즘'의 대명사가 된 이탈리아의 무솔리니	20년
세기적(?) 독재자 루마니아의 차우셰스쿠	15년

그런데 북은 이들 총량으로서의 합보다도 훨씬 더 많은 70여 년을 수령이 장기 집권한다? 절대 '독재'로만 설명할 수 없는 부분이다. 해서, '독재'로만 설명될 수 없는 그 이상의 무언가를 가설로 설정해 설명해져야만 그 의문이 풀려질 수 있다.

첫출발로 이 책에서는 다음과 같은 가설을 한번 상정한다. 비유적 접근이다. 자유민주주의체제에서 대통령을 한 개인이 아니라고 본다면, 같은 논리로 사회민주주의체제에서 수령도 한 개인이 결코 될 수 없다. 또한, 전 세계의 청소년들이 인기 연예인에게 열광하는 것을 우상화라고만 비난할 수 없는 것이라면 마찬가지로 북측 인민들이 자기 지도자를 열렬히 사랑하고 아끼는 것을 우상화라고 비난만 할 수는 없다.

2022년 9월 7일 〈로동신문〉에 실린 동태관의 설명을 들어보면 이는 명약관화하다.

　　혁명의 수령은 시대를 대표하는 위대한 사상과 위업, 민족의 운명개척과 인민의 절대적 신뢰, 거창한 세기적 변혁과 더불어 역사에 출현한다. 국가통수나 정치지도자는 선거나 지지율에 따라 결정되지만 수령은 인민이 심장의 가리킴으로 스스로 우러르게 되는 것이며 전 인민적인 총의와 민심의 분출로 높이 모시게 되는 것이다.

위 개념 정의는 우리가 얼마나 기간 잘못된 인식에서 결코 자유롭지 못하고 아주 '깊은' 확증편향에 빠져있었는지 확인되고, 왜 새로운 인식으로 전환해야 하는지가 명확하게 역설적으로 증명된다. 해서, 문제는 과연 진정으로 그런 인식을 뛰어넘고자 하는, 혹은 극복하고자 하는 의지와 신념이 있을까 이다.

다음과 같은 힌트로 그 정답을 한번 찾아보자.

제2차 세계대전 이후, 나치즘을 전체주의로 낙인烙印한 일군의 반공주의자들은 사회주의 체제가 확산일로에 있을 때 오직 자본주의 체제로만이 지구상 세계가 유일하게 구성되어야만 한다고 설파하며 나치즘과 스탈린주의Stalinism을 동일시하는 교묘한 술수를 부렸다. 반反사회주의 책동이 그렇게 시작된 것이다. 같은 논리로 북도 이 연장선상에 있다. 북의 수령체제는 스탈린주의를 모방하여 태어난 전체주의이니 고로 북의 사회주의는 전체주의이고, 그런 전체주의는 반드시 멸망해야 한다는 논리의 성립이다. 해서, 사실은 전혀 그렇지 않지만, 백번 양보해 소련의 사회주의가 스탈린주의 때문에 망했다는 것을 수용한다하더라도 북의 사회주의는 스탈린주의 체제를 띠는 것도, 많은 사회주의 국가가 멸망한 것처럼 그냥 그렇고 그런 사회주의 국가체제가 아니다. 혁명전통이라는 뼈대도 있고 수령을 중심으로 당과 인민이 일치단결된 족보도 있는 '주체'사회주의다.

　설명으로는 이렇다. 여기서 말하고 있는 '주체'는 수령과 인민대중의 상호결합 관계를 말하고, '주체사회주의'는 수령과 인민대중의 상호결합 관계 위에 성립한 사회주의라는 뜻이다. 그렇게 스탈린주의와는 아무런 상관이 없다. 이를 북北식 표현 그대로 하자면 북의 사회주의 체제는 수령과 인민대중의 관계를 무엇보다 중시한다는 점에서 소련식 사회주의 체제와는 완전히 다르고, 또 누구나 알 수 있는 것처럼 북측은 건국 이래 지금까지 수령과 인민대중을 일체화된 관계로 상호결합시키기 위해 끊임없이 힘써오고 있는 그런 국가이다. 그 결과 북측에서 수령과 인민대중의 상호결합 관계는 이들의 관계가 "사상의지적 통일과 도덕의리적 단합으로 일체화된 관계"이다. 이렇듯 맹신盲信과 맹목으로 상징되는 '개인 우상화'와는 하등 인연 없는 수령과 인민대중의 혼연일체이다.

　좀 더 그 차이를 비교해보자. 수령을 향한 충실성과 우상화는 하늘과 땅만큼이나 큰 개념 차이가 있다. 첫째는, 개념설정 분야가 다르다. 수령은 정치·철학적 개념이고, 우상화는 사이비 종교적 개념이다. 어떻게? 수령은 역사발전 단계에서 수령이 차지하는 지위와 역할에 관한 문제라면, 우상화는 그런 개념과는 전혀 관계없는 미신迷信적 인식 문제이다. 둘째는, 범주가 다르다. 수령은 집단적 관계, 즉 '수령－당－인민대중'의 관계에 관한 문제라면, 우상화는 개인적 인식 범주에 한정된다. 셋째는, 관계의 제도화 정도가 매우 다르다. 북의 수령 중심 사회주의는 국가의 지도이념과 국가 운영원리, 제도로 확고히 보장되어있는 반면, 우상화는 그런 질서와 제도가 존재하지 않는다.

　그런데도 북의 수령(최고영도자)이 여전히 우상화된 그런 독재자처럼 보이는가?

(그렇게 보지 않으려는) 방도는 없다. 하나하나 뜯어서 살펴보는 수밖에 없다.

먼저, 북에서 말하고 있는 '수령' 개념에 관한 부분이다. 한마디로 사회정치적 개념인데, 이 의미는 북에서 사람의 본질적 속성을 자주성, 창조성, 의식성을 가진 3대 특징으로 보고, '수령' 개념 또한 그 개념적 토대 위에서 이뤄지는 사회정치적 생명체론의 정수로 규정하는 데로부터 출발한다. 즉, 북은 자신들의 주체사회주의가 국가구성원 모두 '사회적 존재'로서 그 구성원의 '집단주의적 요구'를 가장 잘 구현하고 있는 사회, 규정을 그렇게 내리는데, 이는 국가구성원 한 사람 한 사람 모두가 사회적 관계를 맺고 사회적 집단 속에서 살며 활동하는 사회적 존재인 만큼, 개인은 사회적 집단과 운명을 함께하면서 서로 협력하며 살려는 '집단주의'를 그 본성적 요구로 하며 그래서 사회적 존재로서의 사람은 사회적 집단 속에서만 자기 운명을 자주적으로 창조적으로 개척해 나갈 수 있다는 근본원리가 만들어진다는 것이 북의 생각이다. 당연, 주체사상은 이 원리를 정립한 것이다.

바로 이 과정에서 '수령' 개념이 등장한다. 집단 구성이 어떻게 되느냐, 하는 문제에서 수령이 중심될 수밖에 없다는 철학적 원리가 나온다. 어떻게? 아시다시피 북의 주체사회주의는 사회적 존재로서의 사람의 본성적 요구를 전면적으로 구현하고 있는 그런 사회이다 보니 사람이 모든 것의 주인이고 그런 구성원들로 구성된 집합체, 즉 인민대중을 위하여 복무하는 그런 인민대중 중심의 사회주의이다. 그런데 여기서 문제는 그러한 인민대중을 구성하는 사람이 저절로 (사회의) 주인으로 될 수 없다는 데 있다. 즉, 사람이 세계의 주인이고 역사의 주체이기는 하지만, 수령과의 사회정치적으로 연결되지 않는 한 '자주적' 주체가 될 수 없다는 것이 그들 철학의 핵심 개념이다. 해서, 인민대중은 반드시 이 세상 모든 것의 주인이 되기 위해서는 수령에게 주어진 '절대적인 지위'와 '결정적인 역할'에 자신들을 연결해내어야만 했다.

바로 그 내용이 1982년 당시 김정일 비서가 발표한 〈주체사상에 대하여〉이다. 이후, 주체사상은 더 정교한 사상·이론적 체계성을 갖추고, 그것을 바탕으로 하여 주체사상에 대한 이론화 과정의 결정체라 할 수 있는 〈총서 10권〉이 정립된다. 이 과정에서 북은 '사회정치적 생명체'라는 새로운 철학적 개념을 내오고, 이를 자신들의 국가(사회) 유기체관으로 반영해낸다. 다름 아닌, 수령이 이 유기체의 최고 지위와 역할을 갖게 하는 존재로 말이다.

1986년에 발표한 김정일의 논문 〈주체사상 교양에서 제기되는 몇 가지 문제에 대하여〉가 그 이론적, 철학적 정립서이다. 수령을 '사회정치적 생명체'의 최고 뇌수로까지 그 개념을 확장하고, 수령을 최고 정점으로 하는 수령 – 당 – 인민대중과의 관계를 해명해냈다.

> (수령은) 수령 – 당 – 대중의 사회정치적 생명체의 최고 뇌수로서, 이 생명체의 활동을 통일적으로 지휘하는 중심이다.

이로부터 – 위 정의定義로부터 알 수 있는 것은 '인민대중이 주인' 되기 위해서는, 즉 '자주적 주체'가 되기 위해서는 앞글에서 잠시 언급을 했듯 '자주적 주체'가 저절로 형성되지 않는다는 것이고, 이를 주체사상에서는 수령에 의해 영도되고 사회정치적 생명을 부여받을 때만이 가능하다는 철학적 사유체계가 만들어졌음을 알 수 있다. 즉, 수령 없는 당과 인민은 존재할 수 없고, 이를 사람의 신체 구조와 비교했을 때 수령은 신체의 가장 중요한 '뇌수'이고, 당은 가슴(심장), 인민대중은 팔·다리에 해당한다는 철학적 사유체계이다. 그런데 여기서 오해하지 말아야 할 것은 위 비교가 각각의 기능에 따른 **역할론**(강조, 필자)이지, 그 이상·이하도 아니라는 사실이다. 즉, 말뜻은, 어차피 신체 부위 하나하나가 제대로 자기 역할(혹은, 기능)을 해내지 못하면 그건 어떤 의미를 갖다 붙이더라도 '불구'와 다름없다. 해서, 이 비교의 핵심은 수령과 인민대중과의 관계가 위와 아래, 혹은 지배와 통제대상이라는 그런 개념의 상·하가 아닌, 각각의 기능에 따른 역할의 관계 정립이며 그 관계도 고도의 사회정치적 관계 성립이라는 것이다.

그래서 나온 결론이 위 논문을 인용해 그대로 표현하면 "육체적 생명은 부모가 주는 것이지만, 사회정치적 생명은 수령이 부여"하는 것으로 규정할 수 있다. 연장선상에서 수령은 "사회정치적 생명의 부여자이며 당은 사회정치적 생명의 모태"로 규정된다. 표로 정리하면 아래와 같다.

구분	육체적 생명	사회정치적 생명
생명부여 주체	부모	수령
생명의 기한	유한	무한

자, 그래놓고 좀 더 설명을 계속 이어나가 보자. 수령 – 당 – 인민대중은 하나의 생명을 가진 유기체적 통일체이며 개별적 사람의 생명 중심이 뇌수인 것처럼 사회정치적 생명의 중심은 이 통일체의 최고 뇌수인 수령으로부터 발현된다는 것이 위 표가 설명하고 싶은 그 정치적 함의인데, 나름 다음과 같은 탄탄한 이론적 정당성을 갖는다. 어떻게? 생명의 중심인 '뇌수'로서의 수령, 수령과 인민을 결합해내는 '신경' 및 '혈관'으로서의 당, 그리고 신체의 활동을 담당하는 '팔·다리' 생명체로서의 인민대중을 삼위일체로 하는 그런 사회 유기체론으로 정당화한다. 그래서 국가는 '사회주의 대가정'과도 같고, 일반적 의미에서 '가정＝부모 + 자식'으로 구성된다면 같은 논리로 북의 국가는 '국가＝어버이(수령) + 인민대중'으로

구성하게 된다. 하여, 국가는, 즉 '사회주의 대가정'은 '개인사적인' 가족 개념이 확장하여 '국가적인' 가족 개념으로 된 것이다.

어떻게? 북에서는 수령이 어버이가 되고, 그 어버이가 중심되어 꾸려지는 사회주의 대가정은 '우리 수령제일주의'로, 다시 그 우리 수령제일주의는 '우리 국가제일주의'로 등치 한다.

관련해 2022년 9월 7일 〈로동신문〉 기사에 실린 한 내용이다. '위대한 수령을 모시고 인민이 온넋으로 받드는 강국의 인민이 터치는 심장의 웨침: 우리 국가제일주의는 우리 수령제일주의이다!'라는 제목의 기사에서 "위대한 수령이 위대한 국가와 위대한 인민을 탄생시킨다"라고 하면서 "우리 국가제일주의는 우리 수령제일주의라는 엄숙한 운명의 진리"라고 주장했다. 그러면서 창건 후 '승리와 영광만을 새겨 온 북의 역사'는 "위대한 수령께서 계시여 위대한 국가도 있고 위대한 인민도 있다"라는 진리에 대한 빛나는 증명이라며 그 증거로 △한반도(조선반도)에서의 전쟁 '승리'와 빠른 전후 복구 △14년 압축 공업화 달성 △자주·자립·자위의 '사회주의 모범국' 창조, 그리고 △동유럽의 자본주의 복귀에 굴하지 않고 사회주의 한길로 나아간 '불굴의 인민'은 '위대한 수령'에 의해서 창조되고 태어났다는 것 등을 예로 들었다.

결과로 지금의 북은 △세상에 단 하나뿐인 정치사상강국 △존엄높은 인민의 나라 △천만이 굳게 뭉친 일심단결의 나라 △세계 최강의 힘을 지닌 기적의 나라 △계승성이 확고한 전도양양한 나라라고 하면서 누구도 이루지 못한 이 같은 기적을 이루고도 최악의 역경속에서 밝은 미래를 향해 나아가는 경이적인 모습이라고 역설하면서 신문은 최종 결론에 "세상에서 어떤 나라가 제일 강하고 어떤 인민이 제일 행복한가. 오늘 우리 국가의 감명깊은 현실속에 그 대답이 있다. (중략) 왜냐하면 일심단결이야말로 역사의 그 어떤 기적도 다 이룰수 있는 행성의 절대병기이기 때문이다. 바로 그래서 우리 국가는 초강국이다!"라고 매듭지었다.

무엇이 보이는가? 감히 북의 속내를 좀 표현해보자면 '우리 국가제일주의'를 통해 북은 자신들의 전략적 지위에 대한 긍지와 신념이 발현되고 사회주의 강국을 건설하려는 강렬한 의지가 고취되는데, 북은 여기서 한 걸음 더 나아가 '위대한 수령'의 영도에 의해서만 '우리 국가제일주의 시대'도 구현될 수 있다는 연결고리를 확보하고 이를 '우리 수령제일주의'로 심화, 발전시키려 한 것이다.

더해서 즉, '위대한 수령'에다 '친근한 수령'이 더해진 '우리 국가제일주의 시대'를 만든다. 확인은 2022년 9월 7일 〈로동신문〉에서 가능하다.

> 수령의 위대성을 온 넋으로 절감하고 따사로운 그 정에 매혹되어 스스럼없이 안겨들며 운명과 미래를 맡기고 따르는 인민, 진짜 강국은 바로 위대한 수령을 진두에 높이 모시고 천만이 일심 일체의 성새를 이룬 나라

정리하면 이렇듯 '수령' 개념이 우상화의 개념과는 하등 인연이 없다는 것은 분명한 것 같다. 왜냐하면 그 개념 성립이 철학 · 사상적 개념이라는데 있다. 핵심에 수령은 주체사상에 의해 그 '지위'와 '역할'이 철학적으로 정립되어 있다는 것, 그래서 그 정의定義가 사회정치적 생명체의 중심으로서의 절대적인 지위를 차지하여 사회정치적 생명체의 중심이며 인민대중의 의사를 체현한 최고 뇌수라는 것, 또한 수령은 단결과 영도의 중심으로서 인민대중의 운명을 개척함에 있어 결정적인 역할을 한다는 것으로 정립된다.

이의 제도적 보장이 헌법과 당규약으로의 반영이다.

헌법 서문과 제1장 3조에는 "조선민주주의인민공화국은 위대한 수령 김일성동지의 사상과 령도를 구현한 주체의 사회주의조국이다(서문)", "조선민주주의 인민공화국은 사람중심의 세계관이며 인민대중의 자주성

을 실현하기 위한 혁명사상인 주체사상, 선군사상을 자기 활동의 지도적 지침으로 삼는다(제1장 3조)".

당규약 전문에는 "조선로동당은 주체사상의 기치 밑에 위대한 령도자를 중심으로 하는 당과 군대와 인민의 일심단결을 백방으로 강화하고, 그 위력을 높이 발양시켜나간다", "조선로동당은 당안에 사상과 령도의 유일성을 보장하고 인민대 중과 혈연적 유대를 강화하며 당건설에서 계승성을 보장하는 것을 당건설의 기본 원칙으로 한다".

다음, 북의 수령에 대한 이해가 얼마나 편협하고 확증편향에 사로잡혀 있는지에 대한 확인 부분이다. 접근을 다음과 같이 할 수 있다. 트뤼키예(옛, 터키)와 베트남의 예에서 북 인민들의 수령에 대한 존경과 숭배심이 얼마나 왜곡되어 있고, '개인 우상화'와는 하등 인연 없는지가 매우 적나라하게 드러난다.

트뤼키예에는 그 유명한 한 인물이 있다. 1923년 10월 29일 트뤼키예 공화국을 창건하고 1938년 서거 때까지 공화국 제1대 대통령을 지낸 트뤼키예의 민족적 영웅 무스타파 케말 파샤Mustafa Kemal Pasha(1881~1938)가 그 주인공이다. 그에 대한 트뤼키예 국민의 사랑과 숭배심은 그가 서거한 지도 이미 오래건만 오랜 세월이 흐른 지금까지도 식지 않고 뜨겁기만 하다. 이를테면, 트뤼키예의 모든 공공건물, 학교 교실, 심지어 일반 가정집에서조차 그의 초상화가 정중히 모셔져 있다. 이뿐만이 아니다. 지금도 그가 85년 전에 운명했을 때의 그 시간인 11월 10일 오전 9시 5분에는 해마다 트뤼키예 전국에서 모든 차량이 기동을 멈추고 1분 동안 그를 추모한다. 서거 후 85년이 지난 오늘에도 그를 향한 트뤼키예 국민의 사랑과 숭배심은 이토록 뜨겁다. 그런데도 전 세계 그 누구 하나 그에 대한 이러한 사랑과 숭배심을 우상화라고 비난하지 않는다.

베트남에도 이와 유사한 한 인물이 있다. 조국 베트남을 프랑스 식민

지배로부터 해방해낸 초대 주석이자 베트남에서 가장 '존경받는' 국부, 그리고 '베트남판 목민심서'의 구현자, 호찌민이 그 주인공이다. 그는 생전 '호 아저씨'로 친근했고, 죽어서 남긴 유산이라곤 '낡은' 옷 두 벌과 '폐타이어로 만든' 샌들 한 켤레의 청빈뿐이었다. 그런 그가 죽었으니 베트남 인민들이 얼마나 비통했는지 다음 기사가 이를 잘 웅변해준다.

> 위대한 지도자를 잃은 비탄과 감동, 혼란이 함께하고 있었다. 사람들은 넋을 잃은 듯이 행동했다. 한 사람의 훌륭한 정치 지도자를 잃고 애도하는 그런 슬픔이 아니었다. 모든 사람들이 슬픔을 꾹 참고 견디는 모습이었다. 호치민의 인민들은 '호 아저씨'가 부르기만 하면 누구라도 달려와 목숨을 걸고 싸울 수 있다는 것을 확인시켜 주는 순간들이었다.(마이클 매클리어, 유경찬 옮김, 〈베트남 10,000일의 전쟁〉 p.444)

위 둘 사례는 최고영도자 그들의 행적에 따라 최고영도자도 충분히 자기 인민들로부터 존경과 경외의 대상이 됨을 알 수 있다. 그런데 문제는 튀르키예 국민과 베트남 인민이 케말 파샤와 호찌민을 떠받드는 것은 거부감도 없고, 괜찮고, 유독 북측 인민들만 자신들의 최고영도자에 대해 떠받드는 것에 대해서는 그렇게 강한 거부감을 느낀다, 뭔가 이상하지 않은가? 똑같은 동일현상을 보면서도 왜 그런 차별적 감정반응이 일어날까? 그것은 위 두 인물—케말 파샤와 호찌민에 대해서는 이념적 오염 없는 이성적 판단을 하지만, 북의 수령(최고영도자)에 대해서는 반북·반공 대결 선전의 산물이라는 것을 매우 분명하게 말해 준다.

관련해서 멀리 갈 것도 없다. 한 예로 우리 선조들은 임진왜란에서 풍전등화에 처한 나라를 구한 이순신을 위해 사당을 짓고 제사를 지내며 받들었던 것처럼, 민족적 영웅을 기리고 받드는 것은 아주 자연스러운 현상 중 하나이다. 연장선상에서 북도 자신들의 민족적 영웅 김일성 주석—무장투쟁을 통해 조선을 일제로부터 독립시킨 항일 영웅에 대해, 그리고 김정일 국방위원장의 경우에는 제국주의 미국의 제재와 그 어떤 압박에도 굴하지 않고, 선군정치를 통해 북을 사회주의 강국 반석 위에 올려놓은 위대한 혁명가로 떠받들고 존경하는 것, 이 역시 아주 자연스러운 현상일 수 있다.

케말 파샤와 호찌민, 이순신은 되고, 북의 수령(최고영도자)만 안되는 이유가 도대체 뭐란 말인가? 오히려 북은 이들보다 - 케말 파샤와 호찌민보다 더 철학적이자 사회정치적 개념으로 자신들의 '수령'개념을 정립하고, 존경과 우러럼을 담아내는데도 말이다.

이는 이미 앞에서도 잠시 설명하였듯 영웅에 대한 숭배와 북의 수령에 대한 충실성 차이는 영웅과 수령, 이 들에 대한 '인민대중과의 결합' 정도에 달려있다. 뭔 말인가 하면, 케말 파샤는 대통으로 재직 중에 단 한 번도 트뤼키예 국민에게 자신을 일체화시키는 정치활동을 하지 않았으며, 그가 1919년에 창건한 공화인민당은 자기 국민에게 속칭 케말리즘^{Kemalism}으로 교양하지도 않았다. 이 말뜻은 케말리즘이 여러 통치이념 중 하나일 뿐 철학적 의미에서의 세계관적 기초를 가진 사상체계는 아니라는 말이다. 또한, 케말리즘을 기치로 해서 만든 공화인민당이지만 지금은 집권당도 아니고 제1야당이다. 즉, 여러 정당 중의 하나에 불과하다는 뜻이다.

사실의 이러함은 트뤼키예 국민이 케말 파샤를 떠받드는, 혹은 영웅 숭배하는 것은 단지, 국가적 전통으로 정착된 것이지 오랜 기간에 걸쳐 진행된 당의 사상교양사업과 정치제도로 확립된 사회체제는 아니라는 점이다. 즉, 케말 파샤, 호찌민, 이순신에 대한 존경과 숭배는 '국가적 전통' 안에 있는 개념이라면, 북은 자신들의 수령에 대한 존경과 숭배가 그러한 - '국가적 전통' 개념을 수용하면서도 자신들의 국가 틀 안에서 철학과 사상, 제도로 확립한 '사회체제' 안에 있는 개념이다. 공통성과 차이가 그렇게 있고, 크다.

그래놓고, 굳이 이를 설명하면 이렇다. 북은 1974년 2월 19일 당시 김정일 비서가 주체사상을 김일성주의로 정식화하고 온 사회의 김일성주의화를 당의 최고 강령으로 제시한다. 이후, 북은 2012년 4월 6일 김정은 제1위원장이 주체사상을 다시 김일성－김정일주의로 정식화하고 온 사회의 김일성－김정일주의화를 당의 최고 강령으로 제시한다. 이로부터 북은 사회주의제도의 특성상, 당의 최고강령은 무조건적으로 최우선적으로 수행해야 할 가장 중대한 의무로 되어 북측에서 온 사회를 김일성－김정일주의화하기 위한 사상교양사업이 얼마나 강력하게 추동되고 있는지는 북에 가보지 않아도 충분히 알 수 있다.

비례해 수령(최고영도자)들의 행보도 엄청나다. 김일성 주석의 경우 현지지도 기간은 생애 전 기간 2만 600여 곳, 57만 8천㎞의 거리였다. 이는 지구 14바퀴 반을 돈 것과 맞먹고, 연평균 190일의 현지지도에 해당한다. 김정일 국방위원장의 경우도 이에 못지않다. 생애 전 기간 1만 4,290여 곳을 방문했고, 거리로는 65만 7천㎞이고 지구 17바퀴를 돈 것과 맞먹는다. 현지지도는 연평균 100여 일에 해당한다.

수령과 인민대중은 그렇게 사상·이론적 영역으로서의 '교양'과 실천적 영역으로서의 '현지지도'라는 교집합을 갖는다. 사상교양사업은 인민대중의 머릿속에서만 이뤄지는 지적 활동이 아니라 인민대중의 생산현장과 생활현장에서 이루어지는 체험적 활동이었고, 이를 위해 김일성 주석과 김정일 국방위원장은 한평생 쉼 없이 인민대중의 생산현장과 생활현장을 다니며 현지지도의 노정을 걸었다. '사회체제' 안에 있다는 것이 바로 이런 것이다.

끊임없이 그들과－인민들과 현장·생활 속에서 정치활동으로 만나 소통하고 대안을 찾고, 그 과정에서 끝없이 이어지는 만남을 통해 인민들은 수령과 자기들을 '혼연일체' 시킬 수 있는, 즉 직접 체험하게 하는 사상교양이 이뤄졌다. 지금은 그 길을 김정은 국무위원장이 가고 있고, 그 정수를 '그대로' 계승하여 인민대중의 생산현장과 생활현장을 찾아가는 현지지도의 길을 이어간다.

해서, 결론은 그 어디에도 '수령'의 '우상화' 흔적은 없다 이다. 정 있다면 철학·사상적 용어로서의 '수령'과 제도로서의 '수령' 개념뿐인데, 이를 북 국외자인(외부자들인) 우리만 인정하고 있지 않았을 뿐이다. 즉, 매우 정상적이고 철학·사상적 사유체계로 이해하느냐, 못하느냐로 접근해 북의 수령 중심 사회주의 체제를 인정하느냐, 못하냐로 논쟁한다면 그것이 무슨 문제라고 할 수 있겠냐만, 문제는 위에서 분명하게 언급하고 있듯 편견과 확증편향으로 인한 무조건적인 '우상화' 인식이라는 것이다.

반면, 그것이 아니라면 – 무조건적인 '우상화' 인식이 아니라면 우리가 가질 수 있는 의문과 질문은 수령이 봉건시대의 그런 '절대군주와 같다'라는 그런 편견이거나, 또는 미신적 범주로서의 우상화라는 왜곡적 인식이 아닌, 북이 '수령' 개념을 철학·사상적으로 그렇게 개념화하는 것이 과연 맞느냐, 아니냐의 논리적 사유체계로서의 인정 여부여야 한다.

문제의식을 가지려면 그렇게 가져야 하고, 연장선상에서 비판적 시각도 존재해야 한다. 그렇지 않고 그냥 북이 싫고, 북 체제가 마음에 안 들고, 김일성·김정일·김정은 모두 마음에 들지 않는다하여 엄연히 북의 사상과 정치 기제로 작동하고 있는 '수령' 개념을 그냥 비아냥 관점인 우상화로만, 절대군주라는 부정적 관점에서만 접근해 이 지구상에서 유일 '우상' 독재국가가 북이라는 인식은 절대 정직한 태도와 자세가 아니다.

무지몽매無知蒙昧는 하루빨리 벗어나는 것이 좋다.

6. 후계와 세습 - 북에 '세습' 후계는 없다: 김주애 등장을 통해 본 북의 후계 구도

북 인식과 관련해 가장 확증편향이 심한 곳 중 하나가 이 분야이다. 북의 후계(승계)문제인데, 이는 김일성 주석 - 김정일 국방위원장 - 김정은 국무위원장 - 김주애(2013년 출생 추정, 둘째 딸)로 이어지는 후계 논란이다. 이름하여 '세습'이라 일컬어지는 문제이고, 이 중 최근 발생한 김주애와 관련된 '세습' 문제는 좀 생뚱맞다.

아니, 굉장히 생뚱맞다. 왜냐하면 현재 김정은 총비서 겸 국무위원장의 나이가 2023년 기준으로 40대 초반이기에 후계자문제가 그들 체제의 특성상 사회문제로 전면화될 하등 이유가 없다. 더군다나 10대의 김주애가 후계자 논란을 넘어 사실상 내정되었다는 남쪽의 다수 전문가들 분석은 참으로 기가 찰 뿐이다. 근거도 참으로 대중없다. 2022년 11월 18일 북의 화성 - 17호 발사 때 김주애 '백마' 등장 및 김정은 국무위원장과 같이 이를 관람했다는 것, 이후 대여섯 번 군 관련 행사 때 김정은 국무위원장과 함께 참가하고, 급기야 2023년 2월 16일 광명성절(김정일 국방위원장 생일) 행사와 평양 신도시 착공식 참석, 또 2023년 태양절 한 행사 - 체육 경기 때 역시 김정은 국무위원장과 함께 등장한 김주애, 이렇게 국방, 생일, 경제(민생)영역 행사 때 김주애가 김정은 국무위원장과 함께, 그것도 자제 중 유일하게 김주애만 참석했다는 이유만으로 일제히 김주애를 북의 4대 '세습' 후계로 공식화했다. 참으로 상식 밖의 논리이자 넌센스도 이런 넌센스가 없다.

이유는, 즉 왜 그런 무지와 사달이 발생했는지는 북을 봉건왕조 국가 이미지만을 덧씌우기 위한 반북 모략 책동이어서 그렇다.

1) 북의 후계자론에 대한 기초적 이해

간단하게만 생각해봐도 왜 반북 모략 책동인지는 결론이 아주 쉽게 나온다. 바로 그러한 논쟁을 통해 김정은 국무위원장에 대해서는 '어린 딸'까지 정치에 활용하는 비정하고도 '못난' 군주상을, 그리고 북에 대해서는 '핏줄' 세습으로 몰아가 후계체제에 대한 매우 '나쁜' 프레임 씌우기가 가능하기 때문이다.

그런데 문제는 그러한 정치공작이 가능하다 하더라도 다음과 같은 반론 두 가지에 바로 직면한다. 첫째는, 이 글 뒷부분에서 북의 후계 구도와 관련해 충분히 사상이론적으로 설명해내겠지만, 분명하게 말할 수 있는 것은 북의 후계승계가 절대 혈통세습은 아니라는 점이다. 그럼? 핏줄 혈통과는 아무런 상관없는 개인의 자질과 능력에 따라 결정되는 '정치적' 혈통개념이다.

둘째는, 위 '첫째는'에서 파생되는 후계자 선출 문제인데, 즉 2023년 기준으로 아직 10대 초반에 불과한 김주애가 과연 후계자의 자질과 능력을 검증할 수 있는 대상인가 하는 그런 딜레마이다. 2가지 절차적 과정이 필요하다. 먼저는, 당 내부적으로는 후계자의 자질과 능력이 발휘(혹은, 입증)되는 과정이 필요하다. 다음은, 그 과정—당 내부적 선출과정을 거쳐 대중적으로 공개되는 절차이다. 그 일지는 다음과 같다. 김정일 국방위원장의 경우는 1942년생이고, 후계자 공개는 1973-74년 사이에 이뤄졌다. 그리고 1982년생, 혹은 1984년생인 김정은 국무위원장 경우도 후계자로서의 등장은 2008년 전·후이다. 그런데 아직 후계자로의 자질과 능력이 입증될 수 없는 2013년생(대한민국 나이 셈법으로는 초등학생 3학년 정도)이 그 무슨 후계자의 자질과 능력을 당으로부터, 인민대중으로부터 검증받을 수 있겠단 말인가?

─────── **보충설명** ───────

'후계자' 김정일의 등장 과정

김정일은 1973년 9월 개최된 당중앙위원회 제5기 7차 전원회의에서 조직지도부장 겸 조직비서, 선전선동부장 겸 선전비서의 자리에 앉게 됨으로써 후계자로 추대 내정되고, 1974년 2월 노동당 정치국 위원이 되면서 김일성의 후계자로 확정되는 유일지도체제가 확립된다.

이후부터 김정일은 그 누구도 넘보지 못할 '유일' 후계자로서 지위를 갖고 북 사회를 수령 중심 사회주의로 만들기 위한 사상, 조직, 제도적 측면에서의 후계자 역할에 아주 충실히 임한다. 그 대미에 1980년 10월에 개최된 조선로동당 제6차 당대회가 있다. 이른바 김정일을 위한 당대회였고, 당연히 김정일은 제6차 당대회의 준비, 진행 과정을 전적으로 주도한다. 또한, 자신도 이 제6차 당대회를 통해 당 정치국 상무위원회 위원, 당 중앙위원회 비서, 당 중앙위 군사위원회 군사위원에 선출된다. 이름하여 '혁명의 수뇌부' 또는 '최고수뇌부' 반열에 들어선 것이다.

이렇게 1970년대에 유일지도체제를 완결지은 김정일이 제6차 당대회를 통해 후계자로 대내외에 공식화되고, 이로써 북은 안정적인 후계체제 구축을 끝내게 되었다. 이때부터, 즉 1980년 이후부터 김정일은 당, 군, 정권 전 분야에서 명실상부한 실질적인 통치권(지도권)을 행사하게 되고, 모든 사업도 후계자 김정일 위원장의 정치적 방침(지도)에 따라서 이뤄진다.

※ 관련해 이 내용을 더 자세히 알고자 한다면 본인의 졸저, <수령국가> 참조

하여, 김주애와 관련된 후계자 논란은 북의 후계자이론을 조금이나마 알고 있는, 혹은 식견이 있는 사람이라면 절대 일어날 수 없는 논란이고,

매우 분명하게 – 100% 분명하게 위와 같은 '나쁜' 의도로 기획된 정치적 마타도어(matador·黑色宣傳, 영어: black propaganda) 그 이상·이하도 아님을 단박에 알아차릴 수 있다.

그런데 문제는 논쟁에 대한 결론을 위와 같이 그렇게 내더라도 남는 문제가 전혀 없는 것은 아니다. 대단히 이례적인 둘째 딸 공개를 어떻게 볼 것인가 하는 그런 문제이다. 관련해 문제의 출발은 2023년 2월 8일 평양에 있었던 김일성 광장에서의 조선인민군 창건 75돌 경축 열병식과 관련 있다. 그날 북은 세계 최강의 핵 전투 무력을 시위했는데 이날 주석단에 '10대' 김주애가 등장했고, 그것도 그렇게 어린 나이에 공개석상에 나섰다는 것은 북이 건국한 이래 유례가 없었던 것만큼, 분명 대단히 이례적인 상황이라 할 수는 있다.

표현도 "존경하는 자제분을 모시고"였고, 도열 행진 과정에서도 조선인민군 장병 10,000여 명이 일제히 우렁찬 목소리로 "김정은 결사옹위, 백두혈통 결사보위, 조국통일 만세!"라는 구호를 외쳤다. 과거 국가행사와 비교했을 때도 이는 대단히 이례적인 상황과 딱 맞닥뜨린다. 왜냐하면 그때 조선인민군 장병들은 보통 "김정은 결사옹위!"라는 구호만 외쳐지기 때문이다.

그러니 분명 해석이 필요한 지점이 있기는 하다. 해서, 그 해석은? 다름 아니다. 위에서 잠시 언급했듯 김주애의 공개 행보가 후계자 문제가 아니라면 여기에는 나름 중요한 정치적 메시지가 들어있다고 봐야 한다. 그것은 누구나 다 아는 것처럼, 사회주의 국가에서 사용되는 정치구호는 이유 불문 그 나라의 사회주의 집권당이 가장 중시하는 정치 과업을 집약적으로 표현한다. 북의 조선로동당도 절대 예외이지는 않다. 해서, 조선인민군 창건 75돌 경축 열병식에서 '백두혈통 결사보위'의 정치구호가 선봤다는 것은 조선로동당의 지도 사상, 즉 주체사상의 뿌리이자 혁명전통의 근간이라고 할 수 있는 '백두혈통의 대'가 마련되었다는 의미와 같다. 물론 여기서 말하고 있는 백두 혈통개념은 인체 생물학적 혈통개념이 아닌 주체사상과 '주체의 혁명관'에서 정의되고 있는 그런, 사회정치적 개념이다.

정의하자면 백두혈통은 "항일혁명 투쟁시기 백두산에서 시작된 주체혁명 위업을 대를 이어 계승하고 완성하는 사상정신적 결속"이다. 핵심은 '대를 잇는 사상정신적 결속'인데, 이것이 당 내부적으로는—당적으로는 이미 해결되었고, 앞으로 남은 과제가 수령을 결사옹위하는 것과 주체혁명 위업의 존망이 직결되는 백두혈통을 옹립·보위하는 문제인데, 이것을 이번 75돌 경축 열병식에서 대중적으로 공개하여 조선인민군을 대표하는 1만여 명의 장병들로부터 "주체혁명 위업을 대를 이어 계승하고 완성하는 사상정신적 결속"에 마침표를 찍었다, 그렇게 해석할 수 있다는 것이다.

그렇다하더라도 또 남는 문제는 있다. 다름 아닌, 백두혈통 계승자와 수령 후계자의 추대가 그 어떤 상관성을 갖느냐, 아니면 갖지 않느냐 하는 그런 문제이다. 좀 더 직접적으로는 백두혈통의 계승자와 수령의 후계자가 일치하느냐, 아니냐 하는 문제일 텐데, 이는 서로 아주 밀접히 연관은 되어있으나 반드시 일치하지는 않을 수도 있다 이다.

이유는 이렇다. 첫째, 백두혈통 계승자는 〈주체의 혁명관〉과 〈혁명전통론〉에 규정 받고, 수령의 후계자는 후계자론으로 정립된 〈주체의 후계자론〉에 의해 규정 받는다. 그렇게 각기 다른 규정력에 의해 구속받는 성격이라 할 수 있다. 해서, 백두혈통 계승자는 〈주체의 후계자론〉에 의해 등장하는 후계승계 문제와 관련해서는 직접적이지 않다.

둘째, 개념적으로도 〈주체의 혁명관〉과 〈혁명전통론〉에 근거해 백두혈통이 '주체혁명 위업을 대를 이어 계승하고 완성하는 사상정신적 결속'을 해내는 주체의 정치적 행위임으로 이 '대를 잇는' 인물이 반드시 단수일 이유는 없다. 즉, 복수가 가능하지만, 〈주체의 후계자론〉에 의해 등장하는 후계자는 반드시 '단수'여야 한다. 왜냐하면 '유일' 후계자이기 때문이다.

둘의 관계가 그렇게 전제前提된다면 〈주체의 후계자론〉 내용 또한 자본주의, 혹은 일반 자유민주주의체제에서 접근하는, 혹은 많은 사람이 믿고 싶어 하는 소망적 접근 – 절차로서의 권력 이양과 통치권 선출의 문제로만 접근되는 그런 어떤 리더, 혹은 정치지도자를 뽑거나 선출하는 그런 개념으로서의 이론서는 절대 아니기에 국가주석이나 국무위원장을 뽑는 그런 정치 행위 문제를 다루지는 않는다는 말이다. 대신, 혁명의 근본 문제인 수령의 영도권과 후계자의 지도권을 확립하는 문제에 집중한다. 주체사상 총서 10권 중 9권(영도체계)과 10권(영도예술)에 기초한 〈주체의 후계자론〉 정립이 그 증거이다. 핵심 내용으로는 자신들의 후계자문제에 있어 그 전개 과정이 절대 핏줄로 세습되거나 절차적으로 선출되는 그런 정치 권력의 문제라기보다는, 후계자는 수령의 주체혁명 위업과 노선을 그대로 계승하여 승계되는, 즉 순응 승계가 이뤄지는 정치 기제로서의 혁명근본 문제가 집중된다.

그러니 북의 후계자는 핏줄에 의해 후계자가 되느냐, 마느냐가 결정되는 그런 세습의 문제가 절대 될 수 없다. 대신, 핏줄이든 핏줄이 아니든 상관없이 **후계자로서 자질과 능력**(강조, 필자)이 있느냐, 없느냐가 후계자 결정의 핵심이 된다. 해서, 김정일에서 김정은으로 그리고 향후 김정은에서 제4대로 이어지는 과정에서도 비록 이제까지 공교롭게 모두 김일성의 혁명 가계에 의한 핏줄로 연결된 인물이 수령의 후계자가 되어, 즉, 그것을 참외밭에서 신발 끈을 고쳐 매지 말고, 자두나무 아래서는 관을 고쳐 쓰지 말라는 뜻의 과전불납리 이하부정관瓜田不納履 李下不整冠과 같은 오해의 소지가 있을 수는 있으나, 그렇다 하여 **자질과 능력으로**(강조, 필자) 후계자가 결정된다는 그 근본 본질이 훼손되거나 바뀔 수는 없다. 왜냐하면 북의 후계자문제는 전대 수령과의 관계가 핏줄이기 때문에 후계자가 될 수 있느냐 없느냐로 따져지는 그런 문제가 아니라, 본질은 후계자로서 자질과 능력이 있느냐 없느냐이고, 이는 포스트 김정은 이후도 마찬가지로 적용될 것이라는 명백한 사실 때문이다.

─────── 보충설명 ───────

북과 다른 사회주의 국가에 있어 후계자 선출 차이

일반적인 의미에서 사회주의 체제를 띠는 국가도 다 후계이론을 갖고 있다. 그런데 이들 국가와 북이 갖는 결정적 차이는 딱 하나 있다. 다름 아닌, 북의 후계이론은 '**후계론**'이 아닌 '**후계자론**'(강조, 필자)이라는 것이다. 함의는 '후계론'은 그 이론에 맞는 인물을 찾아내야 하니 보는 사람마다 이러저러한 견해 차이가 발생할 수 있고, 그 차이는 결국 지지하는 후계자를 놓고 파벌과 세력으로 나뉜다. 하지만, 북의 '후계자론'은 이론에 인물을 끼워 맞추는 방식이 아니라 자신들의 이론, <주체의 후계자론>에 의해 후계자 수업을 받은 인물을 '유일 후계자로 내세우는 방식이다. 그러니 파벌과 세력으로 나눠질 필요가 없다.

북이 그런 이유는 - 후계론이 아닌 후계자론으로 정립한 이유는 북이 사회주의권 후계승계 과정에서 발생한 이러저러한 잡음(권력다툼, 쿠데타 등)을 반면교사한 측면과 자신들의 지도이념인 주체사상에서 인물 본위 중심으로 이론화한 측면, 이렇게 둘 다 있다.

'인물 본위' 원칙은 그렇게 해서 만들어졌고, 그래서 북은 '후계론'이 아닌, '**후계자론**'(강조, 필자)을 정립한 것이다.

2) 후계자의 자격요건과 절차과정

먼저, 검증될 자질과 능력의 조건은 매우 명확하다. 첫째는(제1 요건), 뭐니 뭐니 해도 수령에 대한 절대 충실성이 그 기본이고, 둘째는(제2 요건), 수령에 의해 개척되어온 혁명전통(수령의 혁명업적과 노선)을 그대로 충실하게 계승, 발전시켜 나갈 신념과 의지가 분명히 있어야 하고, 셋째는(제3 요건), 위 '첫째는', '둘째는'을 바탕으로 한 뛰어난 사상·이론적 예지와 탁월한 영도력, 고매한 덕성의 소유자여야 하고, 그리고 마지막 그 넷째는(제4 요건), 매우 특출한 인민성을 체현해 가지고 있어야 한다.

바로 이 네 가지 요건을 and적으로 갖춰낼 때 후계자는 비로소 수령의 '유일' 후계자가 될 수 있으며, 그런 자격요건이 갖춰진 후계자는 수령에 의해 지목되고 당에 의해 후계수업을 받은 후, 이후 전체 인민대중에 의해 만장일치로 추대된다. 북의 수령은 그렇게 탄생한다.

참고로 여기서 잠깐, 적어도 김주애가 현재까지는 그러한 자격요건 부합과 그러한 절차를 거쳤다는 정황증거는 그 어디에도 없다.

다음, 북의 후계자문제와 관련해 또 살펴봐야 할 지점은 후계승계 과정에서 나타나는 절차적 특징 부분이다. 다른 말로는 우리가 확증편향으로 이해하듯 북의 후계자는 그냥 확 만들어지는 것이 아니라는 점이다. 이는 자본주의 체제가 일반적인 의미에서 권력을 선출하는 방식이 선거라는 절차를 통해 이뤄진다면 사회주의도 자신들의 권력을 선출하는 방식이 분명 있다. 다만, 선거라는 절차보다는 '지목되고', '보증받고', '추대' 되는 차이가 있을 뿐이다.

이 또한 절차이다. 당연, 북도 예외는 아니다. 위에서 언급됐듯 수령에 대한 충실성을 그 기본으로 **한 세대 아래로 이어지는**(강조, 필자) 원칙하에서 후계자가 발굴되면 그 후계자는 당대 수령에 의해 후계자로 보증되고, 당과 백두의 주체 혈통을 가장 잘 집적시킨 항일 빨치산 세대 및 혁명 유자녀 세대들의 충성맹세가 뒤따른다. (그리고) 나서는 당대 및 선대 수령(들)의 정책과 노선을 100% 그대로 계승한 승계 순응 방식으로 그 절차가 이어진다.

드는 의문? 북은 왜 이런 원칙과 절차적 과정을 가져냈을까, 이다. 다른 데 있지 않다. 북의 이런 원칙과 독특한 후계자 선출과정 정립은 과거 소련 및 중국 등에서 이뤄진 후계승계 과정과 자국에서 벌어진 김정일－김영주와의 후계승계 다툼에서 비롯된 학습효과 때문이다. 그리고 그 결론이 후계자는 수령의 정치·사상적 혈통에 혁명의 대가 이어지는 '사상적 순결성'이 확고히 정립되는 방향으로, 이름하여 주체의 백두혈통이 더 철저히 강화되는 방향하에서 유일사상체계와 유일지도체제를 확립한다, 이다. 결과, 북은 수령과 후계자 중심의 강한 정통성을 확립한다.

사례는 이렇다. 첫째, 김정일의 이복동생 김평일이 왜 후계자가 될 수 없는지이다. 첫째 근거, 김평일은 김정일과 같은 동 세대이기 때문에 후계자가 수령보다 한 세대 아래여야 한다는 〈주체의 후계자론〉에 위배, 원천적으로 수령의 후계자가 될 수 없었다. 참고로 여기서 '한 세대 아래'라 함은 통상 30년 내외이고, '~대를 이어'는 그 정치적 함의이다. 둘째 근거, 수령은 교체해지는 것이 아니라, 후계자에 의해 승계되어 '승계 순응' 법칙에 따라 전체 인민의 의사로 집약, 옹립해지는 원리를 갖는다. 즉, 수령에 의해 후계자가 정해지고, 당에 의해 그 후계자가 후계수업을 거쳐 수령의 사상과 혁명노선, 혁명업적을 '그대로' 승계하는 순응 과정을 거쳐야 한다고 했을 때 김평일은 그런 후계자 수업을 받은 적이 전혀 없다. 수십 년 동안 해외에 머물다(대사 등) 2019년 65세가 되어서야 귀환했다.

그래서 지금의 3대 수령 김정은도 2대 수령 김정일보다 한 세대 아래였고, 같은 논리로 포스트 김정은 이후 수령도 김정은보다 한 세대 아래일 수밖에 없다. 결과, 해소될 논란은 이렇다.

북은 왜 한 세대 아래의 후계자 선정 원칙을 가졌을까?

이유는 어렵지 않다. 국제공산주의 정치운동이 보여준 역사적 경험 때문이다. 북은 이를 이렇게 해석하고 있다. 차기 수령을 뽑을 때 당대 수령과 같은 연배에서 추대하게 되면 비례하여 그만큼 후계자 추대를 짧은 기간에 자주 하게 될 수밖에 없고, 그러면 그만큼 안정된 영도를 보장하기 어렵게 되어 수령의 사상과 영도를 확고히 계승하는 데 있어 많은 차질을 발생시킬 수밖에 없다고 보는 것이다. 즉, 수령이 자주 바뀌면 영도체계가 확실히 서 있지 않은 조건으로 인해 영도가 일시적이나마 중단될 수 있으며, 바로 그 틈을 타서 권력 쟁탈이 발생하고 나아가서는 영도 자체가 불가능하게 될 수도 있다는 총화가 그것이다.

사례로는 이렇다. 1950년대 초 스탈린 이후의 소련, 1960년대 말 호찌민 이후의 베트남, 1970년대 말 마오쩌둥 이후의 중국, 1980년 티토 이후의 유고슬라비아에서 그러한 문제가 발생했고, 북은 이것을 너무나도 분명하게 반면교사 한 것이다. 그러니 북은 차기 수령을 반드시 다음 세대에서 선출하는 원칙을 확립할 수밖에 없었다. 연장선상에서 김정일과 같은 세대인 김평일, 김정은과 같은 세대인 김여정은 절대 2대와 4대 수령이 될 자격이 원천 배격되어 있다.

※ 참고로 이 내용을 더 자세히 알고자 한다면 본인의 졸저, <주체의 후계자론과의 대화: 세습은 없다> 참조

첫째, <주체의 후계자론>에 의거해볼 때 김일성 때는 왜 김영주가, 김정일 때는 왜 김평일이, **김정은 때는 왜 김여정이 절대 수령이 될 수 없는지는 명약관화**(강조, 필자)하다. 왜? 이들 모두는 당대 수령과 '같은' 세대이다. 하여, 후계자는 당대 수령보다 반드시 '한세대 아래여야 한다'라는 원칙에 위배 된다. 그럼, 김주애는? 김정은 국무위원장보다 한세대 아래이니 일단 그 조건은 부합한다. 하지만, 후계자로의 자질과 능력 측면에서는 2023년 기준 아직 10살짜리 애가 검증되었다고 보기에는 이르다. 해서, 적어도 현재 시점에서는 후계자로 확정되었다고 볼 수는 없다 이다.

둘째, 예외 변수(급사, 병사, 쿠데타 등)를 제외하면 북의 후계자문제는 20~30년 뒤 발생할 문제라는 것이다. 즉, 절대 당장 급박한 문제가 아니라는 사실인데, 그런데 갑자기 김주애 등장하자마자 '후계자'문제가 발생했다? 두 가지 유추가 가능하다. 첫째 요인, 북 자체 내적 요인으로 발생할 수 있는 것으로 이는 위에서 언급한 '예외 변수'에 의한 갑작스러운 등장 문제이다. 하지만, 이러한 가설은 이 글을 쓰고 있는 현재까지 정황 증거가 전혀 없기에 성립하지 않는 가설이다. 둘째 요인, 성립 가능한 가설이라는 것인데, 다름 아닌 김주애의 등장을 북의 후계자문제와 억지로 연계하여 핏줄 세습이라는 확증편향을 심어내려는 그 어떤 정치적 의도이다. 그것은 이 글 서문에서 언급된 "북을 봉건왕조 국가이미지만을 덧씌우기 위한 반북 모략 책동 다름 아니어서 그렇다"에서 알 수 있다.

3) 예측: 김정은 시대에서의 후계체제 구축과정

기준점은 김일성 주석과 김정일 국방위원장과의 영도권·지도권이 유일사상체계 안에서 어떻게 작동하였는지를 보면 이는 금방 알 수 있다. 특징 몇 가지가 있는데, 첫째, 후계자가 선출되고(김일성 체제 1기에 해당) 난 이후 수령의 영도권과 후계자의 지도권이 확연히 구분된다는 점이다. 둘째, '첫째'에 근거해볼 때 수령의 영도권은 주로 외치外治 영역, 후계자의 지도권은 주로 내치內治 영역을 담당하고 있음을 알 수 있다. 셋째, '셋째'에 근거해 볼 때 외치는 주로 '국방과 외교'이고, 내치는 주로 '경제와 사회문화'임을 알 수 있다. 이 가운데서도 가장 중요한 것은 당대 수령은 자신의 2기가 출범하기 전 반드시 유일후계체제를 구축해야만 한다는 사실이다. 즉, 후계자가 만들어져야 한다.

자, 그래놓고, 북 체제의 특성상 김정은 국무위원장 자연 수명에 이상이 없다면 그는 향후 40년 이상 장기집권은 가능하다. 2023년을 현재 기준으로 하여 봤을 때 40년 뒤면 2063년이고, 그때 그의 나이는 1982년생으로 기준 하면 81세, 84년생으로 기준 하면 79세가 된다. 물론 그 이상도 가능하다.

그래서 다음과 같은 시나리오, 혹은 가설이 성립한다.

먼저, 2021년에 제8차 당대회가 치러졌기에 이때부터 '사실상' 김정은 체제 1기 체제의 시작이라 본다면 이후 1기 체제의 완료시점은 시기적으로 제10차, 혹은 12차 당대회 전후 시기쯤 된다. 그리고 이 시기 김정은 체제의 성격과 임무는 온 사회의 김일성-김정일주의화 및 미 제국주의 굴복과 사회주의 문명국가로 진입시키는 것을 목표로 하는 국가 운영이 절대적으로 필요한 시기이다. 구체적으로는 전략핵 보유를 통한 전략국가의 위상 확보, 그 힘으로 미국의 적대정책을 완전 종식시켜 조선반도(한반도)에서 항구적 평화체제 구축 마련, 안으로는 경제 건설과 핵무력 건설을 병행하는 전략노선(사실상 이 의미는 미국의 대북제재가 이때까지 풀리지 않는다면 이 노선은 자강력 제일주의에 근거한 경제총력 집중노선 구현과 다름 아니다.)을 통해 서구 선진국 수준의 인민생활 향상을 내올 수 있는 자립·자강 경제노선을 확립하고, 이를 통한 우리 국가제일주의시대를 실질적으로 열어내야 한다. 그리고는 유훈으로 남겨져 있는 연방통일조국 추진의 1단계에 해당하는 민족공조를 완전히 회복시켜내어야 하는 임무도 있다.

다음, 2기 체제는 제10차, 혹은 12차 당대회 이후 시기부터일 텐데, 이 시기는 사회주의완전승리노선 최종 확인과 '유일'후계체제를 포함하는 유일사상체계를 완성하는 것이 가장 큰 급선무가 될 것이다. 구체적으로는 1기 때 핵을 보유한 상태에서 미국과의 관계 개선, 즉 '새로운 북미관계

수립'이라는 신뢰 단계가 2기 때는 한반도 완전한 평화체제 구축 및 연방 통일국가 2단계에 해당하는 '1민족 1국가' 문제 해결, 안으로는 사회주의 강성국가로 표징表徵되는 사회주의 문명국가를 최종적으로 달성해 최종적인 의미에서 사회주의완전승리노선이 선포되어야 할 것이다. 여기에다 마지막 화룡점정畵龍點睛은 수령의 가장 큰 책무인 후계체제 완성을 통해 제4기 유일사상체계를 완성해내는 것일 것이다.

했을 때 김정은 이후 제4기 후계 체제구축 문제는 김정은 체제 1기 중후반부터 시작하여 제2기 시작과 함께 완성된다. 연도로는 대략 2030~40년 전후에 발생할 일이다. 그런데도 제4기 후계자가 김주애다? 성립할 수 없다. (전제했듯, 아주 특별한 변수가 발생하지 않는 한) 절대 일어날 수 없는 정치적 상상력일 뿐이다.

하여, 최종 결론은 이렇다. 북은 〈주체의 혁명관〉과 〈주체의 후계자론〉에 의해 수령이 백두혈통의 계승자를 주체혁명의 후계자로 육성하게 되는데, 이때 수령은 후계자의 지도체제까지 포함하는 영도체계를 완벽하게 세움으로써 자신의 혁명 위업 책무를 다하게 된다. 그리고 이 과정은 백두혈통의 계승자가 주체혁명의 후계자로 되기까지 비례적으로 적어도 10년 이상이 걸림도 알 수 있다.

그러니 비록 김주애가 백두혈통의 계승자로 확정되었다손 치고, 또 후계자 자격 제1 징표인 수령에 대한 절대적 충실성까지 확인되었다손 치더라도, 자질과 능력 면에서 현재 10대 나이로 볼 때 아직 까지는 나머지 후계자 자격요인, '2에서 4까지의' 자격요인이 충분히 검증되었다고 보기에는 이르다. 결과, 김주애가 백두혈통의 계승자로서 후계자 자격요건에 유리한 출발선에 선 것은 맞지만, 딱 거기까지이다. 후계자로서 자질과 능력 문제는 여전히 그 이후의 문제로 남는다.

김주애의 후계자 자격 제1 요건, 수령에 대한 충실성 입증은 어느 정도인가?

나이가 어리다는 것 때문에 후계자 자격 제1 요건, 수령에 대한 충실성 입증이 불가능한 것은 절대 아니다. 수많은 예에서 이가 입증되기 때문이다. 유관순도 17세의 나이로 3.1만세운동에 참가했다. 북의 '전쟁영웅' 이수복도 10대였다. 그러니 10대라 하여 무조건 자신의 신념과 의지로 발로되는 수령에 대한 충실성이 없다고만 할 수는 없다. 해서, 김주애도 예외가 될 수는 없다.

다음과 같은 사실이 이를 예측해준다. 2022년 8월 10일 평양에서 진행된 전국비상방역총화회의에 토론자로 나선 김여정 조선로동당 중앙위원회 부부장은 전혀 예상 밖의 발언 하나를 쏟아낸다. 김정은 총비서가 "방역 전쟁의 나날, 고열 속에 심히 앓으시면서도 자신이 끝까지 책임져야 하는 인민들 생각으로 한순간도 자리에 누우실 수 없었다"라는 발언이 그것이다. 언뜻 보기에 따라서는 매우 평범해 보이는 발언이지만, 절대 그렇지 않다. 자신들의 최고영도자(수령)에 대해 이 정도 신변상황을 노출한다는 것은 매우 심각한 위기 상황이 찾아왔다는 심경의 표현이다.

해서, 해석하면 이 발언 첫째는, 2022년 7월 중에 악성 전염병에 감염되는 위기가 김정은 총비서에게도 닥쳐왔음을 알 수 있다. 둘째는, 좀 더 확대된 해석이다. 당연, 김주애는 자제이니까 자연스럽게 같은 공간에서 밤낮으로 자기 자신 건강을 돌보지 않는 헌신적이고도 비범한 간호 활동을 통해 김정은 총비서의 신변안전을 지켜드릴 수 있었다, 그렇게 해석할 수도 있는 것이다. 그렇게 수령에 대한 절대적 충실성을 엿볼 수 있는 대목이 발생한다.

하여, 자료의 한계로 인해 현재까지 우리가 파악할 수 없는 여러 요인이 있을 수는 있지만, 분명한 것은 김주애가 그렇게 어린 나이에 김정은과 함께 자주 노출된다는 것은 분명 백두혈통의 계승자로 공인된 것은 아닌가, 그렇게는 충분히 추정할 수는 있다.

해서, 이제까지의 결론은 김주애의 등장이 '후계자' 김주애로서의 등장이라기보다는 백두혈통 '계승자' 김주애의 등장에 훨씬 더 가깝다. 즉, 혁명 위업의 **대를 이어갈 수 있는 후대**(강조, 필자)가 튼튼히 마련되었고, 이 사실을 각종 핵무력 행사와 경제건설 현장에 등장시켜 북 체제의 안

정성을 대내외에 과시한 것으로 볼 수 있다 이다.

외에도 부수적으로 파생되는 효과는 내 가족만큼이나 인민의 가족과 행복 또한 똑같이 소중히 여기며 후대 세대들에게는 반드시 전쟁 없는 평화를 물려주겠다는 강력한 의지의 표명 그 정도인데, 이를 좀 더 정치적으로 해석해내면 '핵무력 법제화'에서 확인받듯 이제 자신들의 핵보유는 불가역화되었고, 연장선상에서 후대 세대들에게도 이 핵으로 평화와 조국통일을 물려주겠다는 상징 효과를 노렸다고 봐야 한다. 이상·이하도 아니다.

7. 개건(개조) vs. 개혁(개방):
북은 왜 덩샤오핑鄧小平을 소환하지 않을까?

일반적 의미에서 어떤 한 가설이 20여 년이 지난 뒤에도 실제 정설로 입증되지 않는다면 그 가설은 틀렸고, 폐기되는 것이 마땅하다. 그런데도 스즈키 마사유키의 북 '개혁·개방' 가설은 이미 30여 년이 지났으나 여전히 유효하다. 참으로 이상한 일이다.

그는 1992년 자신의 책 〈김정일과 수령제 사회주의〉에서 소련 붕괴 및 동유럽 사회주의 체제도 '개방'과 '개혁'으로 무너졌으니, 북도 반드시 그 길 ─ 개혁과 개방의 길로 갈 수밖에 없다는 가설을 내놓는다. 이후, 이 가설에 따라 수많은 북 전문가들과 정치인, 언론들이 북측 개방·개혁설을 들고 나왔다. 하지만, 그 가설은 지금까지도 여전히 정설로 전혀 입증되지 않은 명백한 오류이다.

정말 이 지구상 유례없는 지독한 '오류' 사랑이다, 그렇게밖에 설명할 수 없다. 그럼 왜, 이런 현상이 발생할까? 모르긴 몰라도 다른 데 있지는 않다. 북 사회주의 체제에 대한 '묻지마'식 적대감과 사회주의 자체에 대한 필망론이 그 원인일 것이다. 다른 말로는 자본주의 체제의 적으로서 사회주의 체제는 반드시 붕괴해야만 하는, 그것이 아니라면 자체적으로는 절대 내적 모순을 해결할 수 없으니 결국 언젠가는 때가 되면 반드시 '개방'과 '개혁'과 같은 체제전환의 길로 나설 수밖에 없고, 결국 그 길은

-'개방과 개혁'의 길은 사회주의 체제를 반드시 변형시켜 붕괴로 나아갈 수밖에 없을 것이라는 확증편향 인식이 자리 잡는다.

1) 비판:
'블랙 코미디black comedy' 같은 북 인식 문법을 비판하며

하지만, 북 경제를 조금이나마 이해하고 있다면 북은 절대 개혁·개방의 길로 나아가지 않을 것임을 단박에 알 수 있다. 왜냐하면 그들의 기본 경제노선이 개혁·개방과는 아무런 상관없는 자립·자강으로 설계되어있기 때문이다. 발표된 몇 가지 자료로도 이는 충분히 증명된다.

"'자립경제'가 미래를 위한 경제라면 '예속경제'는 하루살이식 경제"(〈로동신문〉, 2023.02.23)라는 인식이다. 이어 신문은 "강위력한 자립경제가 없이는 민족의 존엄에 대해 말할 수 없고 자주정치를 논할 수 없다"며 "경제적으로 자립하지 않으면 남에게 머리를 숙이게 되고 무릎을 꿇게 된다"라며 "제국주의자들의 원조는 하나를 주고 열, 백을 빼앗아가기 위한 약탈과 예속의 올가미이며 세계지배전략 실현을 위한 도구이며, 제국주의자들은 원조를 미끼로 다른 나라들의 경제명맥과 이권을 틀어쥐고 경제발전을 억제하며 예속시키고 있다"라고 경계하며 결론에 "우리 공화국(북)은(중략) 자립적 민족경제 건설노선을 틀어쥐고"이다. 반면 개혁·개방에 대해서는 "국제무대에서 대국들의 앵무새 노릇을 하게 된 원인 중의 하나는 튼튼한 자립경제를 건설하지 못한 데 있으며, 제국주의자들의 경제제재와 봉쇄에 견디여내지 못하고 자주성을 유린당한다"라는 인식이다.

또한, 2021년 5월 3일 〈조선신보〉가 '조선경제 부흥을 위한 혁신: 세계에 유일무이한 자력자강의 발전방식'이라는 제목의 기사에서도 북이 생각하는 혁신을 설명해내고 있는데, 혁신에 대해 그들은 "내적동력으로 국력을 향상시켜온 실천적 경험에 근거하고 있으며, 외국의 자본과 자원, 기술의 도입을 전제로 하는 **개혁개방과 근본적으로 차이난다**(강조, 필자)"라면서 "외부세력들이 성공사례로 꼽는 개혁개방의 나라들에 없는 귀중한 전략적자원이 북한에 있다"며 "수 십년간 다져온 자립경제토대와 핵전쟁억제력의 완성으로 증명된 능력있는 과학기술역량과 자력갱생을 체질화한 인민의 애국적열의와 창조적힘"이라고 하면서 "외부세력들은 선례가 없는 경제부흥방식에 불가능의 딱지를 붙이지만, 그것이 전인미답의 길이라는 것을 충분히 알고도 북한은 신심에 넘쳐 유일무이한 자력자강의 사회주의경제강국을 지향하여 착실히 전진하고 있다"라고 했다.

무엇이 보이는가? 그런데도 북이 결국에는 개혁·개방할 것으로만 보이는가?

그런데도 도대체 왜 우리는 그런 것일까? 도대체 무엇 때문에 우리는 그런 인식을 버리지 못하는 것일까? 여러 요인이 있겠지만, 결국에는 너무나도 강고하게 형성된 확증편향 인식 때문이다. 첫째는, 결국 북은 미국과 국제사회의 제재와 압력에 굴복할 것이라는 미국 중심의 인식이다. 둘째는, 이 지구상에서 가장 가난한 국가 중의 하나라는 인식이 북이 먹고살기 위해서는 결국 자립경제를 포기하고, 결국에는 제제 전환을 통해 개혁·개방에 나올 수밖에 없을 것이라는 자본주의 관점의 체제우월적 시각이다. 셋째는, 앞 '둘째는'과 연동되어 과연 한 국가가 다른 국가와의 무역 및 교역 없이 자립적 경제가 가능할 것인가에 대한 근본적 회의일 수도 있다. 특히, 수출중심 경제일 수밖에 없는 남측으로서는 그러한 인식밖에 할 수 없는 것이 어쩌면 너무나도 당연하다 할 수도 있을 것이다.

하지만, 위 '첫째는', '둘째는', '셋째는', 이 모든 것을 다 합한 것보다 더 지독한 확증편향은 이유 불문 체제가 붕괴해야 할 북이 과연 자립적 민족경제 건설노선에 의해 제 발로 걸어가는 사회주의 국가 북을 도저히 인정할 수 없다는 지독한 사고의 편협함 때문이다. 덩달아 이와 같은 인식에 이해관계를 가진 모든 언론 및 지식인, 전문가와 권력 집단들이 함께 호응해주면서, 아니 국민 모두 그렇게 믿게끔 선전 · 선동하여 대한민국 전체가 '검은 양 효과'에 포획되길 바라는 그들의 '의도된' 정치 목적 때문일 것이다.

그러다 보니 '젊은' 유학파 김정은의 등장만으로도 중국 개혁 · 개방의 상징인 덩샤오핑과 연결 짓고, 결국에는 사회주의 체제를 포기하게 될 것이라며 김정은 국무위원장을 제2의 덩샤오핑이라고 프레임 씌운다. 그리고 이 같은 예는 하도 많아 별 논쟁거리도 아니지만, 그래도 한 예를 들자면 김정은 국무위원장이 2018년 4월 14일 중국공산당 대외연락부장 쑹타오를 만난 자리에서 "중국공산당의 경험을 거울로 삼아 배우고 싶다"라고 밝힌 그 한마디를 두고, 이것이 북은 이제 중국식 개혁 · 개방 문제가 시간문제일 뿐이라는 주장으로 둔갑하여 국내 언론에 대서특필되기도 한다. 근거도 기가 찬다. 이 발언이 과거 덩샤오핑의 흑묘백묘黑苗白描 발언과 매우 닮았기에 북도 중국식 경제 – 시장사회주의 경제로 전환하려 한다는 논리가 성립한다는 것이다.

블랙 코미디도 이런 블랙 코미디가 없다. 북 건국 이후 전 기간, 북이 '중국식 개혁개방' 모델에 엄청난 비판적 시각을 갖고 있었다는 것을 조금이라도 안다면 도저히 나올 수 없는 확증편향이고, '의도된' 흑색선전이다.

2) 북의 '개건·개조' 개념에 깃든 함의

적어도 북이 정말 개혁·개방한다는 증거가 되려면 김정은 국무위원장이 외국(스위스) 유학을 했다는 것, ㅇㅇㅇ경제개발구와 같은 특구 추진, 북의 궁극적 목표인 인민생활 향상을 위해서는 결국 핵을 포기하고 그 대가로 경제적 지원을 반드시 받을 것이라는 희망 사고, 그리고 농민시장 활성화와 장마당 단속 등과 같은 그런 비본질적 경제지표 변화... 등등 그런 것 말고, 북의 변화가 어느 방향으로, 또 어떤 목적으로, 또는 북의 변화를 강제해낼 만큼의 근본이념에 변화가 있는지... 등등 그런 것들을 모두 종합적으로 분석하고, 결과를 도출하여 북 전망을 쏟아내는 것이 더 타당하다, 할 것이다. 그런데 이 모든 것을 모조리 다 생략하고 오직 '중국으로부터 배우고 싶다'라는 그 한마디에 김정은은 제2의 덩샤오핑이 되어야 하고, 북 자신들의 계획과 필요 때문에 추진되는 개건·개조에 대해 제멋대로 해석을 갖다 붙여 이것을 곧바로 중국식 개혁·개혁으로 둔갑시켜버리는 것은 정말 정상적이지 않다.

그래놓고, 확실하게 북이 절대 자본주의로의 체제전환이나 개혁·개방할 의사가 없다는 것을 알 수 있는 것은 아래 4가지로 확인되는 북의 선택지이다.

첫째, 북이 현실사회주의 체제 붕괴 전후 시기에도 그들이 선택한 사회과학적, 혹은 사상이론적 결론은 '더' 사회주의 노선이었다.

- **1991년 5월 5일,** 소련 및 동구 사회주의에서 일어난 체제전환을 비판한 김정일의 담화이다. '인민대중 중심의 우리식 사회주의는 필승 불패이다'
- **1992년 2월 3일,** 김정일의 조선노동당 중앙위원회 책임일꾼들과 한 담화이다. 제목은 '사회주의건설의 역사적 교훈과 우리 당의 총노선'이고, 핵심 내용은 소련 및 동구 사회주의권 좌절 원인이 "사회주의의 본질을 역사의 주체인 인민대중의 중심

으로 이해하지 못한 점", "사회주의와 자본주의의 질적 차이를 보지 못하고 사회주의 근본원칙을 일관성 있게 견지하지 못한데" 있고, "관료주의가 자라나 사람들의 창발성을 억제하고 당과 국가에 대한 신뢰를 떨어뜨리게 되어 인민대중의 통일단결을 파괴하는 엄중한 결과를 가져왔다"이다.

- **1992년 4월 20일,** '사회주의 위업을 옹호하고 전진시키자'를 발표. 내용 핵심은 "최근 년간 일부 나라들에서 사회주의가 좌절된 사태를 놓고 제국주의자들과 반동들은 마치도 사회주의가 '종말'을 고한듯이 떠들고 있다. 이것은 자본주의를 미화 분식하고 낡은 질서를 비호하려는 궤변에 지나지 않는다"라고 일축한다. 참고로 이때 채택된 이 발표문은 '평양선언'으로 규정되어, 이후 사회주의권에서는 이 선언을 '제2의 공산당선언', 혹은 '사회주의 재건의 대헌장'이라 의미 부여한다. 결과, 발표 당시 이 선언에 참여했던 정당 수가 70개였던 것이 계속 점점 더 수가 늘어나 1년 뒤엔 170여 개, 그리고 25주년을 맞는 2017년 4월 현재에는 300개를 넘겼다.
- **1994년 11월 1일,** '사회주의는 과학이다'라는 논문 발표. 내용 핵심은 과학으로서의 사회주의에 대한 승리의 신념을 표시하고, 과학으로서 북 사회주의는 지난 시기의 사회주의, 즉 맑스·레닌주의에 기초한 사회주의에 비해 우월함은 물론, 그 한 길에서 김일성 주석이 개척하고 이끌어 온 '주체의 사회주의 위업'을 끝까지 대를 이어 계승·완성할 것을 주창한다.

둘째, 1980년대 말부터 도미노domino처럼 불어닥친 사회주의 체제몰락 시기에도 그들이 총화總和해낸 경험적 반면교사들이다.

하나, 북은 현실사회주의 체제의 몰락 때 오히려 사회주의 체제원형을 더 지키는 방향으로 나아갔다. 유일정당 유지와 계획경제 체제에다 '수령(최고영도자)' 중심의 일심단결을 더 강화하는 방향으로 사회주의 국가체제를 성립시켜냈다. 이는 뇌수 없는 사람의 생명체가 없듯 수령 없는 국가가 존재할 수 없다는 그들 나름의 총화였다. 즉, '잘못된' 최고영도자의 후과後果가 얼마나 큰 것인가를 뼈저리게 느꼈다는 말인데, 아래 글들이 이를 충분히 증거 해준다.

〈로동신문〉과 〈근로자〉 공동론설 '우리 공화국은 존엄 높은 인민의 나라로 무궁 번영할 것이다'에 나와 있는 내용이다. "사회주의국가건설위업

한두 세대에 끝나는 것이 아니다. 지난 시기 일부 나라들에서 인민적 사명과 본분을 저버리고 사회주의를 말아먹은 가슴 아픈 비극은 령도의 계승문제를 옳바로 해결할 때 나라도 강대해지고 인민의 존엄도 빛난다는 진리를 새겨주고 있다."(2019.09.06) 또 다른 한 문헌을 보자. 김현환의 〈주체사상과 나와의 대화〉에 나와 있는 내용인데, "북한의 이러한 인식이 동구권과 구소련 붕괴의 경험은 영도의 계승문제를 올바르게 해결하지 못하여 사회주의 위업이 곡절을 겪었으며 특히, 사회주의의 배신자들이 지도층에 등장하여 수정주의 정책을 강행하여 마침내 사회주의를 붕괴시켰고 이 중심에 흐루쇼프, 고르바초프가 있다." 이다.

결국 이러한 인식은 '수령'에 대한 법제화로 이어지고 자신들의 헌법 명칭을 '김일성 헌법'으로 명명, 김일성 주석에 대한 위상은 "위대한수령 김일성동지는 조선민주주의인민공화국의 창건자이시며 사회주의조선의 시조이시다"라고 정립하게 했다.

둘, 경제노선도 정치·사상적 자극은 없이 물질적 자극만을 강조했을 때 그것이 갖는 위험성을 직접 목도目睹했고, 그러니 북은 제아무리 먹고 사는 문제가 시급하더라도 정치·사상적 자극을 반드시 우선하는 그 바탕에서 물질적 자극을 결합하는 경제 성장원칙과 사업작풍을 견지하는 결론에 도달했다. 해서, 당시 나온 방침들인 6·28 방침과 7·1 조치 등도 그 연장선에 있었고, 그것은 어디까지나 현실사회주의 체제의 몰락을 지켜보면서 사회주의 체제가 갖는 한계를 사회주의적인 방식으로, 즉 '더 좋은' 사회주의를 만들기 위한 방법론적인 의미에서 '개건·개조' 문제 그 이상·이하도 아니었다. (그런데도 굳이 이를 자본주의적 시각이라는 색안경을 끼고 개혁·개방정책의 한 일환─環으로 다들 분석한다. 정말 '지독하게' 편향된 '개혁·개방' 사랑이라 할 수 있다)

7·1 조치와 6·28 방침에 대한 설명

2002년에 나온 북의 7.1조치(정식명칭, 7.1경제관리개선조치)에 대해 당시 미국과 남측의 대체적인 분석은 마침내 북이 개혁·개방을 진행할 것이라고 진단하여 흥분했지만, 북의 입장에서 이 근본 목적은 고난의 행군시기때 사회주의 공급체계가 정상화되지 못해 생긴 부작용, 즉 시장기능의 축소·와해를 통해 사회주의 공급체계의 정상화로 가기 위한 분명한 조치였다.

하여, 당시 이 조치는 북 스스로 '실리 사회주의'란 유행어를 낳을 만큼 큰 반향을 일으켰고, 이 초치 - 7.1경제관리개선조치에 대해 2002년 7월 1일 <조선신보>는 이렇게 주장했다. "사회주의 원칙을 확고히 지키면서 가장 큰 실리를 얻을 수 있는 경제관리방법"이고, 여기서 실리란 "사회의 인적, 물적 자원을 효과적으로 리용하여 나라의 부강발전과 인민들의 복지증진에 실제적인 리득을 주도록 한다는 것"으로, "국가적으로나 개별적 부문, 단위들에서 생산과 건설, 기업 관리운영을 가장 합리적으로, 경제적으로 하여 나라와 인민에게 실제적으로 리익을 주는 것"이라고 말이다.

또, 2004년 김일성종합대학 경제학부 허재영 교수(재정금융학)와 렴병호 교수(경영학)가 <조선신보> 기자와의 인터뷰에서 아래와 같이 말했는데, 이 또한 북이 말하는 '실리'가 자본주의적 개념이 아님을 명백히 밝혔다.

"리윤이 곧 실리가 아닙니다. 우리가 말하는 실리는 개별적 단위가 아니라 국가적 차원에서 즉 집단주의의 견지에서 추구해야 할 목표입니다." "공장·기업소가 수입을 늘이는 일이 인민대중의 리익에 이바지하도록 국가가 통일적으로 지도를 합니다. 개인 본위주의, 기관 본위주의로 나갈 여지는 없단 말입니다. 누구는 사회와 집단에 보탬을 주는 방향에서 자기의 창발성을 발휘해야 더 많은 분배 몫이 차례지게끔 체계가 꾸려져 있는 것입니다."

그로부터 - 7.1 조치로부터 딱 10년 뒤 발표된 것이 6.28 방침(정식명칭, 우리식의 새로운 경제관리 체계를 확립할데 대하여)이다. 이는 공업 부분의 7.1 조치를 농업 부분으로 적용해 사회주의 계획경제 틀 속에서 이제껏 국가가 보장해내지 못했던 생산수단을 국가가 철저히 보장하고, 협동농장 관리체계의 현실화를 통해 식량 생산을 원활히 해내겠다는 농촌경제관리 방침이다.

주요 내용으로는 △협동농장과 공장의 생산에 필요한 초기 비용을 국가가 우선 보장하고, △국가와 농장(공장)이 70:30으로 분배하되, △협동농장의 작업

분조 규모를 축소하여 식량 생산량에 대한 동기유발을 적극 추동 하겠다는 내용을 담고 있다.

이렇듯 두 조치의 결론은 명확하다. '개혁·개방'과는 거리가 멀고, 당시 제1비서 자격으로 6·28 방침을 발표했던 김정은 위원장의 다음과 같은 발언으로 자본주의적 시각의 개혁·개방과 관련된 논란에 최종 종지부를 찍는다.

"사회주의 원칙을 확고히 고수하면서도 최대한의 실리를 보장할 수 있게 하는 것이 경제부문에서 종자로 틀어쥐고 나가야 된다."

셋, 사회주의 체제는 체제의 특성상 당과 인민의 관계가 비적대적 모순관계여야 하나, 멸망할 때 소련과 동구 사회주의권 나라들에서는 인민과 당과의 관계가 적대적 모순관계로 변해 당은 인민을 믿지 못하고, 인민은 더 당을 믿지 못하는 당과 인민 간의 괴리가 결국 사회주의 체제를 멸망의 나락으로까지 내몬 것임을 총화한 북이다. 그러니 북은 당연히 당을 오히려 더 철저하게 인민의 이익에 복무하는 당으로 전환하려 했다. 그 최종 종착지가 최근에 자주 등장하는 '봉사'의 당, 최종적으로는 '심부름' 정당으로까지 성격 규정해 당과 인민의 관계를 더욱더 돈독히 하려 하고 있다. 결과, 북은 당과 인민 사이에 틈새가 단 0.0001mm라도 발생하지 않게 하려 한다.

──────── 보충설명 ────────

'심부름' 정당이 갖는 의미

북은 2021년 12월 10일 자신들의 웹사이트인 <조선의 오늘>에서 '조선로동당의 정치이념'이라는 제목의 기사를 내보내는데, 이 기사에서 조선로동당이 왜 인민의 심부름 정당을 지향하는지가 명확히 드러난다.

"조선노동당의 정치이념은 인민대중제일주의"로 규정하면서 그 '인민대중제일주의'를 "인민대중을 혁명과 건설의 주인으로 보고 인민대중에게 의거하며 **인민을 위하여 멸사복무할**(강조, 필자) 데 대한 정치이념"으로 규정, 이를 구현하기 위한 조선로동당의 3가지 성격 규정을 내온다.

첫째, 조선로동당은 "인민의 운명을 끝까지 책임지고 보살펴주는 진정한 보호자"라는 것이다.

"인민의 운명을 전적으로 책임지는 것은 조선노동당의 최대 중대사이며 성스러운 본분"이라면서 "위대한 수령님과 위대한 장군님을 모시듯이 인민을 받들고 인민이 바란다면 아무리 아름차고 방대한 일감도 주저 없이 맡아 안아 훌륭한 결실을 이루어내고야 마는 진정한 인민의 **심부름꾼당**(강조, 필자), 바로 여기에 위대한 김정은 시대 조선노동당의 참모습이 있다"라고 알렸다.

둘째, 조선로동당은 "우리 인민을 불굴의 혁명가, 힘있는 창조자로 키우는 위대한 스승"이라는 것이다.

"인민에 대한 최대의 사랑은 인민대중을 자주적인 혁명사상의 체현자, 창조적 능력의 소유자로 준비시키는데 있다"면서 "조선노동당은 혁명영도의 전 기간 인민들을 주체의 신념과 자력갱생의 혁명정신으로 튼튼히 무장한 사상의 강자, 사회주의건설에서 눈부신 비약과 변혁을 이룩해나가는 창조의 거인으로 억세게 키우는데 선차적인 힘을 넣어왔다"라고 상기시킨다.

셋째, 조선로동당은 "인민의 이상과 염원을 빛나는 현실로 꽃피워나가는 참된 복무자"라는 것이다.

"우리 당은 장구한 혁명의 길에서 인민사랑의 정치를 철저히 구현하여왔다"면서 "절세위인들의 이민위천, 위민헌신의 사상과 이념은 전당에 차 넘친 헌신적 복무정신의 기초로 되었으며 우리 당이 인민의 복리증진을 최급선무로 내세우고 실행해올 수 있게 한 원천으로 되었다"리고 전한다.

그리고 위 3가지 성격 규정을 하나로 모으면 결국 남는 것은 김정은 국무위원장이 늘 강조했던 "모든 것을 인민을 위하여, 모든 것을 인민대중에게 의거하여!"라는 조선로동당의 본성적 요구에서 출발한 인민대중에로의 복무 정신, 즉 헌신성과 한 치도 다르지 않다. '심부름' 정당이 그렇게 만들어져 가고 있다.

넷, 북은 군대 문제도 국방 의무만 갖는 그런 군대가 아니라 당의 군대로, 더 나아가서는 수령의 군대로 그 성격 규정을 매우 분명하게 정립시킨다. 이유는 소련 및 동구 사회주의권 멸망 및 체제전환의 전 과정을 지켜본 북은 군대가 당의 편에 서지 않고, 오히려 당과 수령으로부터 등을 돌린 인민의 편에 서는 것에 매우 큰 충격을 받는다. 해서, 북은 군대를 국가만 지키는 무력적 수단뿐만 아니라 자신들의 혁명 위업을 계속 전진시켜나가는 혁명 주체, 즉 당의 군대이자 수령의 군대로까지 군대의 성격을 새롭게 정립시킨다. 왜냐하면 그렇지 않으면－당의 군대, 수령의 군대이지 않으면 종국에는 군대가 결국 국가도, 혁명 위업도 다 망쳐 놓을 수 있겠다는 총화 때문이다.

수령－당－군대－인민대중의 혼연일체 성립이다. 김철우의 〈김정일장군의 선군정치〉 내용을 보면 이는 더 확실하다. 그는 이 책에서 소련몰락 당시 마지막 국방장관 야조프 원수의 발언 "군대를 국방수단으로만 여겼지, 공산당 보위나 사회주의 수호 교양이 관심밖에 있었기 때문~"을 인용하면서 "정권과 민중이 적대관계에 있는 자본주의사회에서는 군대이자 당이고 국가이며 인민이라는 정치구도가 리론적으로나 실천적으로 성립될 수 없다"라고 밝힌다.

셋째, 김정은 시대에 들어와서도 북은 여전히 자본주의에 대한 부정적 시각의 절대성 유지는 물론, 개혁·개방과는 전혀 상관없는 '자력과 자강력', '자력갱생'을 매우 중시한다.

- 2018년 6월 16일, 〈로동신문〉 정세 해설기사 '자본주의에는 미래가 없다'
- 2018년 6월 18일, 〈로동신문〉 정세 해설기사 '인류의 염원은 사회주의 사회에서만 실현될 수 있다'
- 2019년 9월 17일, 〈로동신문〉 론설 '자력갱생은 우리 식 사회주의의 생명선'에서 김정은 국무위원장의 말을 인용해 다음과 같이 보도한다. "자력갱생은 혁명과 건설의 조건과 환경이 어떠하든 적들이 제재를 하든 안 하든 변함없이 틀어쥐고 나가야 할 우리의 발전과 번영의 강력한 무기입니다."
- 2022년 9월 14일, 〈로동신문〉 '역사와 현실은 우리당 자립경제건설로선의 정당성과 생활력을 확증한다'라는 론설에서도 "자주적인 사회주의 국가를 건설하려면 정치는 물론 경제도 자기 인민의 요구와 나라의 실정에 맞는 방식으로 건설하여야지 자본주의적 방식을 끌어들여서는 안된다"고 단언했다. 그러면서 "'국가주의'와 '복지주의'간판을 들고 '자본주의적인 경제효율'과 '사회주의적인 사회시책'을 결합시켜 '고성장', '고복지'를 이룩한다는 '제3의 길'이란 있을 수 없다"라고 결론 맺는다.

해서, 결론은 이렇다. 위 '첫째'와 '셋째'로부터 북은 자신들의 경제를 사회주의 기본경제 방식인 계획경제를 기본으로 하는 자립적 민족경제 건설노선을 채택, 최대한 북 자체의 자원과 자본, 기술과 노동이 중심되는 자립·자강의 '제발로 걸어가는 경제체질'을 갖게 하고, 여기에다 자체적으로 해결할 수 없는 부분－자립·자강할 수 없는 부분에 대해서는 자립적 민족경제 건설노선, 이름하여 개성공단과 같은 '민족경제' 개념 (6·15 공동선언 4항 "남과 북은 경제협력을 통하여 민족경제를 균형적으로 발전시키고~") 플러스(+) 2023년 현재까지 알려진 5대 경제특구와 27개 경제개발구와 같은 '특구경제'로 이를 보완하려 하는 것이다.

─────── **보충설명** ───────

민족경제와 특구경제에 대한 이해

북이 민족경제 관념을 갖고 있다는 것을 알 수 있는 대목이 6.15 공동선언 4항이다. "남과 북은 경제 협력을 통하여 민족경제를 균형적으로 발전시키고 (이하, 생략)"가 그것이다. 의미적으로는 북 스스로 해결할 수 없는 부분의 경제적 요인에 대해 같은 민족인 남과 협력하여 - 경제교류 및 협력을 통해 그 문제를 풀어가겠다는 방식이다. 지금은 닫혀있지만, 개성공단이 이를 상징한다.

한편, 특구경제와 관련해서는 2023년 현재 5대 경제특구와 27개 경제개발구로 알려져 있다. 의미가 과연 일각에서 주장하는 것처럼 자본주의 경제방식의 도입이고, 체제전환의 신호탄일까? 결론은 천만의 말씀이다. 왜? 누누이 말했듯이 북은 천백번 죽었다 깨어나도 계획경제를 포기하지 않는, 즉 자립·자강의 경제노선 국가이다.

다만, 그렇다 하더라도, 길게 보면 제아무리 제 발로 걸어가는 경제로 나라살림을 꾸려나가고 싶기는 하지만, 어쩔 수 없이 해결 안 되는 몇몇 부분은 충분히 있을 수는 있다. 왜냐하면 이는 지구상 그 어떤 국가라 하더라도 한 국가가 100%의 완벽한 '폐쇄적' 자립경제를 운용한다는 것은 거의 불가능에 가깝다. 자원문제, 기술 문제, 노동과 생산력 문제(생산성 효율성 문제까지 포함), 자본 문제 등 수많은 경제·기술·자본·자원 등 관련 요인들을 한 국가가 자체적으로 100% 해결해내기란 쉽지 않기 때문이다.

해서, 북의 경제노선은 다음과 같은 2가지 특징을 갖는다.

첫째는, '폐쇄'의 의미가 있는 그런 자립이 아니라, '열린' 개념으로서의 자립이다. 둘째는, 자신들의 부족한 부분에 대해서는 자신들의 사회주의경제가 허용하는 범위 내에서, 즉 통제가 가능한 범위 내에서의 자본주의 경제방식이라 할 수 있는 민족경제와 특구경제 개념 도입도 충분히 가능하다.

그런데 문제는 이를 구현해나가는 데 있어 그들이 '의도하지 않은' 엄청난 장애가 지금껏 조성돼 있다는 점이다. 바로 미국과 국제사회의 제재이다. 이는 위에서 언급했듯 북은 '열린' 개념으로서 자립적 민족경제 건설노선과 특구경제로 나아가려고 하지만, 오히려 미국과 국제사회가 의도적으로 북의 경제를 '닫힌' 사회주의 경제노선으로 왜곡해내고 있는 점이다. 즉, 자신들의 봉쇄 때문에 생긴 일을 북 탓하는 정치적 술수로의 작용이다.

넷째, 북은 이제껏 단 한반도 자신들의 경제이념과 경제관, 경제노선을 바꿔본 적이 없다. 오직, 사회주의 계획경제만 있다.

관련해 제일, 먼저 살펴볼 지점은 제7차 당대회와 2020년 사실상 신년사에 해당하는 '조선로동당 중앙위원회 제7기 5차 전원회의'때 발표한 총화 내용이다. 여기서 그들은 자신들의 사회주의 길에 대해 '불멸의 혁명업적'으로 총화해 사회주의 완전 승리노선 및 '정면 돌파전'을 채택한다. 그런데도 경제만 자본주의적 방식으로 해결한다? 절대 가능하지 않은 발상이다.

> 이번 당 대회보고에서 우리 당을 백전백승의 향도적 역량으로 강화 발전시키고 우리 나라를 국력이 강한 사회주의 강국으로 일떠세워준 불멸의 혁명업적을 총화했다. (제7차 당대회)

해석해 보자. '불멸의 혁명업적을 총화'는 기간 자신들이 걸어온 사회주의 길을 충분히 총화한 결과, 계속 그 길 – 사회주의 길을 가겠다는 것과 사회주의 이상 국가를 절대 포기하지 않겠다는 의미에서의 '불멸의 혁명업적 총화'이다. 동시에 그 총화에는 "사람들은 물질 경제생활의 력사적인 발전 단계에서 사회 경제 제도의 형성과 발전, 교체의 합법칙성을 밝히며"라는 결론도 있는데, 이를 우리가 전후 맥락으로 이해해보면 북 스스로가 지난 시기를 총화해냄에 있어 사회주의 건설기(김일성 시대)를 지나 체제수호(김정일 시대)라는 '고난의 행군' 시기를 마감하고, 사회주의 문명국가라는 '사회 경제 제도의 형성과 발전, 교체의 합법칙성'을 밝혀내었다는 총화의 의미와 같다. 한마디로 계속 한치 흔들림 없는 사회주의 체제로의 총진군이다.

─────── 보충설명 ───────

2020년 신년사 발표를 앞둔 2019년 후반, 김정은 국무위원장이 연속적으로 두 번이나 백두산 혁명전적지(이후, 백두산)를 방문한 사연에 대한 이해

김정은 국무위원장이 백두산 삼지연 방문 때 한 첫 발언은 이렇다. "우리는 그 누구의 도움을 바라서도, 그 어떤 유혹에 귀를 기울여서도 안 된다. 오직 자력부강, 자력번영의 길을 불변한 발전의 침로로 정하고 **지금처럼 계속 자력갱생의 기치를 더 높이 들고 나가야**(강조, 필자) 한다."(<조선중앙통신>, 2019.10.16.)

두 번째 방문 때 한 발언은 다음과 같다. "적들이 아무리 집요하게 발악해도 우리는 **우리 힘**으로 얼마든지 잘 살아갈 수 있고 **우리 식**으로(강조, 필자) 발전과 번영의 길을 열어나갈 수 있다는 것이 시련과 곤란을 디디고 기적과 위훈으로 더 높이 비약한 2019년의 총화"라고 했고, 계속해서 통신은 "(중략) 전당, 전군, 전민이 제국주의자들의 전대미문의 봉쇄압박책동속에서 우리 당이 제시한 **자력부강,자력번영의 로선을 생명으로 틀어쥐고 자력갱생의 불굴의 정신력으로 사회주의부강조국건설에 총매진**(강조, 필자) 해나가고있는 우리 혁명의 현정세와 환경, 혁명의 간고성과 장기성에 따르는 필수적인 요구에 맞게" 강조하고 있다.(<조선중앙통신>, 2019.12.4.)

이 둘로 얻어 낼 수 있는 정치적 함의는 자력(갱생)에 기초한 사회주의 경제발전노선으로 정면 돌파해 사회주의 부강조국건설을 해내겠다, 이다.

즉, 경제 전선에서의 정면 돌파전은 미국의 제재를 변함없는 상수로 둔 채 자신들의 경제를 정상화하고 사회주의를 발전시켜 나간다는 전략인데, 여기서 제재를 상수로 둔다는 것은 북이 자력갱생의 힘으로 국가를 온전히 운영해나간다는 뜻과도 같다. 이름하여 경제의 전 영역에서 '자력갱생'을 뼈에 새기고 그

에 맞는 체질 개선과 일대 전환을 이뤄내 보겠다는 것이다.

해서, 북의 입장에서 이 선택은 미국의 대북제재가 진짜 '실효적으로' 해소되지 않은 상황에서는 자신들이 선택할 수 있는 최선의 방책과도 같다. 왜냐하면 현실적으로 존재하는 미국의 대북적대, 특히 대북제재가 지속되고 장기화할 수밖에 없는 상황에서 '자주'를 중심에 놓는 북의 특성상 이를 보장 - 자주를 지켜내면서도 인민 생활 향상을 내와 인민을 잘살게 하기 위한 전략적 조치는 사실상 자력갱생밖에 없기 때문이다.

제8차 당대회는 바로 이러한 자신들의 경제전략을 확인한 자리였다.

> "현 단계에서의 조선혁명의 진로를 명시한 당중앙위원회 제7기 사업총화 보고의 진수는 **우리자체의 힘, 주체적력량을 백방으로 강화하여**(강조, 필자) 현존하는 위협과 도전들을 과감히 돌파하고 우리 식 사회주의건설에서 새로운 비약을 일으키며"로 그 연장선상에서 "**사회주의건설의 주체적 힘, 내적동력을 비상히 증대시켜**(강조, 필자) 모든 분야에서 위대한 새 승리를 이룩해나가자는 것이 조선로동당 제8차 대회의 기본사상, 기본정신입니다."

다음, 두 번째로 살펴볼 지점은 앞에서도 계속 얘기해 왔지만, 북은 개혁 · 개방과는 한치의 상관관계도 없는 자강력 제일주의에 근거한 사회주의 완전 승리노선을 채택한 그런 국가이다. 2021년 개최된 제8차 당대회가 그 증거이다.

"자체의 힘으로 경제발전을 지속시켜나갈수 있는 소중한 밑천이 마련"되었고, "우리 식 사회주의의 존립의 물질적기초이고 생명선인 자립적민족경제, 사회주의경제의 기틀을 견지하고 그 명맥을 고수했다"라고 총화했다.

위 문장에서 우리는 과연 어떤 해석을 해내어야만 할까? 별 고심하지 않아도 충분히 알 수 있다. 북의 '자립적' 경제개념에는 자본주의적 방식인 무역과 수출 · 입으로 연동되는 그런 경제체질이 들어앉을 공간이 하나도 없음을 말이다.

해서, 이 책 곳곳에서 언급하고 있듯 계량(수치) 중심의 자본주의적 접근방식으로 북의 경제를 이해해서도, 특구가 몇 개가 더 늘어났는가? 공장 가동률이 몇 %이냐? 농민시장(과거의 장마당) 숫자가 어떻게 변동 생겼나? 등등 그런 것으로 자본주의적 요소가 많이 강화되었다고 판단하는 것은 북의 자립경제 특성을 전혀 이해하지 못한 무지의 발로 다름 아니다.

설령 이를 백번 양보해 앞 열거들이 모두 자본주의적 제도의 틀을 띠고 있다손 치더라도 이는 계획경제라는 기본적인 틀 안에서 운용되는, 즉 통제가 가능한 시장범위이고, 본질은 무역의존도가 10%도 미치지 못하는 자립·자강의 국가계획 경제체제, 그리고 그 경제 운용방식도 자본주의적 제도 틀로서는 도저히 설명해 낼 수 없는 민생경제, 당·수령경제, 국방경제 등으로 구분돼 있어 계량(수치)적 접근만으로는 북 경제 성장과 제도적 특성 정도를 절대 파악해 낼 수 없다는 데 있다.

3) 북의 '절대적' 선택:
덩샤오핑 소환을 절대 원하지 않아

결론이다. 북은 지금 여러 가지 요인—미국과 국제사회의 제재와 이로 인한 균형적 경제발전 차단 등이 복합되어 북 자신들이 원래 설계했던 사회주의 경제노선, 즉 자립적 민족경제 건설노선대로 완전하게 굴러가고 있지만은 않지만, 그렇다 하여 이 상황이 북 자신들이 선택한 사회주의 경제체제 자체의 결함 때문에 생긴 문제는 아니기에 그 해법으로 사회주의 경제체제 외의 해법, 즉 자본주의 경제체제로 전환한다거나 자본주의 경제체제 방식에 맞는 개혁·개방방식으로 절대 돌파하려 하지는 않는다.

관련해 김정은 국무위원장이 제8차 당대회에서 기간 자신들이 걸어온 사회주의 체제에 대해 작심 발언한 것이 있는데, 이도 이를 매우 분명하게 하기 위한 것이다.

> 당 제7차 대회 결정을 관철하기 위한 우리 당과 인민의 투쟁은 자력갱생을 자존과 자강의 생명선으로, 강력한 발전동력으로 틀어쥐고 겹쌓이는 난관을 뚫고 헤치며 사회주의 건설의 새로운 활로를 열어나가기 위한 적극적인 공격전이었다. 경제건설 분야에서 비록 예견했던 전략목표에 도달하지는 못했지만 앞으로 자체의 힘으로 경제발전을 지속해나갈 수 있는 소중한 밑천이 마련됐으며 여기서 의의 있는 성과는 우리 식 사회주의의 존립의 물질적 기초이고 생명선인 자립적 민족경제, 사회주의 경제의 기틀을 견지하고 그 명맥을 고수한 것이다."라로 결론짓고, 사회주의 건설의 획기적 전진을 위해 "현 단계에서 우리 당의 경제전략은 정비전략, 보강전략으로서 경제사업체계와 부문들 사이의 유기적 연계를 복구 정비하고 자립적 토대를 다지기 위한 사업을 추진해 우리 경제를 그 어떤 외부적 영향에도 흔들림 없이 원활하게 운영되는 정상궤도에 올려세우는 것을 목적으로 하고 있다. (중략) 새로운 국가경제발전 5개년계획의 기본 종자·주제는 여전히 자력갱생, 자급자족이다.

즉, 기간 자신들의 길을 개척해내기 위해 '적극적인 공격전이었다. 경제건설 분야에서 비록 예견했던 전략목표에 도달하지는 못했지만 앞으로 자체의 힘으로 경제발전을 지속해나갈 수 있는 소중한 밑천이 마련됐으며'에서 김정은 국무위원장의 솔직함과 강건함을 동시에 볼 수 있고, 그러면서 그는 기간 '사회주의경제 제도가 작금의 북 경제 상황과 현실 여건에 맞지 않는 것에 대해 부분적으로 **개건과 개선 같은 방식으로**(강조, 필자) 사회주의 경제체제를 좀 손보겠다'라며 '사회주의경제 제도가 작금의 북 경제 상황과 현실 여건에 맞지 않는 것에' 대해서는 이를 보완·고쳐나가겠다는 의미로서의 '사회주의 노선 정비·보강전략'을 수립했다.

북은 이렇듯 명백하게 자신들의 경제체제 상황과 여건에 맞지 않는 것은 개건과 개선 같은 방식으로 경제체제를 좀 손보겠지만, 그 결과가 미국과 국제사회, 그리고 남측사회가 희망하는 것처럼 덩샤오핑의 길로 나아가지 않겠다는 사실만큼은 명확하다.

다른 말로는 덩샤오핑을 소환하지 않는 북이고, 분명하게 사회주의적 자립·자강의 경제로 나아가겠다는 결의와 의지만 있다.

그런데도 계속하여 북의 그러한 개건·개선 노력을 자본주의 방식의 도입이니 '덩샤오핑의 길'이라고 폄훼하는 것은 또 다른 의미에서의 '왜곡'이고, 북을 제대로 알려고 하지 않은 우리 안의 북 인식에 대한 오우천월吳牛喘月과 같은 '매우' 작아짐이다.

Ⅲ. 전략국가,
조선에 대한 이해

여기 한 국가가 있다. 그리고 그 국가는 분단된 이후 오늘날까지 어느 특정 한 국가와 단 한 번도 자의 반 타의 반 얽혀있는 이해관계로 인해 멈춰 서본 적 없는 체제경쟁과 대결을 해 온 그런 국가이다. 미 제국주의와는 붕괴전략 및 대결·적대 정책에 맞서야 했고, 그 국가에 예속된 한 국가의 국가보안법 적용은 자신들이 '반국가단체'로까지 낙인烙印되는 수모를 당한다.

하지만, 그 '반국가단체'도 엄연한 국가Nation이다. 지금껏 그 모든 대결·적대 상황을 버텨내며 정상국가를 유지하는, 대한민국보다 한 번호 빠른 160번째 국제연합(UN) 가입국이자 2017년 11월 29일에는 국가 핵무력 완성을 선언해 전략국가의 위상까지 확보했다. 그리고는 이 지구상 그 어떤 국가보다도 가장 선명하게 사회주의 강성국가를 꿈꾸고 있다.

경천동지驚天動地도 이런 경천동지는 없다. 1990년대 김일성 주석의 서거와 제2의 고난의 행군시기, 그리고 2000년대부터 본격적으로 시작된 미국과의 대결에서 미국과 전 세계가 북 붕괴를 기정사실화했던 그 북이 지금은 이렇게 누구도 상상해내지 못했던 강국이 되었다. 그러니 이제부터라도 체제와 이념을 떠나 우리 모두는 왜 북 바로알기에 실패했는지 성찰, '있는 그대로의' 북 바로알기를 통해 목불식정目不識丁, 무지몽매無知蒙昧와 같은 어리석음에서 진정 벗어나야 한다.

이를 위해 이 책은 몇 가지 측면에서 아래와 같이 북을 다시 생각해봐야 하는 지점으로 제출하고, '전략국가, 조선에 대한 이해'를 서술해나갈까 한다.

첫째는, 북의 국가 운영철학에 관한 문제이다. 남南의 숭미사대崇美事大와는 달리 북北은 철저히 자주自主로 설정한 자주독립 국가로서의 강한 면모이다.

둘째는, 남은 대한민국 정부수립과 동시에 친일 세력과 숭미사대 세력의 연합에 의한 권력 토양적 별천지가 되었다면, 북은 조선민주주의인민공화국 정부수립과 동시에 완전한 친일 청산과 일제를 반대한 항일무장투쟁 세력의 별천지가 된 민족정체성 확립의 나라이다.

셋째는, 남은 미군정 비호를 등에 업은 이승만 정권에 의해 '유상몰수 유상분배'를 통해 기존 기득권 세력이 철저히 보호받았던 반면, 북은 토지와 적산가옥 등에 대해 '무상몰수 무상분배'를 통해 기존 기득권 세력을 완전 혁파하고, 국가 운영원리를 철저하게 인민대중 중심으로 구축했다.

이뿐만 아닌, 이 외에도 수많은 남북 간 차이는 있을 수 있다. 하지만, 제한된 지면 관계상 약略하고, 딱 한 가지만 더 첨언添言해 왜 대한민국에서는 아래와 같은 일이 자주 발생하지만, 북은 왜 전혀 발생하지 않는지, 혹 그것이 위 세 가지 특징으로 나눠진 남과 북 차이에 따른 결정론決定論·Determinism적 인과관계가 아닌지, 한 번쯤은 곰곰이 생각해 볼 필요는 있다.

어떤? 대한민국 역대 대통령들은 임기 중, 혹은 대부분 퇴임 이후 말로가 좋지 않았다. 구속과 감옥, 탄핵 혹은 자살로 그 생을 마감했다. 그나마 임기를 정상적으로 끝낸 문재인 대통령의 경우도 양산 사가에는 거의 매일 각종 시위가 이어져 일상생활이 불가능할 정도였고, 윤석열 대통령의 경우 취임한 지 불과 1년이 채 안 되어 벌써 탄핵 및 퇴진 구호가 나오는 대한민국이다. 반면, 북은 그들의 수령에 대해 '무한한' 존경을 넘어 심지어 '영생'까지 한다.

도대체 왜 그럴까? 한 국가의 국력國力, National Power, 혹은 국격國格이 경제력만으로도, 또는 한 국가의 민주주의 지표가 1인당 국민총소득GNI만으로 생성될 수 있다는 것과 위 "대한민국 역대 대통령들은 .... 반면, 북은 그들의 수령에 대해 '무한한' 존경을 넘어 심지어 '영생'까지 한다"에서 이 둘 관계를 함의적으로 제대로 이해하지 못한, 혹은 그 어떤 확증편향 때문만은 아닌지 성찰적 고민을 남기고, 바로 그러한 측면에서 이 장은 북의 진면목眞面目을 정말 진정성 있게 한번 살펴보고자 하는 긴 여행이다.

1. 세기의 대결:
미 제국주의와의 한판 승부

정치적 상상력으로는 픽션Fiction도, 아니면 논픽션Nonfiction도 될 수 있겠
지만 1905년 ver.1의 가쓰라-태프트 밀약이 2023년, 혹은 이후에는 ver.2의
신新 가쓰라-태프트 밀약으로 성립될 가능성은 충분히 있다. 윤석열의
대한민국과 바이든의 미국에 의해 추진되는 한미일 삼각군사동맹 구축이
작금의 한반도 정세 상황과 맞물려 그러한 가능성을 충분히 뒷받침해줘
서 그렇다.

즉, 이 땅 한반도는 분단 이후 지금껏 주인인 우리들-우리 국민의 의
사와는 늘 상관없이 열강들의 각축장이 되었다. 과거로는 관련국 6개국
모두가 참여한 6회담이라는 형식이 있었고, 현재로는 그것이 별 실효성
이 없자 미국과 일본의 노골적인 한반도 개입만 남았다. 한일동맹을 주
축으로 하는 한미일 삼각군사동맹이 그 실체이다. 중심에 최후의 한판
판가리싸움이 시작된 북미대결이 있고, 관련국들은 다시 한·미·일 vs.
북·중·러로 재편, 한반도 문제 해결은 고사하고, 점점 더 긴장 고조되
는 방향으로 나아가고 있다.

경술국치庚戌國恥 이후 약 100여 년 이상 흘러온 세월이건만 여전히 한
반도는 열강들의 이해관계에서 자유롭지 못하다. 그것도 100여 년 전에는
그래도 분단이라도 되지 않았지만, 지금은 분단된 상태에서 더더욱 그들의

먹이 사냥감이 되고 있다.

악연도 이런 질긴 악연이 없다. 왜 그럴까? 도대체 무엇이 문제였을까? 여러 요인이 있을 수 있지만, 핵심은 역시 뭐니 뭐니해도 미국의 대한반도 지배전략, 이런 미국에 한미동맹으로 포획된 대한민국, 더해서 아래 표와 같이 철저히 가스라이팅Gaslighting 당한 우리 대한민국 국민의 미국에 대한 세 가지 숭배 신화, 그렇게 맞물려 한반도 문제 해결이 요원했던 것이다.

시기	미국 숭배, 숭미의 내용
해방 시기	일제로부터 해방시켜 준 해방자
한국전쟁 시기	자유민주주의 체제를 지켜준 수호자
전쟁 이후 경제 건설 과정 시기	한국경제를 지금처럼 있게 해준 원조자

해서, 한반도 문제의 해결은 위 세 가지 요인으로 맞물려 있는 극복과제를 변증법적 정반합 과정을 거쳐 대한민국 사회가 미국 없이도 잘 살 수 있다는 정신적 이념 무장을 새롭게 재구성해야 한다.

그러면 다음과 같은 새로운 사실이 보인다. 근 100여 년 이어 온 외세와의 악연을 어떻게든 종지부 찍기 위한 악전고투와 그 과정에서 비록 아직 완전한 승리까지는 이뤄내지 못했지만, 그래도 승리로 개척해 온 우리 민족의 위대한 역사도 동시에 있는데, 중심에 북이 있음을 알 수 있다.

결과, 지금의 한반도 상황은 정말 판타지 소설만큼이나 드라마틱dramatic하다. 그러나 여기서 우리가 절대 놓치지 말아야 할 것은 이 둘 관계ー미국과 북의 관계를 같은 선상에 있는 병렬적 인식으로 바라봐서는 안된다는 점이다. 왜냐하면 이 둘 관계를 병렬적으로 바라보면 북도 나쁘고, 미국도 나쁘다는 양비론에 빠져 우리 민족이 그렇게 근 100여 년 동안 처절하게 미국이라는 외세와 싸워온 자긍自矜과 긍지, 그 모두가 한꺼번에 날아가 버리기 때문이다.

그럼, 어떻게? 철저히 원인과 결과의 측면에서 바라봐야 하고, 결과도 지금 '존재하고' 있는 결과보다는 앞으로 '만들어질' 결과에 더 착목着目해야 한다.

예로 내전으로서 통일전쟁일 수밖에 없었던 한반도에서의 전쟁에 미국개입이 없었더라면 약간의 혼란은 있었겠지만, 지금과 같은 분단은 되지 않았을 것이라는 시각, 바로 그것이다. 그래서 이 시각으로 원인과 결과를 새롭게 재구성해 한반도에서의 전쟁을 통일전쟁으로 성격 규정하면 '철천지원수'는 우리가 알고 있던 것과는 정반대로 전환된다. 북에서 미국으로 바뀐다.

그런데도 우리는 한반도에서의 전쟁 이후 지금껏 철천지원수가 미국이 아닌, 북으로 이해한다. 완전 180° 뒤바뀐 역사 인식이고, 이는 미국이 우리 민족에 대해 '분단'이라는 씻을 수 없는 결과를 강제해내지 않았더라면 절대 생겨날 수 없는 결론이다.

한반도에서의 전쟁은 이처럼 우리 민족의 철천지원수 개념을 완전히 뒤바꿔 놨다. 미국이라는 나라가 제 뼛속까지 제국주의라는 본성을 가지고 있는, 그리하여 침략과 전쟁, 약탈을 통해 지금껏 패권을 유지하고, 그 속성으로 철저하게 자기들만의 이익, 즉 '미국 이익'만을 쫓는 야만의 국가인데도 우린 그것을 보지 못하고 우방, 혈맹으로 포장된 숭미지은崇美之恩만 하고 있다.

오직 자국의 국가이익을 위해 제2차 세계대전 이후 전후 질서를 새롭게 짜는 과정에서 미국은 전범국가 일본 대신, 조선을 희생양 삼았다. 일본은 오히려 자신들의 파트너로 삼고, 대신 우리 민족은 둘로 갈라 영구분단을 획책했다. 몹쓸 첫 단추가 그렇게 끼워졌고, 이로부터 미국은 자국의 이익만 된다면 이보다도 더한 짓을 해서라도 우리 민족 전체를 지배하려 든 그런 제국주의 국가였고, 바로 그 연장선상에서 벌어진 일이 우리가 북침으로서의 6·25전쟁, 혹은 한국전쟁으로 잘못 알고 있는 한반도에서의 전쟁이다.

해서, 우리 민족 철천지원수는 북이 아니라 미국이어야 하고, 이는 카스라－태프트 밀약 이후 지금까지 미국이 이 한반도에서 저지른 죄악을 제아무리 변명해도 불변하는 진실과도 같다. 그리고 왜 그런지는 앞에서 이미 좀 열거했듯 미국은 한반도에서, 특히 남측에서 그 어떤 국가도 누리지 못하는 군사적 치외법권을 누리고 있고, 백지수표나 다름없는 한·미 상호방위조약 덕에 맘대로 군대를 끌어들이고 사람을 죽여도 그들에게는 '무죄'만 있다. 제국주의적 지배과정도 1871년 강화도를 무력으로 침략한 이래 가쓰라－태프트 밀약에 의한 미·일 상호 간 필리핀과 조선의 식민지 승인, 1945년 해방군으로 가장된 점령군 행세. 이뿐만이 아니다. 제주 4·3과 광주 5.18을 비롯한 수많은 시민이 희생된 대한민국 국가폭력 배후에도 어김없이 미국이라는 국가 그림자는 어른거린다.

결론, 그래서 우리 민족 '철천지원수', '악의 축'은 미국이어야 하고, 바로 그 증명을 해내기 위한 긴 여정이 이번 이 단락 서술의 목적이다.

1) 광성보에 묻힌 비애悲哀를 일깨우다: '주적'과 '철천지원수'에 깃든 함의

평화의 중요성과 관련해 많이 회자膾炙되는 것은 '전쟁보다 못한 평화는 없다'이다. 과연 그런가? 다음의 질문은 또 어떤가? 정말 '정의의 전쟁'은 불가능한가?

두 질문 모두를 위한 답은 다음과 같은 인식론적 관점과 질문이 필요하다. 사회계급적 관점에서의 인간해방, 사회해방, 인류해방을 위해 정의롭지 못한 세상과 사회, 세계적 질서를 뒤엎고 정의로운 참세상을 열기 위한 부득불 전쟁은 정말 불가능하단 말인가? 그런 전쟁이 과연 결과로서의 평화개념 안에서 정녕 허용될 수는 없단 말인가?

즉, 침략전쟁의 대척점에 서 있는 정의의 전쟁, 혹은 평화전쟁은 정말 성립하지 않는가? 그렇게 물을 수 있어야 한다는 말이다.

답하면 전자는 제국주의적 전쟁관이고, 후자는 자주自主적 전쟁관戰爭觀이다. 전자는 미국과 같은 제국주의가 있고, 후자는 민족해방에 근거한 자주독립 국가가 있다. 체제적 시각으로는 자본주의 체제가 전자에 해당하고, 후자는 사회주의 체제에 해당하는 전쟁관이다.

해서, 북도 후자의 전쟁관 개념을 가진다. 이름하여 맑스 · 레닌주의에 근거한 정의의 전쟁론을 계승적으로 수용한다. 주체사상에 의한 재정립으로 말이다. 그러니 한 국가가 자신들의 민족자주권 회복을 위해 벌이는 전쟁은 정의의 전쟁이고, 혁명전쟁이 될 수밖에 없고, 그래서 이를 수용한 북은 다음과 같은 말을 당당히 할 수가 있는 것이다.

> 평화는 더없이 귀중하지만 바라거나 구걸한다고 하여 이루어지는 것이 아니다.(《경애하는 김정은 동지의 명언》)

이처럼 북은 평화를 얘기하면서도 늘 전쟁을 얘기한다. 예로 2017년 8월 7일을 한번 기억해보자. 북은 유엔 안전보장이사회에서 채택된 대북제재 결의 2371호를 전면 배격한다. 그것도 외무성 담화 방식이 아니라, 매우 이례적인 최고 수위의 공화국 성명을 발표했다. 핵심 내용은 '천백배 결산'이었고, 정확한 문장으로는 "우리 국가와 인민을 상대로 저지르고 있는 미국의 극악한 범죄의 대가를 천백 배로 결산할 것이다"이다.

도대체 무엇 때문에 '천백 배'나 결산해야 하고, 또 어떻게 결산決算하는 것이 '천백 배' 의미에 맞는 것일까? 그리고 그런 국가인 미국과 평화적, 혹은 외교적 방법으로 문제 해결이 과연 가능할까? 아니라면 비非평화적, 혹은 비외교적 수단은 도대체 뭐란 말인가? 그렇게 꼬리에 꼬리를 무는 상념이 무한적으로 가능하다. 하지만, 제아무리 많은 상념이 뒤따르더라도 벗어날 수 없는 합리적 추론은 다음과 같은 것이 있다. '열 배 정도면 모르겠지만, 백배·천배는 도저히 외교적으로 불가능하다'이다. 그렇다면 남는 해결방식은 어느 한쪽이 굴복해 해결되는 비외교적 방식뿐이다.

세계정치사가 보여주는 봐도 이와 똑같다. 평화와 자주독립은 그 어떤 외교적 구걸이나 협상, 협정 같은 그런 문서 조각으로는 절대 보장되지 않는다는 사실이다. 이를 우리 민족에 적용해도 결론은 역시 마찬가지이다. 구한말 때 우리 민족은 우리 민족의 의사와는 관계없이 버젓이 청일강화조약(일명, 시모노세키조약) 합의 5개 항 중 첫 항에 "청은 조선이 완결 무결한 자주 독립국임을 확인하며, 일본과 대등한 국가임을 인정한다"로 되어 있다. 그런데 조선은 이 조약에 의해 과연 자주독립 국가가 되었던가?

외국 사례도 마찬가지이다. 미국 중재에 의한 이스라엘과 팔레스타인의 평화협정이 존재하지만, 과연 이 두 국가에 진정 평화는 왔는가? 외에도 21세기에 들어와서선 미국은 '자유와 민주주의, 인권'이라는 위장된 평화 간판으로 아프가니스탄 파병, 이라크 침입, 리비아 공습, 시리아 등 수많은 국가에 간섭과 빈번한 무력을 사용하였다. 2022년 발생한 우크라이나전쟁도 미국은 이 명분—자유와 민주주의, 인권 명분으로 개입한 제국주의적 힘에 의한 평화 정당화이다.

해서, 핵심은 평화와 자주독립과 같은 주권 문제는 이를 지켜낼 수 있는 국가적 힘, 즉, 정치·군사력이 있을 때 가능하다는, 다른 말로는 민족의 자주권과 운명 문제는 전적으로 자기 민족의 힘으로만 지켜져야 한다는 명백한 교훈이다. '천백 배로 결산'은 바로 그 연장선상이다.

2023년 2월 10일 김정은 총비서가 조선인민군 창건 75돐 열병식에 참가해 각급 부대 지휘관, 병사들과 기념사진을 찍는 자리에서 한 발언 "날로 더욱 포악해지는 제국주의 폭제를 결단코 힘으로 제압 평정해야 한다"도 같은 뜻이다.

결과, '주적', 철천지원수'개념은 절대 평화적 방법으로는 해결될 수 없는 그런 문제임을 알 수 있고, 그리고는 그 적대가 한반도에서의 전쟁 이후 미국과 우리 민족과의 관계를 규정하는 본질이다. 특히, 미국과 북과의 관계를 규정하는 데 있어서는 거의 절대적 관계 규정이라 할 수 있다. 왜? 북은 미국이 우리 민족 분단의 원흉이자 통일을 방해하는 주범으로 인식하고, 반대로 미국은 북 자신들에 대해 미국 자신의 가치이자 이를 전 세계가 함께 공유하고 있다고 생각하는 '자유와 민주주의, 인권'을 부정하는 악의 축이라 몰아세운다고 생각하기 때문이다.

분명, 미국과 북은 이렇게 마주 보면서 달리는 열차와도 같다. 원수가 외나무다리에서 만나는 관계. 다만, 그러던 것이 트럼프 행정부 때는 잠시 대화와 협상을 통해 북 자신들의 세기적 염원, 미국에 의한 대조선 대결·적대 정책이 철회될 수 있다는 기대감으로 철학적, 정치군사적 사회과학 용어로서의 미 제국주의와 주적 개념을 잘 사용하지는 않았다. 하지만, 그것도 잠시 2019년 하노이 북미정상회담 결렬 이후부터는 북의 외교적 인식 문법이 정상국가 미국은 없고, 오직 있다면 정치군사적 개념으로 자주 등장하는 '주적'으로서의 미 제국주의만 있었다.

이의 최종 확인이 제8차 당 대회에서 이뤄진다. 미국에 대해 "강 대 강, 선 대 선"의 대응 원칙에 따라 미국을 '주적'으로 확실하게 규정했다. 그러면서 새로운 북미관계 수립은 미국의 대북적대 정책이 철회되지 않는 한 가능하지 않음을 분명히 했고, 비례적으로 국가 핵무력 증강 또한 피할 수 없는 전략적 방침임을 대내외에 분명하게 밝혔다.

재확인도 했다. 2022년 1월 당 중앙위원회 정치국 전원회의에선 미국과의 '장기적 대결' 준비를 주문했고, 3월 대륙간탄도미사일(ICBM) 시험발사를 하면서 "우리 국가방위력은 어떤 군사적 위협 공갈에도 끄떡없는 막강한 군사 기술력을 갖추고 **'미 제국주의**(강조, 필자)와의 장기적 대결을 철저히 준비해나갈 것"이라고 밝힘은 물론, 4월 25일 조선인민군혁명군 창건일 기념 열병식에서도 같은 의미의 '미 제국주의'를 언급했다.

이렇듯 북은 이제 미국이 자신들을 향한 대북적대 정책을 철회하지 않는 한 미국을 바라보는 관점이 외교적 의미에서의 정상국가 미국은 존재하지 않고, 대신 '인류번영의 파괴자', '세계평화의 교란자', '약소국의 자주권과 주권을 침해하는 약탈자, 침략자'로서의 미 제국주의만 존재한다.

'철천지원수' 개념도 바로 그 연장성상이고, 다음과 같은 역사적 사실에서도 그 정답은 확인된다. 인천광역시 강화군 불은면 덕성리에는 광성보 신미 순의총辛未 殉義塚이라는 7개의 무명묘無名墓가 있는데, 대한민국 국사 교과서에도 나오는 신미양요 당시 미국의 강제 무력 개방에 맞서 죽어간 조선의 무명 전사들 묘다. 서양의 미국과 동양의 조선이 교우한 첫 인연은 그렇게 '아름답지' 않았다.

표지문에 "신미 순의총辛未 殉義塚은 조선 고종 8년(1871, 신미양요) 광성보 일대에서 미해군과 격전을 벌이다 전사한 무명 용사들의 무덤이다. 전사자들 중에서 어재연, 어재순 형제는 충북 음성군 대소면 성본리에 안장하고, 남은 군졸 51인은 신원을 알 수 없어 7기의 분묘에 합장하여 이곳에 안장하였다. 광성보 전투에서 조선군은 최후의 한명까지도 포로가 되길 거부하며 비겁하게 물러서지 않았으니, 외세의 침략에 대항하여 나라를 지키려했던 우리 민족의 호국 정신을 잘 보여주는 곳이다."(검색: 2023.05.18)

▲김광수, "광성보(인천광역시 강화군 소재) 유적지 현장답사", 직접촬영(2022.10.14.)

무엇이 보이는가? 처절했던 순국의 정신이 보인다. '광성보 전투에서 조선군은 최후의 한명까지도 포로가 되길 거부하며 비겁하게 물러서지 않았으니'에서는 무력의 심한 차이로 참패할 줄 알면서도 조선군은 물러서지 않고 결사 항전했음을 확인해준다. 미 해군이 압도적 전력으로 몰아붙여 패배가 뻔히 보이는 상황에서도 단 한 명의 탈영병도 없었고, 거의 학살 수준에 달한 광성보 전투였지만, 이들은 끝까지 싸웠고 총알이 떨어지면 칼을 휘두르며 저항했고 칼날이 부러지면 창으로 저항했으며 이마저도 없으면 돌을 던지거나 적의 눈에 흙을 뿌려가면서까지 저항했다. 반면, 그들―미 해군은 함락 직후 생포한 패잔병들에게 말을 걸려고 시도했으나 대화를 거부하고 바로 자살하는 이, 미 해군을 노려보며 저주의 말을 남긴 채 투신자살하거나 아니면 미군의 총검을 붙잡고 자기 목을 찌르라는 투로 들이댄 조선군도 있었다. 오죽했으면 피투성이 조선군을 고통 없이 죽여주자던 미군이 있을 정도였을까?

이렇듯 결코 당시 조선 백성은 절대 힘없는 백성이 아니었다. 그런데도 외세에 대한 이 '처절한' 저항을 당시 흥선대원군을 비롯한 무능한 지배 세력들이 국제정세를 제대로 읽어내지 못한 쇄국 탓만 할 수 있을까?

정녕 쇄국이 아니었으면 미 제국주의는 조선을 침략하지 않았을까? 쇄국을 옹호할 생각은 추호도 없지만, 그렇다 하여 쇄국만이 모든 잘못이다, 그렇게 역사적 기억의 한 페이지만을 소환해내는 것도 당시 조선 민중들의 저항에 대한 모욕이다.

그런데 정말 다행히도 이 민족적 '저항'DNA가 북의 이념적 DNA와 맞닿았다. 북에게 미국은 철천지원수로 이 지구상에서 사라져야 할 제국주의 우두머리이다. 남南의 미국에 대한 인식 문법과는 확연히 다르다. 확실하게 중국 대신 남쪽에 들어앉은 현대판 재조지은, 즉 '은혜의 나라' 미국이라기보다는, 즉 이 글 서문 표에서도 확인받듯 미국이 일본 제국주의에 강점당한 조선을 해방해준 해방자, 한반도에서의 전쟁 당시 북의 남침으로부터 자유민주주의 체제를 지켜준 수호자, 그 결과로서 지금의 대한민국을 있게 해준 경제 원조자라는 철저한 숭미·사대의 인식 문법 대신, 북은 과거나 지금이나 여전히 '자주'의 관점에서 미국을 대하는 철천지원수일 뿐이다.

먼저, 조선로동당 당규약 서문(2021.1 개정판)을 보면 이는 분명하게 알 수 있다.

조선로동당은 남조선에서 미제의 침략무력을 철거시키고 남조선에 대한 미국의 정치군사적지배를 종국적으로 청산하며 온갖 외세의 간섭을 철저히 배격하고 강력한 국방력으로 근원적인 군사적위협들을 제압하여 조선반도의 안전과 평화적환경을 수호하며 민족자주의 기치, 민족대단결의 기치를 높이 들고 조국의 평화통일을 앞당기고 민족의 공동번영을 이룩하기 위하여 투쟁한다. 조선로동당은 자주,평화,친선을 대외정책의 기본리념으로 하여 반제자주력량과의 련대성을 강화하고 다른 나라들과의 선린우호관계를 발전시키며 제국주의의 침략과 전쟁책동을 반대하고 세계의 자주화와 평화를 위하여, 세계사회주의운동의 발전을 위하여 투쟁한다.

두 가지 의미가 읽힌다. 첫째는, 미국이 우리 민족에 대한 침략자라는 인식이다. 둘째는, 이 지구상에 존재하는 모든 제국주의의 침략을 반대하고 세계의 자주화와 평화를 위해 끝까지 투쟁한다는 내용이다. 이름하여 인류의 자주적 세계평화를 그 목적으로 하는 평화관이고, 이는 북 스스로가 늘 말하고 있듯 미 제국주의라는 제국주의가 사멸하지 않는 한 끝나지 않는 자신들의 여정임을 안내한다.

다음으로는, 역사적 경험에서 미국을 총화한 북의 인식 문법에서도 이는 확인받는다.

즉, 앞 장에서 이미 기 언급된 1950년 발발한 한반도에서의 전쟁이 우리 민족의 관점에서 볼 때는 내전으로서의 통일전쟁이자 북의 입장에서는 민족해방전쟁인데, 미국의 내전 개입으로 통일전쟁이 국제전이 되고, 이로 인해 통일이 좌절되었다고 북은 분명하게 인식한다. 그래서 미국은 단순하게 "타도되어야 할 대상"이거나, 무찔러야 할 "주적" 개념보다도 훨씬 더 높은 감정적 수위의 '철천지원수' 개념이 된다.

좀 더 확장된 인식을 하더라도 결과는 매한가지이다. 개인과 개인의 관계에서도 철천지원수는 '복수를 반드시 해야만 하는', 다른 의미로는 '너 죽고 나 죽자' 정도의 관계이다. 하물며 이것이 개인과 개인 사이가 아닌, 국가(민족)와 국가(민족) 간 사이라면 '단순한 타도대상'이거나, 단순히 '무찔러야만 하는 주적' 개념보다 훨씬 더 높은 상위의 감정적 개념이 된다는 것은 너무나도 당연한 이치이다. 이름하여 '한 지붕 아래에서는 도저히 같이 살 수 없는 소멸대상'으로서의 국가관계이다. 달리는, 이 지구상에서 '없어져야 할 국가'와도 같고, 이의 정치적 의미는 침략과 약탈, 전쟁을 그 본질로 하는 제국주의적 속성이 반드시 없어져야만 대결관계가 청산될 수 있는 그런 국가와 국가와의 관계개념이라는 것이다.

결과, 미국은 그렇게 우리 민족과 '주적', '철천지원수'로 만나지는 관계이다.

2) 미국과의 대결:
본질은 북미대결 아닌, 우리 민족과의 전면 대결

민족의 구성과 관련된, 혹은 민족의 정체성을 표현하는 방법은 여럿 있을 수 있다. 그중에서도 가장 보편적인 개념은 핏줄, 언어, 문화, 그리고 경제의 공동체 개념이다. 그리고 우리 민족은 바로 이 개념으로 5천 년 동안 단일민족으로 이어져 온 유구한 역사가 있고, 그런 만큼, 우리 민족이 이렇게 남과 북으로 둘로 쪼개져 살아가야 할 하등 이유는 없다. 그것도 우리 민족 스스로 남과 북으로 분단된 것이 아니라, 약 200년 역사밖에 되지 않는 미국의 침략과 야만적 침탈에 짓눌려 분단되었다면 더더욱 그렇다. 비정상도 이런 비정상이 없다. 해서, 지금의 남과 북은 미국의 장단에 맞게 쪼개고 분리하는데 익숙해지기보다는 지난 5천 년 역사가 늘 그래왔듯 붙이고 통합하는데 익숙해져야 한다. 5천 년 단일민족 역사에 걸맞게 '공고한' 개념으로 되돌아가야 한다. 역시 그러려면 '사건과 사건', 혹은 '현실과 현실'로만 대응되고 이어져 온 그 어떤 단순 사안별(case-by-case) 조합방식이 아닌, 유구한 역사성을 통해 공고화된 생명체, 즉 '한민족 조선'이라는 생명체적 관점에서 남북관계를 바라볼 줄도 알아야 한다.

이를 좀 더 확장하면 무릇 생명체가 분리·분열되고 쪼개지면 아픈 법이다. 그것도 스스로 결정한 선택이 아니라, 그 어떤 외부적 힘으로 강제된 분리·분열이라면 더더욱 그럴 수밖에 없다. 그래서 우리 민족은 지금 매우 아프고 병들어 있는 것과 같다. 5천년 동안 하나의 핏줄, 하나의 언어, 하나의 문화, 하나의 경제공동체로 공고화된 하나의 '민족' 생명이 미국이라는 외세로 인해 둘로 쪼개지고, 그 중 한쪽은 '사실상의' 그 지배까지 받고 있다 하더라도 전혀 과장된 표현이 아니니 더 두말할 나위는 없다.

극복해내어야만 한다. 그렇지 않으면 우리 민족은 영구 불구의 민족으로 전락할 수밖에 없다. 하여, 원래대로의 원상태로 빨리 회복해내어야만, 즉 혈맥과 지맥을 하나로 이어 재결합, 재통합하여야 한다. 경의선 철도와 도로는 각각 연결되어야 하며, 분단의 상징 삼팔선은 없어져야 한다. 그리고 그 최종 종착지에는 민족적 재결합이 있어야만 한다. 그리고 이 모든 과정은 미국이 간섭할 일도 아니고, 우리 민족 스스로 알아서 하면 되는 그런 문제이다. 그러니 그 모든 남북공동선언에는 민족자주와 민족 공조 이념이 항상 첫 자리에 놓여질 수밖에 없었다.

1974년 합의됐던 7·4 남북공동성명 합의 1항 첫째항이 "통일은 외세에 의존하거나 외세의 간섭을 받음이 없이 자주적으로 해결하여야 한다"이다. 그리고 6·15 남북공동선언 1항은 "남과 북은 나라의 통일 문제를 그 주인인 우리 민족끼리 서로 힘을 합쳐 자주적으로 해결해 나가기로 하였다"이다. 4·27 판문점 선언 1조 1항 역시 "남과 북은 우리 민족의 운명은 우리 스스로 결정한다는 민족 자주의 원칙을 확인하였으며 이미 채택된 남북 선언들과 모든 합의들을 철저히 이행함으로써 관계 개선과 발전의 전환적 국면을 열어나가기로 하였다"이고, 2018년 9월 평양공동선언 전문 역시 마찬가지이다. "양 정상은 민족자주와 민족자결의 원칙을 재확인하고, 남북관계를 민족적 화해와 협력, 확고한 평화와 공동번영을 위해 일관되고 지속적으로 발전시켜 나가기로 하였으며"이다.

이처럼 우리 민족 내부의 문제에 미국이 끼어들 이유는 하등 없다. 그런 측면에서 자신의 발언대로 남북관계를 하나도 제대로 이행해 내지는 못하였지만, 그래도 발언만큼은 남북관계 본질을 가장 잘 드러낸 분이 김영삼 전 대통령이었다.

어떤 동맹국도 민족보다 나을 수 없다.

당연 여기서 '어떤'은 미국과의 동맹까지도 포함하는 것이고, 그래놓고 보면 미국이 다음과 같은 성격으로 우리 민족에게 다가온다. 미국은 이 책 곳곳에서 설명하고 있듯 이 한반도에서 물러나야 할 침략적 무력일 뿐이다. 나아가서는 이 지구상에서 벌어지고 있는 제국주의의 침략과 전쟁 책동의 원흉이자 세계의 자주화와 평화를 위하여 투쟁해야 할 대상일 뿐이다.

북은 이를 당 규약 서문에 명백히 정의하여 놓고, 자신들은 이 목표가 실현되지 않는 한 미국과의 적대적 대결 구조를 멈추지 않겠다는, 즉 미국이 자국에 대한 대결·적대 정책을 철회하지 않고, 미국의 제국주의적 속성이 소멸하지 않는 한 미국과는 항시적인 대결 구도를 유지할 수밖에 없고, 그렇게 하겠다는 강력한 의지가 바로 북이 핵무기 개발을 할 수밖에 없었던 이유로 정정당당 정당화된다. 미국과의 최후 결전을 북은 그렇게 준비해 나가고 있는 것이다.

남쪽도 북과 같은 그 정도의 국가적, 혹은 정권적 차원에서의 반미관점을 견지해 미국에 대한 성격 규정을 해내지는 못하지만, 민간차원에서의 자주통일 세력이 중심된 반미투쟁은 오랜 역사성과 현재성을 동시에 갖는다. 과거에서부터 지금까지도 지속되는 자랑스러운 반미항전이 그것이다.

다시 말해 대한민국이 지금까지 미국의 속박으로부터 완전히 벗어나지 못한 것도 사실이지만, 통일을 향한 자주통일운동의 여정이 한시도 멈춰본 적은 없었고, 그 과정에서 비록 좌절과 아픔의 연속이었지만, 승리의 토대도 차근차근 구축해왔음을 절대 잊어서는 안 된다는 지점과 정확히 일치한다.

즉, 비록 항쟁과 대중투쟁이 번번이 실패한 그 자체였다 하더라도, 결과론적으로는 그 실패가 그냥 반복만 되었던 실패의 축적만이 아니었다는 말이다. E.H.카Edward Hallett Carr에 의해 정의된 "역사적 정의와 전진이 내재된 실패의 축적"으로 볼 수 있기 때문이다. 박근혜 정권 탄핵 촛불 시민 혁명이 이를 증거한다고 할 수 있다. 기간 '실패했던' 모든 항쟁과 대중투쟁이 "역사적 정의와 전진이 내재된 실패의 축적"이라는 운동적 경험으로 축적되지 않았더라면 절대 불가능한 박근혜 정권 퇴진 촛불 항쟁이었다.

그 외에도—'실패했던' 항쟁과 대중투쟁들은 노년의 김구는 잘못된 분단체제를 넘어서려 했고, 4·19혁명과 장면 정부, 87년 6월 항쟁, 수많은 장기수 선생님들의 통일 여정 발자취, 당시 유성환 국회의원이 보여준 결기(통일 국시 발언), "가자! 북으로, 오라! 남으로"의 전대협 정신 등 크고 작은 자주통일운동 그 모두는 분명 분단체제를 넘어서려 한 것이다.

중심에 미국에 의한 남측 지배력이 계속 약화되어왔음이 있다. 먼저, 대중투쟁과 선도투쟁이 서로 상승 작용하면서 전개되어온 반미투쟁들이다. 미국이 대한민국 지배자로서의 실체가 최초로 대중적으로 각인된 5·18광주항쟁, 이후 부산 미문화원 방화투쟁, 서울 미문화원 점거 농성 투쟁에 이어 1986년에는 용병교육 철폐 투쟁으로 시작된 학생운동 전반의 반전·반핵 양키고 홈 투쟁, 사회운동으로는 1986년 발발한 5·3 인천항쟁에서 미제 축출 구호가 전면적으로 제기된다.

다음은, 시민사회 운동 차원에서 전개된 반미자주 투쟁이 정치투쟁과 결합한 예들이다. 미 제국주의의 경제침략, 즉 보호무역주의, 원화절상, 수입 개방 압력 등에 대한 대중투쟁과 함께, 농민운동 차원에서는 미국산 농축산물 수입 반대 투쟁 등이 전면화되기도 했다. 2002년 발생한 '효순이·미선이 사건'은 반미의식이 폭발한 반미자주 투쟁에서 절대 빼놓을 수 없는 사건의 한 축이다. 오죽했으면 박빙의 승부가 펼쳐졌던 2002년 대선이라는 정치 일정 속에서도 노무현 후보가 "미국에 NO 할 수 있는 대통령이 되겠다, 미국에 사진이나 찍으러 가진 않겠다"라고 했을까. 분명, 이 발언 속에는 반미자주가 국민적 지지를 받고 있고, 득표에도 도움이 된다고 판단했기에 가능한 일이었다.

끝으로, 반미자주 투쟁은 더 대중적으로 진화해 다음과 같이 미국에 대한 인식 변화가 매우 또렷해진다. 사회 전반으로 확산해나갔다는 의미에서의 이른바 생활 속에서의 반미라고 할 수 있는 대중투쟁들이다. 예로는 부산 하야리아 미군 부대 환원 투쟁, 용산 군산 미군기지 폐쇄 투쟁, 매향리 미군 폭격장 폐쇄 투쟁, 평택 미군기지 폐쇄 투쟁, 그리고 경산 함안 대전 등 전국으로 번진 미국의 양민학살 진상규명 운동 등도 이를 충분히 입증해 낸다.

급기야 최근에는 우리 민중들의 삶과 생활에 더더욱 밀착한다. 주한미군 방위비 인상 반대 투쟁과 미군 세균전 부대 추방운동까지 곳곳에서 벌어지고, "우리의 생명과 안전은 내가 지킨다"라는 구호 하에 2020년 10월 19일부터 2021년 1월 27일까지 100일 동안에 걸쳐 진행된 '부산항 미군 세균실험실 폐쇄 찬반 주민투표'는 집계된 서명인 수만 무려 19만 7,747명이었다. 약 20만 명이 누구의 승인이나 지시가 아닌 부산 시민 스스로가 주권을 행사하기 위해 움직인 것이다.

분명, 그렇게 남과 북은, 남은 민간차원에서의 대중적 반미자주 투쟁이, 북에서는 국가적 차원에서의 반미자주 투쟁이 일어난다. 둘을 합치면 우리 민족의 힘으로, 민족적 차원에서의 연대 · 연합 반미투쟁, 자주화 투쟁이 일궈진다. 광성보에서의 반미항전이 지금도 그렇게 현재 진행형으로 존재하고 결과는 당시와는 전혀 다른, 즉 핵무력과 전민족적 대단결로 인해 미국은 끝까지 버티지 못하고 이제껏 그렇게 견고하게 쌓아올린 한미동맹 체제와 대한반도 지배력은 반드시 무너지게 되어 있다. 탈脫 미국화에 대한 가속화를 절대 막지 못한다.

해서, 우리 자주통일운동은 이 자랑찬 항쟁 경험과 역사를 승리의 관점에서 총화, 운동적 신념으로 체화하고, 남과 북을 포함하는 우리 민족 전체의 역량으로 모아 승리는 바로 눈앞에 와있음을 절대 잊어서는 안 되겠다.

3) '완료된' 현재:
북의 승리는 확정적이다

미국과 우리 민족은 이렇듯 카스라·태프트 밀약부터 지금까지 근 100여 년 이어진 악연이 존재한다. 해방과 분단, 그리고 1950년 한반도에서의 전쟁, 이후 정전체제와 핵 대결까지 장장 100여 년 동안 단 한 번도 우리 민족과 미국은 한 치 양보 없는 팽팽한 대결을 펼치고 있다. 과정에서 남은 숭미·종미從美 국가로 변했지만, 북은 해방과 동시에 자주노선을 견지했고, 특히 1994년 1차 북핵 위기 이후부터는 세계 유일 초강대국 미국에 맞서는 가장 강력한 반미국가 중의 하나로 등장했다.

하지만, 그 과정은 정말 순탄하지 않았다. (북의) 핵보유, 우크라이나 전쟁과 중·미패권의 뜨거운 감자로 대두된 대만 문제 등 이러한 상황요인들이 지금의 북·중·러가 전략적 연대를 할 수 있는 정치군사적 토대가 되었지만, 북이 핵을 가지기 이전만 하더라도 소연방은 해체되고 동구 사회주의권은 몰락하여 진영과 블록으로서의 사회주의연대는 자리를 잃고, 중국도 자국의 경제문제 등 미국과의 전략적 이해관계로 인해 미국과는 일정하게 호흡을 같이 맞추던 때였다. 전 세계 어디에도 기댈 수 있는 우방이 없었으며 오직 자기 인민대중의 힘에 의지해 혈혈단신으로 미국과 맞설 수밖에 없었다.

해서, 당시 상황은 누가 뭐래도 북에는 백척간두百尺竿頭의 시기였다. 미국식 신자유주의 체제와 미국 유일 패권에 대한 환상은 극에 달했고, 사회주의 좌절은 너무나도 당연시되던 시절. 그래서 북을 향해서도 "마지막 남은 사회주의 반제 자주 국가(북을 지칭)의 붕괴도 멀지 않았다"라고 믿던 때였다. 실제 북에 대한 시선이 반년, 길어야 2~3년 내 붕괴한다는 설이 팽배했는데 김일성 주석의 서거, 김일성종합대학 총장과 조선로동당 사상담당 비서를 역임한 황장엽의 망명, 제2차 고난의 행군시기 등은 이러한 가설에 더더욱 힘을 실어줬다. 분명, 그렇게 고립무원에 빠진 북은 붕괴 내지, 체제전환은 시간문제일 뿐이라고 보는 시각이 전 세계적으로 광범위하게 퍼져나갔다.

그러나 결과는 정반대였다. 어떻게? 세계정치사가 미국 중심의 지배사 대신, 반제 자주에 기초한 북 중심의 정치사를 주목하기 시작한 것이다.

북이 고립·압살되기는커녕 오히려 온전한 자기 힘만으로 자립·자강하여 이 지구상 몇 안 되는 핵 강국의 지위에 올라섰고, 분단 이후 70여 년 동안 계속된 미국 등 서방 세계의 끝없는 압박과 봉쇄, 수탈과 침략 기도를 계속 좌절시켜가면서 전진해온 결과가 전 세계 모두를 놀래키고도 남음이 있다.

그리고 그 장면은 최근 현재까지는 현재 진행형이지만, 점차 현재 완료형으로 진화해 나갈 수밖에 없다. 다름 아닌, 북을 외면하던 중국과 러시아가 북과 같이 반제·반미전선에 복귀해서 그렇다. 러시아는 우크라이나전쟁으로, 중국은 대만 문제로 미국과의 관계가 격하게 격돌하면서 냉전 해체 이후 다시 북·중·러가 공동으로 반제·반미전선 형성이 가능해지면서 생긴 불가역적 변화이고, 완료된 현재 모습이다.

"불가역적 변화이고, 완료된 현재의 모습?" 여기서 우리를 궁금하게 하는 것은 중국과 러시아가 왜 그렇게 갑작스럽게 돌변했을까 이다. 단지,

자국이 처한 환경, 그리고 이로부터 파생된 이해관계뿐일까? 중국의 경우는 대만 문제, 러시아의 경우는 우크라이나전쟁에서 자신들을 지지해 주는 국가가 한 국가라도 더 있으면 좋으니 그러한 이해관계가 북과의 관계 개선, 그것도 단순한 관계 개선이 아닌 전략적 이해관계가 동반된, 즉 전략동맹으로서의 북·중·러가 구축된다? 정말 그럴까? 모자라도 한참 모자라는 단순 인식 문법이다.

보충설명

중국이 '한 때' 북을 대하는 데 있어 나타난 이중성 이해

중국은 미국의 일국적 패권을 반대하면서도 2개의 미국관을 가지고 있다. 먼저, 과거에는 G2인 중국도 미국과는 가급적 마찰을 피하면서 '신형 대국 관계'을 맺어 서로가 윈·윈하는, 즉 미국의 눈 밖에 나지 않는 관계 맺기였다. 해서, 이때는 북과의 관계가 정치군사적으로는 혈맹 관계이지만, 외교적으로는 미국의 대북 압박정책에 동조하는 이중적 플레어 역할을 하였다. 그 대표적인 것이 미국과 유엔에서 그어놓은 금지선을 북이 넘어섰을 때 중국은 미국의 주장에 동조하여 유엔의 대북제재에 동참하였다.

다음, 지금의 중국은 미국이 자국의 핵심 국가이익인 대만과의 통일문제에 대해 노골적인 반대와 대만 분리독립을 추구하자 미국의 일국적 패권 반대 명분에 이해관계가 일치하는, 즉 미 본토에 대한 공격 능력을 가진 전략 핵보유국 북과는 전략 동맹관계를 유지하려 한다.

해서, 지금의 중국은 '신형 대국 관계' 맺기의 중국이 아닌, 미국의 일국적 패권, 즉 새로운 국제질서 플레이어(player)로서의 중국이기에 북과 전략 동맹관계 맺기가 가능하다.

그럼, 본질은? 그러한 단순 이해관계보다는 뭔가 보다 본질적인 이해관계, 혹은 북·중·러가 전략동맹으로 다시 만나지 않으면 안되는 그런 본질로서의 무엇, 그것은 다름 아닌, 북이 핵을 가졌고, 그로 인해 북이 전략국가로서의 위상을 확보한 것이 더 결정적 요인으로 봐야 한다. 그래야만 앞에서 설명되었던, 즉 북이 전략핵을 가지기 이전 중국과 러시

아는 왜 미국이 그어놓은 '레드라인red line'에 동조해 북이 핵실험이나 ICBM을 쏘아 올릴 때마다 대북제재에 동참했을까, 그것이 설명될 수 있다.

즉, 북이 핵을 가지지 못하게 그렇게 노력했는데도 결과적으로 북이 핵을 가진 상황, 그것도 전략핵을 가진 상황에서는 더 이상 북과 척隻을 져 미국 유일 패권에 반대하며 새로운 국제질서를 만들어가려는 자신들 -중국과 러시아 자신들의 이해관계에 전혀 이롭지 않다는 판단 때문에 북과 전략적 연대를 할 수밖에 없는 상황의 도래, 그것이 더 정확한 분석이라 할 수 있다. 첨언하면 미국이 자신들-중국과 러시아를 '최대 위협'을 뜻하는 '전략적 경쟁자'와 '당면 위협'을 뜻하는 '당면한 적'으로 규정해 이를 타개할 방도로 한·미·일 삼각동맹을 구축하는 상황에서 자신들-러시아와 중국 역시 전략핵을 가진 북과 동맹관계를 회복해 북·중·러로 맞설 수밖에 없는 신냉전New Cold War의 도래가 북과 관계 개선을 할 수밖에 없게 만들었다, 그렇게 봐야 한다는 것이다.

신냉전의 도래는 그렇게, 북·중·러 vs. 한·미·일 대결 구도를 명확히 한다. 하지만, 이 대결의 최종 승자는 북·중·러이고, 패배자는 미국이 될 수밖에 없다. 이유는 제아무리 한-미-일 군사동맹을 구축해 맞불 놓더라도 (미국의) 패권 몰락은 시간 문제가 되어 있어서 그렇다.

분명한 근거도 다음과 같이 있다.

첫째는, 자국 내 심각한 사회상이 미 체제 자체를 멸망의 길로 안내하고 있다. 수십 년째 지속되고 있는 쌍둥이 적자, 해결은 고사하고 더 악화일로의 늪에 빠진 흑백 갈등 등, 그리고 이들 총합으로 나타난 2020년 제59대 미국 대통령선거 전후 과정이 보여준 미국 워싱턴 정치의 민낯은 정말 이제는 미국식 민주주의 수명이 다했음을 너무나도 적나라하게 보여준 대사건이었다. 건국 이래 최초 트럼프의 대선 불복이 가져다 준 미 의사당 총기 난입 사건이 그것인데, 미국식 민주주의 역사에 있어 막장도 이런 막장이 없었다.

결과, 얼마나 충격이 컸던지 미국식 민주주의가 전 세계의 조롱거리로 전락하였다. 나이지리아 상원의원 사니는 "아프리카는 미국의 민주주의를 배우곤 했다. 아메리카는 이제 아프리카의 민주주의를 배우고 있다"라고 일갈했고, 짐바브웨 집권당 대변인은 "우리는 이전 노예 주인들로부터 민주주의를 배울 게 없다"라고 조소했다.

이처럼 지난 미 대선은 미국식 민주주의 한계가 너무나도 적나라했고, 근 반세기 동안 이 지구를 지배해왔던 미국식 정치이데올로기가 얼마나 형편없고, 수명을 다해가고 있음도 알 수 있었다.

둘째는, 형편없는 군사력 문제이다. 2021년 7월 2일 아프가니스탄에서 야반도주하듯 도망쳐 나온 미국의 패배는 전 세계 비웃음거리가 되고도 남음이 없었다. 그것도 세계 최강의 전투력을 자랑하던 미국이 정규군도 아닌, 민간인 무장세력들에 패해 장갑차 등을 포함하여 각종 물품 350만개를 버리고 야반도주하듯 아프가니스탄을 빠져나왔으니 전 세계가 받은 충격이 얼마나 클지 짐작이 가고도 충분히 남는다.

셋째는, 상황의 심각성이 여기에서 그치지 않는다. 전 세계적으로는 이제껏 늘 미국과 일심동체였던 이스라엘, 아시아의 일본과 같았던 아랍의 친미 맹주 사우디아라비아도 미국에 등 돌리고, 여기에다 누가 뭐래도 우크라이나전쟁이 미국에 의한 대리전쟁이거늘 우크라이나전쟁에 미국 편에 줄 서지 않은 인도와 튀르키예, 전쟁 초창기와는 달리 미국과의 공동전선에서 발을 빼려는 독일 등 유럽연합, 이 모든 것들이 미국몰락을 확인시켜 주는 증거들이다.

판이 흔들리는 작금의 이 세계정세는 이렇게 '영원한 우방도, 영원한 적'도 없음을 실감하고, 오직 있다면 자국의 국가이익을 중심으로 헤쳐모이는 자주적 연대의 세계질서만 있다.

그래놓고, 좀 더 이를 살펴보면 영국 등 나토 일부 국가들, 호주, 뉴질랜드, 일본, 한국, 대만 정도가 미국 편에 서 있고, 이들 국가 비율은 전세계 국가들 비율의 13% 정도에 불과하다. 그리고 공교롭게도 이들 모든 국가는 미국 편에 서 있지 않은 국가들과는 달리 지금의 이 국면에서 다 똑같이 급격한 정국 불안, 물가상승, 에너지 부족, 부채 증가, 경기 불황, 무역수지 악화 등등 극심한 고통에 시달리는 특성을 갖는다. 반면, 전쟁 당사자인 러시아뿐만 아니라 북(조선), 중국, 이란 등의 반제·반미국가와 인도, 튀르키예 등 비동맹 유력국가들, 그리고 라틴아메리카의 핑크타이드Pink Tide 등 미국 진영에 속하길 거부한 나라들 모두는 비교적 조용하고 잘 나가고 있다. 다른 말로는 정국 변동도 없고, 경제문제도 미국 편에 선 국가들과는 달리 안정되어 있거나 상대적으로 덜 심하다는 뜻이다. 심지어는 경제가 성장하고 무역수지도 개선된다. 요인에는 핵심적인 자원, 광물, 에너지 등이 그들 손에 있고, 시장규모 또한 미국 진영에 속한 나라들의 시장 규모보다 훨씬 크니 별 어려움이 없다. 거기다가 이젠 기술적으로도 미국에 별로 뒤지지 않으니 미국에 아부 굴종할 이유가 하등 없다.

분명, 미국몰락은 그렇게 시작되고 있고, 연장선상에서 북과의 대결에서도 미국은 이미 패배의 길로 접어들었다고 봐도 무방하다.

과장 인식이 절대 아니다. 흔히들 한 국가의 국력을 인구, 영토, 자원, 경제력, 군사 등 지표 중심으로 접근하다 보니 마치 이는 우리 신체 구조로 봤을 때 간 기능이 거의 90% 망가져도 자각증세를 못 느끼는 것과 같이 미국이 이미 북과의 대결에서 사실상 패배했는데도 이를 느끼지도, 인정도 하지 못하는 상황과 같을 뿐이다.

설명하면 북의 영토면적은 미국 50개 주 가운데 작은 한 개 주 정도에 불과하다. 국토 80%는 산간 지대여서 식량 자급이 구조적으로 어려운 지리적 여건이다. 에너지원(전력, 석유 등) 또한 절대적으로 부족하다. 인구 또한 미국의 13분의 1에 불과하다. 근래 북의 석유 매장량이 1,470억 배럴로 세계 3위이며 원화로는 1경 5,000조에 달한다는 주장도 있기는 하지만 사실 여부 확정되지 않았고, 사실이라 하더라도 아직 개발 전의 단계라 현재로서는 모든 면에서 미국과는 상대가 되지 않는다. 거기다가 2017년 이후부터는―2017년 11월 29일 '국가 핵무력' 완성선언 이후부터는 사정이 많이 달라졌지만, 1980년 말부터 불어 닥친 현실사회주의권 몰락과 전략 동맹국이었던 중국은 자국이 살아남기 위해 개혁 · 개방에 정신없었고, 그렇게 함께했던 소연방과 동구 사회주의권, 중국과 같은 우군友軍 하나 없는 사면초가 상황에서 세계 유일 초강대국인 미국을 상대로 북 홀로 혈혈단신 맞섰으니 이 지구상 그 어떤 국가도 북이 승리할 것이라고 기대할 수 있었겠는가? 거의 없었다고 해야 하는 것이 맞을 것이다. 그것도 미국은 '자유와 민주주의, 인권'이라는 미명하에 동맹이란 이름으로 끌어모을 수 있는 국가들은 제다 다 끌어모아 자기 뜻대로 따르게 하고, 산하에 지배하고 있는 모든 국제 조직들, 예하면 IMF, 세계은행 같은 국제금융기구들도 자유자재로 움직였다. 더해서 미 정부 예산으로 창설되고 운영되는 세계 최대 규모의 NGO 지원단체인 NED(전국민주재단) 역시 자유, 민주, 인권이라는 온갖 종류의 명패를 다 갖고 미 CIA의 지원을 받으며 NGO 조직들까지 다 동원하여 북을 압박하였으니 더더욱 북 멸망, 혹은 체제전환은 기정사실화 될 수밖에 없었다.

군사력과 군비도 비교 대상이 되지 못한다. 스톡홀름국제평화연구소(SIPRI)가 2017년 4월 24일 발표한 자료 〈2016년 세계 군사비 지출 보고서〉에 따르면 전 세계 2016년 군사비가 1조 6천 860억 달러(약 1천930조 4천400억 원)인데, 이 중 북과 적대 국가에 있지 않은 중국, 러시아, 비동맹 국가 등을 제외한다면 고작 10억 달러 내외의 금액이 북의 군사비 지출이고, 비교하면 100배 이상을 웃도는 군사비 지출 대결 구도가 성립한다. 비교 자체가 전혀 의미 없는 극단의 비대칭적 군사비 지출 대결 구도이다. 엎친 데 덮친 격으로 자연재해마저 계속된 1990년대 후반은 물론이고, 현대판 3난亂으로 불린 코로나19, 큰물 피해와 극심한 자연재해, 거기다가 극대화된 대북제재도 2020년도에 불어 닥쳤다. 가히 또 다른 "고난의 행군" 시기라 하지 않을 수 없었다.

이렇듯 모든 상황은, 즉 북이 '국가 핵무력' 완성선언을 하기 이전까지는 미국에는 절대적으로 유리하고, 북은 절대적으로 불리했건만, 미국은 왜 그런 북을 공격하지도, 굴복시키지도 못했을까? 왜 그랬을까? 북 건국 이후 초지일관 북 붕괴 내지, 체제전환을 모색해오던 미국이 자신들의 그러한 소망을 실현할 수 있는 절호의 환경과 기회가 그렇게 여러 번 생겨났건만 왜 해내지 못했을까? 도대체 왜 그랬을까? 참으로 의아스럽지 않은가? 늘 북을 못 잡아먹어 안달하던 미국이 너무나도 쉽게 잡아먹을 수 있는 타이밍이 바로 코앞에 다가왔는데도 못 잡아먹었다, 왜였을까? 다른 데 있지 않다. 실상은 북을 공격할 수 없는 미국의 곤궁한 처지 때문이다. 즉, 침략과 약탈을 그 본성으로 하는 제국주의가 자신들의 먹잇감이 바로 코앞인데도 그걸 보고도 참는다? 도저히 있을 수 없는 일이라고 한다면 결론은 '미국이 북을 공격할 수 없었다'가 보다 더 사실에 부합한다고 봐야 한다.

미국 자신들의 전쟁방식에서도 이는 확인받는다. 미국은 이제껏 수많은 전쟁을 일으키면서도 반드시 준수한 원칙이 있었다. 이길 수 있는 국가들, 혹은 이길 수 있다고 확신한 전쟁들만 실행했다. 이라크, 리비아, 시리아, 아프가니스탄 등이 이를 증거 한다. 그런데 그런 국가들에서 북만 예외이다? 없었던 아량이 갑자기 생겨났다, 천만의 말씀이다. 북을 침략할 수 없는 명백한 이유가 발생한 것이다. 그리고 그것은 정말 역설적으로 오늘날 북과 미국의 끝장 대결에서 최종 승자가 누구인지를 가늠할 수 있는 기준점이 된다. 다시 말하면 소연방 해체와 동구 사회주의권 몰락으로 스스로 세계 유일 초강대국이라고까지 부른 미국이 이 지구상 그 유례가 없었던 방식으로 극강의 제재를 북에 가해 북을 고립·압살하며 붕괴시키려 했지만, 1994년 1차 북핵 위기 이후 지금까지 단 0.01mm조차 북의 영해·영토·영공을 침범치 못하고, 수많은 '전쟁설'만 난무시키며 시간을 끌고 있는 이유는 실상 단 하나의 이유, 북이 미 본토를 쑥대밭 낼 수 있는 전략무기 ICBM 등을 보유한 전략국가이기 때문이다. 그것 외에는 그 어떤 이유도 찾을 수 없다.

그래서 아버지 부시, 클린턴, 아들 부시 행정부는 물론, 오바마 행정부의 "전략적 인내"와 트럼프 행정부의 "최대의 압박과 관여"를 지나 지금의 바이든 행정부가 내세우고 있는 사실상의 "전략적 인내Ⅱ"도 전임 행정부 때보다 훨씬 더 확실하고도 분명하게 미국의 패배, 혹은 굴복과 같은 그런 결과만을 기다리고 있을 수밖에 없다.

분명, 시간은 그렇게 북北편이다.

물론 이를 숭미·사대의 눈으로는 절대 볼 수 없다. 미국이 반드시 승리한다는 가스라이팅Gaslighting으로서의 확증편향 때문이다. 하지만, 현실은 그러한 소망적 기대와는 전혀 달리 다른 방향으로 결론되어가고 있음이 여러 가지 요인으로 증명된다.

먼저는, 앞에서 밝힌 지표 중심의 국력만으로는 설명되지 않는 부분이다. 이는 미국이 자국과 비교 자체가 되지 않았던 국가들과도 진 전쟁 때문이다. 미국에 첫 패배를 안긴 한반도에서의 전쟁, 이후 베트남 전쟁, 그리고 가장 최근에는—2021년 7월 야반도주와도 같았던 아프가니스탄 전쟁에서의 패배가 그것이다.

무얼 말해 주는가? 이 모든 상황은 미국 중심의 시각에서 바라본 거의 모든 기준, 예상, 분석, 해석, 전망 등이 완전히 뒤집히면서 그릇되었음을 상징한다.

다음은, 북과의 대결에서 미국 스스로가 고백한 고해성사 때문이다. 북에 대해 미국 16개 모든 정보 조직을 총괄하는 국가정보국(DNI) 수장 제임스 클레퍼 전 국장은 "미국은 북한의 핵 개발을 수용하고 관리에 초점을 맞춰야 하고, 북한의 비핵화는 더는 미국의 협상 카드가 아니다"(《조선일보》, 2017.08.14)라고 실토했다. 즉, 오늘날 핵 위협을 걱정해야 할 쪽은 북이 아니라, 미국 자신이라는 것을 솔직담백하게 드러낸 것이다. 대한민국이 미국 해바라기가 되어 미국을 추종하고 있는 동안 진작 미국 내부적으로는 북핵 위협을 사실로 인정하기에 이르렀고, 반대로 북은 자신들에게 70여 년 동안 일방적으로 가해진 극단적 비대칭 침략 대결 구도를 완전히 뒤집어버렸다.

계속된 그들의 주장을 한번 들어보자. 마이크 멀린 전 미국 합참의장은 2017년 11월 26일(현지 시각) 〈ABC 방송〉에 출연해 임박한 북의 국가 핵무력 완성을 두고 "무서워서 죽을 지경"이란 표현을 썼다. 물론, 과장된 그들의 엄살 정도라고 치부할 수도 있겠지만 미국 지도층에 팽배해 있는 불안과 공포감 정도를 생생하게 알 수 있는 대목이기도 하다. 그도 그럴 것이 미국이 제너럴셔먼호의 평양 침략 이후 분단, 특히 1950년 한반도에서의 전쟁 이후부터 미국의 일방적 핵 위협 속에 노출된 것은 북이었고, 주지하듯 핵 위협을 한 쪽은 미국이었다. 그런데 그 일방적 핵 위협 구도에 파열구가 나고, 절대 불가능해 보였던 비대칭적 대결 구도가 완전히 뒤집혀 오히려 미국이 더 공포와 두려움을 느껴야 할 상황은 결코 과장된 엄살일 수 없다.

또, 2022년 5월 14일(현지 시각) 미 의회 북 청문회에서 브래드 셔먼 하원의원은 미국의 대북적대 정책이 수십 년 동안 실패했다면서 완전한

비핵화가 아닌 '강력한 모니터링을 전제로 한 북한의 일부 핵무기 보유'
와 같은 합의에 만족해야 할 때라고 주장했다.("'북한 피로감' 드러난 미 의회 대
북 청문회…'제한적 핵 보유 허용' 주장도", 〈미국의소리〉, 2022.05.14)

영국의 〈파이낸셜타임스〉(2022.10.09)는 이보다 한발 더 나아간다. '북한
이 이미 이겼다'라는 제목에서 안킷 판다 카네기국제평화기금 선임연구
원의 발언을 인용해 "비핵화는 이제 실패한 정도가 아니라 웃음거리가
됐다"라며 "이제 북한이 이겼다는 것을 인정해야 한다"라고까지 하였다.
같은 주장이 제프리 루이스 미들베리연구소 국장의 입에서도 나왔다.
2022년 10월 13일 〈뉴욕타임스〉 기고문 '북한이 핵무기를 보유했다는
사실을 인정할 때(It's Time to Accept That North Korea Has Nuclear
Weapons)'에서 그는 "미국은 북한이 핵을 포기하도록 하는 노력이 실패
했다는 현실을 직시해야 할 때"라면서 "이스라엘·인도·파키스탄도 핵
무기를 보유하고 있지만 미국은 공존을 선택했다"라며 "가슴 아픈 일이
지만 우리는 본질적으로 이미 북한의 핵클럽 가입을 눈감아주고 있다"라
고 하였다.

더 있다. 2022년 10월 19일 미국 외교협회의 리처드 하스 회장은 외교
협회 홈페이지에 게시한 '새로운 핵시대The New Nuclear Era'라는 제목의 글
을 통해 "완전한 비핵화를 목표로 남겨 둬야 한다"라면서도 "한·미·일
은 제재 완화를 대가로 북한 핵·미사일 관련 제한을 가하는 일종의 군
축 제안을 검토할 필요가 있다"라고 말했다. 이어 2022년 10월 27일 보니
젱킨스 미 국무부 군축·국제 안보 담당 차관도 카네기 국제평화재단 국
제 핵 정책 콘퍼런스에서 "미국과 북한이 마주 앉아 대화하고자 한다면
군축은 언제나 선택지가 될 수 있다"라고 말했다.

반면, 그 정반대로 북 자신감은 점점 더 세진다. "수세에서 공세로"나
"압박 구도에서 끝장 대결 구도로"라는 말이 상징하는 것처럼 북은 대결

구도를 근본에서부터 바꿔냈다. 정말 놀라지 않을 수 없는 일이고, 믿기 어려운 기적과 같은 구도 변화이다. 해서 경천동지라 해도 과히 틀리지 않고, 이는 미국이 제2차 세계대전을 거치면서, 특히 소연방 해체 이후부터는 누구나 다 인정하는 것처럼 세계 최강의 패권 지위를 갖고 있었으나 동방의 작은 한 나라, 그것도 지정학적 위치 때문에 늘 외세의 침탈과 침략의 대상만 되었던 한 작은 국가에 의해 자신들의 지배 질서 구도에 엄청난 변화를 유발하고, 국면이 역전되었으니 이 어찌 놀라운 일이라고 하지 않을 수 있겠는가?

오죽했으면 〈조선일보〉 사설 제목도 이를 확인해준다. "미 본토 핵 타격 '게임체인저' 눈앞 北, 안보 지형 격변 대비를"(2022.11.19)

결과, 다음과 같은 합리적 추론도 가능하다. 북미대결에서 승리해온 국가는 미국이 아니라 오히려 북이었다, 그렇게 말이다. 코페르니쿠스적인 인식대전환만 하면 매우 분명하게 보이는 결론이다.

그리고 이는 우리 모두가 익히 다 알고 있듯 미국은 매우 일관되게 북 붕괴, 내지 체제전환을 그 목적으로 하는 대북적대 정책을 추진해왔다. 그래서 그 관철을 위해 미국은 이 지구상 그 어떤 국가에도 하지 않았던 최강의, 아니 극강의 대북적대와 제재 정책에 매달렸다. 하지만, 결과는 비참한 실패이다.

첫째, 미국은 해방 이후, 특히 한반도에서의 전쟁 이후 단 한 번도 북을 정상적인 국가체제로 인정한 적이 없다. 언제나 미국은 북 체제 붕괴, 혹은 체제몰락을 전제한 접근만 있었고, 그 적대의 본질이 단 한 번도 변한 적은 없었다. 그렇지만 북은 그 강고한 장벽을 뚫고 '붕괴'나 '멸망'은 고사하고, 자신들이 설정한 사회주의 강성국가 및 문명한 사회주의 국가 진입 달성을 목전에 두고 있다.

둘째, 미국은 북이 1993년 핵보유의 첫걸음을 내디딘 이후 북의 핵보유 저지를 위해 미국이 사용할 수 있는 그 모든 정치군사적, 심지어 이데올로기적 가용수단들마저 다 동원해가며 막아왔다. 하지만, 결과는 우리가 이미 목도했듯 북은 2017년 11월 29일 '국가 핵무력' 완성을 선언하고, 이의 백미白眉, 즉 화룡점정畵龍點睛은 2022년 9월 8일에 제정된 '핵무력 법령' 채택으로 나타났다. 해서, (미국은) 패배도 그냥 패배 정도가 아니라, 분명한 대패大敗이다. 단지, 자신들의 체면으로 인해 이를 공식적으로 인정하고 있지 못할 뿐이다.

분명 공수攻守의 대전환은 그렇게 발생했고, 비례적으로 이후부터는 미국의 시간이 아닌, 북의 시간이 흘러감을 알 수 있다. 어떻게? 미 본토에서는 절대 전쟁을 할 수 없는 미국은 오히려 북의 압박 공세를 견뎌내야만 하는 가련한 처지로의 전락이다. 그러함에도 미국은 당분간 이 사실을 인정하지 못하고 자신들이 버틸 수 있는 시간까지 제재나 한미동맹, 한미일 군사동맹으로 이 압박을 견뎌 나가려 할 것이다. 하지만, 이 또한 분명한 것은 앞에서 설명된 대로 시간이 지나감에 따라 언젠가는 북과 함께, 같은 진영을 꾸린 북·중·러 동맹의 압박에 못 견뎌 미국은 결국 북에 항복하게 되어 있다는 사실이다.

추세가 분명 그렇다. '멸망'과 '붕괴', 핵보유 저지도 이겨낸 북이니만큼, 체제적으로는 점점 더 사회주의 강성국가 및 문명한 사회주의 국가로의 진입을 앞두고, 핵 능력은 질량적으로 더 고도화되고, 그 비례는 과거와는 달리 북·중·러 동맹관계가 더더욱 힘껏 결속될 수밖에 없는 현실이다. 미국의 시간이 아닌, 북의 시간이 그렇게 안내된다. 결과, 계속 더 초라해지는 쪽은 미국이고, 비례하여 북의 위상은 더 높아져 동북아에서 미국의 패권적 지위는 점점 더 상실로 맞닿는다.

그래서 그럴까? 북의 세계정세 인식도 매우 분명하다. 두 가지가 읽힌다. 첫째는, 2022년 연말 열린 조선로동당 전원회의에서 김정은 총비서가 현재의 세계질서를 '신냉전'으로 규정했고, 〈로동신문〉은 이를 "국제 관계구도가 ≪신랭전≫체계로 명백히 전환되고 다극화의 흐름이 더욱 가속화되는데 맞게 우리 당과 공화국정부가 국위제고, 국권수호, 국익사 수를 위하여, 지역의 평화와 안전을 위하여 철저히 견지해야 할 대외사 업원칙이 강조되였다"라고 1월 1일 보도했다.

둘째는, 미 제국주의 일극 지배체제는 반드시 붕괴한다는 확신이다. 설명으로는 이렇다. 내부적으로 미국은 이미 매우 심각한 사회분열 양상 으로 인해 멸망의 망조가 들었으며 제국주의 지위도 거의 '야반도주'에 가까운 아프가니스탄에서의 패배, 그리고 이 책이 출판되었을 즈음은 '사 실상' 자신들의 대리전쟁인 우크라이나전쟁이 패배로 결론 났거나, 아니 면 패배 직전이라는 사실, 여기에다 경제적으로나 정치군사적으로나 중 국과의 대결에서 패배할 수밖에 없는 숙명 등, 이 모든 것들의 총합으로 서 세계질서가 다극 체제로 전환해 나갈 수밖에 없다는 확고한 정세 인 식이 있다.

중심에 러시아와 중국이 주도하는 유라시아 경제연합EAEU이나 상하이 협력기구, 브릭스BRICs 등과 같은 새로운 국제질서의 출범이 있다. 북에 대해 우호적인 중국과 러시아가 중심되어 있으니 이 변환지점의 국제정 세를 북은 정확하게 보고 있는 것이다.

결과, 이 책 제1장, "Ⅰ. 총론적 이해: 북은 과연 어떤 나라인가?"에서 이미 밝혔듯이 대한민국은 당시 그 어떤 기술, 자원, 자본 없이 미국의 지원 – 무·유상 원조와 일본과의 굴욕적 협정 – 대일 청구권자금으로 마 련된 기술과 자본으로 30여 년만의 압축성장을 이뤄내 선진클럽OECD에 가입하였듯 북도 위와 같은 세계질서를 잘 이용하여, 그것도 북과 우호 적인 국가가 중심되어 있는 유라시아 경제연합과 상하이 협력기구, BRICs 라면 이를 잘만 활용하면 자국이 보유한 세계 5위 이내의 국방과학기술의 민간산업 기술로의 전환, 세계 3~5위 정도의 매장량으로 확인되는 석유와 희토류 등 세계 10대 광물자원의 활용, 여기에다 이 지구상에서 가장 확실하게 설계되어있는 국가계획경제의 활용은 30여 년이 아닌, 단 5~10년 이내 단박에 북 경제를 도약시켜 내고도 충분한 남음이 있다. 그리하여 자신들이 내건 인민 생활 향상은 충분히 실현 가능하여 전 세계가 부러워하는 경제부국으로서의 (자신들이 그렇게 소망했던) 사회주의 강성국가 반열에 충분히 올라설 수 있다.

확신컨대 분명 북은 이를 내다보는 국가 대장정 설계를 했다. 그러니 자신 있게 미국의 제재를 상수로 해서 국가발전전략을 세울 수 있었고, 이는 '신라의 길'을 택했던 남南과는 달리 '고구려의 길'을 택한 북의 의지이다. 숭미·사대가 아닌, 분명한 자주의 길이다.

미국을 이겨나가고 있는 분명한 증거가 그렇게 나타나고, 마치 이는 빙하의 속성이 절대 변하지 않는 이치와도 같이 어쩌면 이미 '완료된' 현재로의 의미로 북의 승리를 자축하고 있는지도 모르겠다.

2. 핵과 조선:
북핵에 대한 정치적 의미

북은 2022년 9월 8일 '핵무력 법령'을 채택했다. 사실상 핵보유 정책의 완결이다. 과정으로는 2012년 헌법 개정 서문에 '핵보유국'임을 명기하고, 2017년 11월 29일 대륙간탄도미사일(ICBM)급 '화성 – 15'형 미사일 발사 성공을 거론하며 '국가 핵무력' 완성선언을 한 지 5년 만의 일이다.

불가능할 것 같은 일이 정말 그렇게 전광석화처럼 벌어졌다. 그래서 우리가 궁금한 것은 일련의 이 과정이 어떻게 출발해졌느냐 이다.

결론적으로 그 결정은 2021년 개최된 제8차 당대회 때 이미 서 있었다고 봐야 한다. 왜냐하면 이때 개정된 당 규약 서문 내용에 "조선로동당은 공화국무력을 정치사상적으로, 군사기술적으로 부단히 강화하고 자립적 국방공업을 발전시켜 나라의 방위력을 끊임없이 다져나간다." 한마디로 요약하면 핵무력 정책의 필요성을 그렇게 밝히고 있기 때문이다.

결과, 〈로동신문〉(2021.01.10)이 제8차 당대회 때 채택한 결정서 '조선로동당규약개정에 대하여'에 대한 보도 내용을 보면 "조국통일을 위한 투쟁 과업 부분에 강력한 국방력으로 근원적인 군사적 위협들을 제압해 조선반도의 안정과 평화적 환경을 수호한다는 데 대해 명백히 밝혔다"면서 "이것은 강위력한 국방력에 의거해 조선반도의 영원한 평화적 안정을 보장하고 조국통일의 역사적 위업을 앞당기려는 우리 당의 확고부동한 입장의 반영"이라고 밝혔는데, 이로부터 '강위력한 국방력'을 그 수단으로 하는 '조선반도의 영원한 안정과 조국통일의 역사적 위업 달성'이라는 목적이 있음을 알 수 있다. 도식화로는 '강위력한 국방력＝평화＝통일'이라는 등식이 성립되고, 연장선상에 2022년 9월 8일 '핵무력 법령' 채택이 이뤄진 것으로 보인다.

───── 보충설명 ─────

'핵무력 법령' 채택과 '핵 제2 사명은 방어아닌 다른 것'이 갖는 상관성

북은 제8차 당대회 사업총화를 통해 "대외정치활동을 우리 혁명발전의 기본 장애물, 최대의 주적인 미국을 제압하고 굴복시키는데 초점을 맞추고 지향시켜 나가야 한다"고 못 박고, 그 방도도 **국가핵무력건설대업을 완성**(강조, 필자)하는것은 우리가 리상하는 강력한 사회주의국가건설행정에서 반드시 선차적으로 점령해야 할 전략적이며 지배적 고지"임을 분명히 했는데, 바로 이 연장선상에서 2023년 대외문제 해결 방도를 찾았다. 다름 아닌, '총체적' 핵무력 강화 방도가 그것이고, 해결방식도 좀 더 '강 대 강'으로 선명해졌다. 특히, 남쪽 당국에 대한 입장은 역대 최고조로 강경했다. 2023년 신년사에서 "南은 우리의 명백한 적... 핵 **제2 사명은 방어아닌 다른 것**(강조, 필자)"으로 표현되어 졌다.

이로부터 우리가 합리적 추론을 할 수 있는 것은 첫째, 그 최고 수위 형태에는 제2의 한반도(조선반도)에서의 전쟁(북의 표현으로는 조국해방전쟁)도 가능하다는 뜻이고, 둘째, 전쟁의 기미가 보인다면 '핵무력 법령'방침에 따라 선제공격도 가능하다는 것이고, 셋째, 2010년 발생한 연평도 포격과 같은 국지전으로서의 저강도 전쟁 극대화도 가능하다는 뜻이다.

관련해 실제 반영된 (조선로동당)규약 내용은 이렇다. "조선로동당은 남조선에서 미제의 침략무력을 철거시키고 남조선에 대한 미국의 정치군사적지배를 종국적으로 청산하며 온갖 외세의 간섭을 철저히 배격하고 강력한 국방력으로 근원적인 군사적위협들을 제압하여 조선반도의 안전과 평화적환경을 수호하며 민족자주의 기치, 민족대단결의 기치를 높이

들고 조국의 평화통일을 앞당기고 민족의 공동번영을 이룩하기 위하여 투쟁한다.(=조국통일의 역사적 위업 달성)"

1) 북의 입장에서 핵보유가 갖는 의미

제8차 당대회에서 개정된 당규약 서문에서 확인받듯 명백한 것은 북의 핵보유 첫 번째 목적이 미국을 굴복시켜 '조선반도의 궁극적 평화안정'을 보장하고, 그 토대위에서 남과 북이 자주적으로 조국통일을 이뤄내겠다는 분명한 국가정책 수립이 이뤄졌음을 알 수 있다. 다른 말로는 미국이 백기 항복하지 않는 한 미국과의 (평화적) 정치협상 가능성은 완전히 소멸했고, 적대관계 완전 해소는 북北 자신들의 요구, 즉 대북적대 정책 철회라는 요구가 선결 조건 없이 완전수용 되어야만 가능하며 그 정반대(=미국이 끝까지 버틸 경우)는 평화적 방도를 통한 북미관계 해결 가능성이 완전히 사라졌음을 뜻하는 것과도 같다.

다음의 시정연설, 즉 2022년 9월 8일 개최된 최고인민회의 제14기 제7차 회의에서 한 김정은 국무위원장의 시정연설에서 자신들의 핵보유 목적이 어디에 있는지 그 두 번째 목적이 밝혀진다.

> 지구상에 핵무기가 존재하고 제국주의가 남아있으며 미국과 그 추종무리들의 반공화국 책동이 끝장나지 않는 한 우리의 핵무력 강화 노정은 끝나지 않을 것입니다.

그렇게 자신들의 핵보유 두 번째 목적이 미국의 제국주의적 속성 제거에 있음을 솔직히 밝힌다. 구체적으로는 세계 비핵화와 비례하지 않는 북핵 비핵화 담론은 이제 종말을 고했다는 사실이고, 이의 한반도적 적용은 '한반도 평화체제 수립≠비핵화 담론'은 이제 불성립하고, 이의 세계사적 의미는 앞으로 북이 미국을 상대로 하는 방식이 군축의 의미를 갖는 세계 비핵화와 한미동맹 해체의 의미를 갖는 한반도 평화체제 수립이 동시적으로 동반되지 않는 그 어떠한 형태의 핵 협상도 없다는 것을 분명히 한 선전포고와도 같다. 외교적 화법은 미국과의 핵 정치협상이 있다면 그것은 '인류의 핵 없는 세계' 및 '모든 제국주의가 사라지는' 그런 의미에서의 핵 정치협상이고, 이는 세계 비핵화를 전제한 핵군축 협상, 조선반도(한반도) 평화체제 수립과 한미동맹체제 해체, 그리고 조국통일 완성에 복무하는 그런 핵 정치협상만 있다는 것을 의미한다.

당 규약 서문에는 그 내용이 이렇게 표현된다. "조선로동당은 자주, 평화, 친선을 대외정책의 기본리념으로 하여 반제자주력량과의 련대성을 강화하고 다른 나라들과의 선린우호관계를 발전시키며 제국주의의 침략과 전쟁책동을 반대하고 세계의 자주화와 평화를 위하여, 세계사회주의 운동의 발전을 위해 투쟁한다.(＝세계 비핵화와 연동)"

해서, 첫 번째 목적과 두 번째 목적을 합하면 북의 핵보유 목적은 이렇게 분명해진다. 이 지구상에 존재하는 그 어떤 제국주의도 소멸해야하며, 그 교집합 안에 조선반도(한반도) 통일이 반드시 포함된다. 즉, 한반도에서 미국을 굴복시켜 평화체제를 완성하고, 그 토대에서 자주적 통일을 이뤄 세계의 전략적 안정을 완성해내는 것, 그렇게 자신들의 핵보유 사명은 끝난다고 본다.

이뿐만이 아니다. 핵보유 목적이 위 두 가지에서만 끝나지 않고 또 있다는 말인데, 이름하여 핵보유 세 번째 목적이다. 그 목적은 아래 김정은 국무위원장 시정연설 내용에 들어있다.

　　핵은 우리의 국위이고 국체이며 공화국의 절대적 힘이고 조선인민의 크나큰 자랑입니다. (중략) 공화국 핵무력은 곧 조국과 인민의 운명이고 영원한 존엄이라는 것이 우리의 확고부동한 입장입니다." 계속 2022년 9월 8일 있었던 시정연설 내용에 좀 더 집중해보자. '핵무력 법령' 채택에 대해 그는 "인민대중의 자주성을 실현하기 위한 사회주의 건설의 줄기찬 발전과 전진을 확신성 있게 인도하는 전투적 기치이며 원대한 이상과 목표를 향하여 나아가는 우리 국가와 인민이 틀어쥐고나가야 할 백과전서적인 혁명문헌, 불멸의 대강으로 된다.

알 수 있는 것은 북의 핵이 군사적 의미뿐만이 아닌, 정치·사상적 함의까지 동반함을 알 수 있다. 직접적 의미는 김정은식 '수령정치'가 작동하고 있다는 뜻이다.

근거는 이렇다. 핵과 관련해 표현되고 있는 단어들이 '우리의 국위', '영원한 존엄', '원대한 이상과 목표', '백과전서적인 혁명문헌, 불멸의 대강' 등의 표현이 있는데, 이 단어들은 다 수령과 관련된 연관어(=파생어)들이다.

특히, '원대한 이상과 목표'는 결국 자신들이 꿈꿔왔던 이상, 수령중심의 유일사상체계가 보장되는 그런 사회주의 문명국가(=공산주의 사회)를 지칭하는 것이라고 한다면, 그 사회가 수령의 결심과 결단-자주정신의 결정체로서 갖는 그 의미로 추진된 자신들의 핵보유가 그런 사회에 도달하게 할 수 있게 한다는 '원대한 이상과 목표'가 된다.

결론적으로 이렇게 북이 핵을 보유하고자 했던 목적이 3가지라고 한다면 이는 단순히 우리가 익히 알고 있던 인식 문법, 즉 미국의 대북적대 정책 산물이라는 결과로만 이해하는 것은 큰 오류임이 확인된다. 하여. 그것보다는 북 자신들의 주체적 지향과 요구, 전략에 의해 취해진 주동적 조치임이 더 맞은 것으로 봐야 한다.

적어도 4가지 의미로 말이다.

첫째는, 재래식 무기로는 미국을 제압·굴복시키지 못할뿐더러 막대한 군사비 지출 등이 항시적으로 요구되어 자국의 경제발전에 엄청난 제약

을 받는다. 이를 일거에 해소할 수 있는 가장 효율적인 측면에서의 필요
성인데, 바로 그 중심에 핵보유를 통해 세계 유일 최강국인 미국과 담판
할 수 있게 되었다는 점이다. 과거 핵을 가지지 못했을 때는 아예 미국
과의 정상회담 등 자체가 불가능했던 점을 상기한다면 이 핵보유 전략은
나름 매우 유효한 전략적 방침이라는 것이 입증된다.

이후, 북이 핵 담론들에 대한 개념 변화를 어떻게 시도해왔는지를 추
적해 봐도 이는 금방 알 수 있다. 과거 북은 제네바 합의나 6자회담, 북
미회담 등에서 주로 내세웠던 자신들의 핵보유 정당성은 외부의 공격(위
협)과 침공(사용) 방지에 두어 매우 수세적이고 방어적 성격 대응이었다
면 핵을 보유한 김정은 체제하에서는 "끝장 대결", "미국과의 동등한 핵
억제력", "적대정책 철회", "세계 비핵화" 등으로 그 담론들이 표현되어 세
계정세에 깊숙이 개입해 들어갈 수 있는 게임 체인저Game Changer적 위상
을 분명히 갖는다.

둘째는, 북의 핵보유는 한미동맹체제를 무력화 내지, 균열을 낼 수 있
고, 남북관계도 주동성을 확보할 수 있는 그런 강위력한 정치군사적 수
단이라는 측면이다. 즉, 핵 그림자 효과(=전쟁 억지력 확보)를 톡톡히
누리면서 한미동맹 해체와 주한미군의 철수, 조국통일을 이뤄낼 수 있는
강력한 수단이 될 수 있다는 것이다.

그런데 문제는 여기서 우리에게 닥친 약간의 인식적 혼란이다. 뭔 혼
란? 다름 아닌, 윤석열 정권하에서는 북의 핵보유가 오히려 한미동맹을
더욱 강화되는 방향으로 나아가게 하고 있다는 점이고, 실제로도 한미동
맹체제 강화는 물론, 한미합동군사훈련도 훨씬 더 다방면적으로 실시되
고 있는 것처럼 보여 우리들의 인식을 혼란케 하고 있다는 점이다. 하지
만, 우리가 절대 착각해서는 안 되는 것이 현상과 본질에 관한 문제이다.
즉, 현상으로만 보면 분명 한미동맹체제와 한미합동군사훈련이 더 강화

되는 것처럼 보이지만, 본질은 전혀 그렇지않는 정반대라는 사실이다.

어떻게?

밤이 깊으면 그만큼 새벽이 더 가깝다는 뜻이듯, 같은 논리로 그 무엇의 실체가 더 극단적인 운동 양태를 띠면 그것은 오히려 더 문제 해결 가능성이 높아졌다는 뜻과 같을 수도 있다. 마치, 이는 최후 결전을 앞두고 서로가 더 유리한 고지를 점령하기 위한 기 싸움과도 같은 것이다. 해서, 현상적으로는 더 대립과 격돌로 보이지만 실상은 정반합의 진행 과정이다. 그리고 여기서 핵심은 결국 잃을 것이 많은 쪽이 양보하게 되어 있다는 점이다. 바로 그러한 측면에서 봤을 때 북은 이미 70여 년 제재와 적대에 시달려왔고, 그 과정에서 핵보유 전략과 함께 정면 돌파(전)를 선언해 놓은 상태이기 때문에 더 이상 잃을 것이 사실상 별로 없다. 하지만, 미국 상황은 좀 다르다. 일관되게 북 체제 멸망과 체제전환을 시도해왔기에 북의 핵보유 전략을 그냥 그대로 무시하고 계속하여 방치하다간 미 본토 자체가 쑥대밭 되거나, NPT(핵확산방지조약, Non Proliferation Treaty) 체제 붕괴에 따른 동북아에서의 패권적 지위 완전 상실이라는 최악상황까지 갈 수 있어 장기적으로는 북의 핵 고도화와 질량적 강화를 마냥 지켜만 볼 수는 없는 상황이다.

그러니 절대 지금의 이 상황을 방치할 수만은 없다. 다만, 지금은 그 어떤 의미에서 현재까지 그 해법을 찾지 못해 억지춘향격으로 시간을 벌기 위한 그들 나름의 인고忍苦 시간이다. 해서, 그렇게－해법이 찾아지기 전까지는 한반도 정세를 극단적으로 긴장시켜 나간다고 볼 수도 있으며, 언젠가는 이 먹구름이 걷히면－해법이 찾아지면 미국은 결국 위와 같은 북의 전략에 맞춰 북과 정치적 협상 테이블에 앉을 수밖에 없다. 물론, 그 정반대도 가능하다. 해법이 정 없다면 미국은 두 번째로 한반도에서의 전쟁도 발발시킬 수도 있다. 하지만, 이 가능성은 별로 없어 보인다.

왜냐하면 북의 핵보유에 의해 전쟁 억지력은 이미 강하게 작동하고 있기 때문이다.

셋째는, 북은 핵보유를 통해 생긴 전쟁 억지력으로 경제발전에 집중할 수 있는 여력이 생겼다는 측면이다. 미국과는 공포의 핵 균형을 맞춰놓고, 남쪽과는 남북관계의 주도권을 확보하여 그 억지력과 주도권으로 국방예산을 조정하여 재정의 효율적인 집행과 핵기술의 인민 경제 및 경제 산업화 전환으로 인한 인민 생활의 향상이 가능하다는 북의 판단 말이다. 해서, 북은 이미 그러한 전략으로 2013년 3월 조선로동당 중앙위원회 전원회의에서 다음과 같은 결정을 내렸다. "새로운 병진노선의 참다운 우월성은 국방비를 추가적으로 늘이지 않고도 전쟁 억지력과 방위력의 효과를 결정적으로 높임으로써 경제건설과 인민생활향상에 힘을 집중할 수 있게 한다는 데 있다."

그리고 이 판단은 결과적으로 옳았다. 핵 관련 기술의 하나인 CNC(컴퓨터수치제어 장치) 기술을 활용해 2022년 9월 황해남도에 5,500여 대의 뜨락또르(트랙터)가 보내졌다. 이 외에도 위성기술을 통해서는 농업의 과학화를 내올 수도 있다.

──────── 보충설명 ────────

1962년 채택된 '국방·경제 병진노선'과
김정은 시대에 채택된 '핵무력·경제 병진노선'의 차이에 대한 이해

알다시피 북은 1962년 북·소 갈등, 중·소 갈등, 5.16 군사쿠데타와 미일 동맹 등 당시 높아진 안보 위기에 대응해서 "경제에 일부 지장이 있더라도 국방력을 먼저 강화"하기로 하고 경제와 국방의 병진노선을 채택할 수밖에 없었다. 이 때문에 국방공업에 대한 투자가 크게 확대되어 그만큼 민간경제에 대한 투자는 줄어들었다. 거기다가 엎친 데 덮친 격으로 1960년대 후반에는 잘 나가던 북·중 관계마저 악화하여 국방비가 국가 예산의 30%까지 폭증했다.

결과, 북은 경제발전 7개년 계획의 목표를 애초 계획보다 3년 연장한 1970년에서야 달성할 수밖에 없었다. 하지만, 김정은 시대의 병진노선은 그 정반대이다. 핵보유를 통해 완전하게 한반도에서의 전쟁 억지력을 확보하게 되어 2013년 병진노선을 채택하면서 밝힌 그대로 - 국방예산을 조정하여 재정의 효율적인 집행과 핵 기술의 인민 경제 및 경제 산업화 전환이 가능해져 보여주듯 5,500여 대의 뜨락또르(트랙터) 생산과 위성기술을 통한 농업의 과학화를 내올 수도 있었다.

넷째는, 바로 앞글에서 김정은식 '수령정치'가 작동하고 있다고 했듯 자신들의 핵보유는 이제 수령체계 유일 정당성을 확보하는 유력한 수단으로까지 진화시킨 의미까지 있다. 무슨 근거로? 설명하면 이렇다.

핵보유를 통해 수령체계의 위대성을 입증하고, 그 바탕 위에서 수령체계의 정당성을 사상·이론적으로 정립해 나갈 수 있는 토양이 되었다는 말이다. 즉, "위대한 수령"을 증거 할 수 있는 제1 징표가 사상의 위대성이라 했을 때 이를 증명할 결정적 징표가 그 핵보유에 있다는 말이고, 실제 이미 그렇게 진행해 나가고 있음을 알려주는 이론서(책)도 출판되고 있다. 〈절세위인과 핵강국〉(평양출판사, 2016)이 그것이고, 내용 핵심 또한 김정은 위원장이 북을 "동방의 핵강국으로 만들었"고, 특히 4장의 소제목은 "조선의 핵 정치학"인데, 그렇게 핵사상이 이론화되어 가고 있음을 알 수 있다.

그럼으로 북의 핵은 이제 위 '첫째는, 둘째는, 셋째는, 넷째는'의 목표가 이뤄지지 않는 한 '비핵화' 그 자체는 절대 되돌아갈 수 없는 불가역적 특성을 띤다.

──────── 보충설명 ────────

김일성 주석의 '비핵화' 유훈을 어떻게 볼 것인가?

정말 그렇게 이제 북의 핵보유가 과거로 되돌아가 갈 수 없는 불가역적 특성을 띤다면 북이 전략국가로 가는 과정에서 북도 해결해야만 되는 해묵은 숙제가 있다. 다름 아닌, 선대 수령 김일성 주석이 남긴 비핵화 유훈이다. 이를 어떻게 볼 것인가? 해석은 이렇다.

첫째는, 인류사적 이해가 필요하다. 인류사적 관점에서 비핵화 자체를 반대할 이유는 하등 없다. 오히려 문제는 UN 상임이사국들과 미국이 허용해준 국가들, 즉 이스라엘이나 파키스탄, 인도 등의 국가는 핵을 가져도 괜찮고, 북만 가져서는 안 된다는 것이 더 큰 문제이다.

둘째는, 북의 핵 정책 방향은 명백하다. 미국의 제국주의적 속성 제거 및 미국의 적대정책 철회, 한반도에서의 비핵화 실현, 세계 비핵화 추동이다. 이 논리에 의해 자신들의 핵보유 최종 종착지가 세계의 핵이 없어지면 자신들도 핵을 보유할 이유가 하등 없다는 것이다. 그런 의미에서 지금 당장의 핵보유는 유훈 정신에 어긋난다고 할 수 없다.

결과, 김일성 주석의 비핵화 유훈은 잠시 유보되어 있는 것이다. 아니, 자신들의 핵보유를 통해 비핵화 유훈을 더 적극적으로 관철해나가고 있다고 보는 것이 더 정확하겠다. 그렇게 김일성 주석의 유훈은 반드시 실현되어 갈 것이다.

그래서 최종 정리되는 북의 핵의미는 다음과 같이 정리될 수 있다 하겠다.

전쟁 억지력이라는 측면에서는 군사적 무기이고, 미국과 담판하기 위한 전략으로서는 정치적 수단이며, 인민의 생활 향상과 관련해서는 경제강국 건설의 추동력이고, 마지막 결정적으로는 수령의 위대성을 입증할 수 있는 정치 사상적 무기로까지 규정되는 핵 정치학이다.

그럼으로 앞으로 북핵 문제는 이 4가지 목적에 부합하는 그 방향하에서 철저히 해결해 들어갈 것이고, 그것도 이 4가지 목적이 모두 동시적으로(or 아닌, and로 요건이) 충족될 때만이 완전하게 타결될 수 있음을 예고한다.

───────── 보론 ─────────

북의 핵은 미국을 타승(打勝)해 낼 수 있는 우리 민족의 공동자산

제아무리 생각해봐도 현재 시점에서는 우리 민족이 미 제국주의를 타승할 수 있는 방법은 2가지 방법밖에 없다.

먼저는, 우리 - 남측 스스로 힘으로 자주적 민주 정부를 수립하고, 그 토대 위에서 미제를 축출해 내는 것이다. 즉, 진보적 세력이 민중권력을 창출해내는 것을 그 전제한다. 그런데 이 길은 지금의 주체적 역량 정도를 봤을 때 전혀 불가능한 것은 아니지만, '사실상' 엄청난 긴 시간이 필요함을 알 수 있다. 참고로 여기서 말하고 있는 '사실상'의 의미는 현재 분열되어 있는 모든 정파의 진보 세력을 다 끌어모아도 5~10%의 지지율을 넘지 못한다는 사실에 기인한다.

다른 하나는, 북미대결에서 미국이 패배했을 때이다. 그런데 이는 작금의 북미정세를 보면 곧 일어날 수 있는 일이고, 관련하여 미국이 패배한다면 다음과 같은 2가지 경로를 밟을 것이 확실시된다.

첫째는, 전략핵을 가진 북과 미국과의 대결에서 미국이 군사적으로 패배하는 길이다. 둘째는, 통일전선 관점에서 전국적 범위에서의 대단합과 단결이 이뤄져 미제가 축출되는 방식이다. 이름하여 남과 북, 그리고 해외까지 포함되는 연대·연합 전술에 의한 미국의 퇴각이다.

북핵, 북의 핵보유는 바로 이 2가지 길 모두에 결정적, 혹은 중요한 역할을 한다.

먼저, 결정적 역할을 한다, 부분이다. 알다시피 우리 민족에게는 한반도에서의 영구적 평화와 조국통일이라는 지상의 과제가 있다. 그런데 그 통일과 영구적 평화를 가로막는 실질적 주범이 미국이라 했을 때 미국은 남과 북의 공동적이 된다. 바로 그런 의미에서 북의 핵보유는 그 공동 적을 물리치는데 있어 결정적 역할을 한다. 그러니 그 어찌 북핵을 우리 민족 공동의 자산이라고 하지 않을 수 있겠는가?

그런데 여기서 의문이 생긴다. 북핵이 왜 미국을 물리치는데 결정적 역할을 한다, 인가이다. 그것은 다름 아닌, 북핵은 한반도에서의 전쟁 억지력이자 미국을 이 한반도에서 쫓아낼 수 있는 강위력한 정치군사적 수단이기 때문이다.

근거는 이렇다. 제국주의 미국은 크고 작은 전쟁을 여러 차례 - 건국 이후 약 200여 회 이상을 일으킨다. 2가지 기준을 갖고서 말이다. 하나는, 미 본토에 대한 직접적 피해는 없고, 이길 수 있는 국가와 전쟁을 한다는 것이다. 다른 말로는 핵을 가지지 않는 국가와의 전쟁이다. 또 다른 하나는, 자국의 국가이익이 매우 필요할 때 전쟁을 한다는 것이다. 예하면, 세계적 판도에서 패권적 지위를 유지해 나가기 위해 전략적 거점이 필요하다거나, 이라크 침략 등에서 확인받듯이 경제적 이익이 있을 때 침략전쟁을 일으킨다.

그럼 핵을 보유한 북과는? 분명, 한반도는 아시아판 나토와 같은 전략적 거점 역할을 할 수 있으니 그 거점 구축의 필요성에 의해 전쟁을 할 수도 있다. 하지만, 문제는 북이 핵을 갖고 있으니 전쟁을 할 수 없게 된다. 왜냐하면 앞 '하나는' 기준에 부합하지도 않고, 동시적으로 핵을 가진 북과 전쟁을 하더라도 이길 수가 없기 때문이다. 그래서 북의 핵보유는 한반도에서의 전쟁 억지력이고, 우리 민족의 공동자산이 되는 것이다.

그런데 또 드는 의문이 있다. 그럼, 한미동맹 강화와 한미합동군사훈련으로 인해 조성되는 전쟁국면은?

결론은 '전쟁 없는 전쟁국면'이다. 즉, '국면'뿐인 '전쟁'이고, 이 뜻은 미국의 입장으로 보면 한반도에서의 위기 고조와 전쟁국면이 한미동맹체제 지속의 명분과 전략자산 등 최첨단 무기가 동원되는 한미합동군사훈련을 통해 자신들의 무기 전시장으로 둔갑시켜내고, 이를 통해 막대한 - 천문학적인 무기 수출을 보장받는 아주 중요한 요인이라는 것이다. 그렇게 자신들의 군산복합체 경제를 살려내는 명줄이 이 한미합동군사훈련에 달려있다는 말이다. 그럼 북은? 미국의 대북적대와 제재가 해결되지 않은 상황에서는 지속적인 전략핵무기 고도화를 통해 미국을 제압할 수 있는 '좋은' 기회이다. 이름하여 핵보유 강화의 정당성 기회가 생긴 것이다. 한미합동군사훈련 전후 다양한 전략·전술 무기의 시험이 이에 해당한다. 중국과 러시아도 미국과 유엔의 대북제재 결의안에 동의해 주지 않으니 더더욱 그렇다. 결과, 그렇게 두 국가는 나름 **바람직하지는 않지만** (강조, 필자), 어떻게 보면 서로가 적대적 공존, 즉 나름의 윈 - 윈으로 이 국면을 잘 활용하고 있다고 볼 수도 있다.

그래서 또 드는 의문이다. 그럼, 실제 전쟁이 일어나지도 않는다면 굳이 우리 남측에서 그렇게 한미합동군사훈련 및 전쟁 반대, 혹은 평화구호를 목청껏 외칠 필요가 있을까? 이다.

정말 그렇게 생각한다면, 여기에는 2가지 인식적 오류가 있다.

첫째는, 그 어떤 전쟁도 우연성을 배제하지 못하듯, 한반도에서의 전쟁 또한 이 우연성에서 절대 예외일 수는 없다, 이다. 그 한 예로 1914년 6월 28일 사라예보에서 오스트리아 - 헝가리 제국 왕위 후계자인 프란츠 페르디난트 대공이 세르비아 국민주의자 가브릴로 프린치프에게 암살당한 사건 때문에 제1차 세계대전 발생했다.

둘째는, 계속 그렇게 한미합동군사훈련을 무시한다면 대한민국은 영원히 미국과의 예속적 동맹, 즉 한미동맹체제에서 벗어나지 못하는 가스라이팅 (gaslighting)의 지속에 묶이게 된다.

그러니 한미동맹체제 해체 및 한미합동군사훈련 반대, 전쟁 반대, 평화구호는 매우 중요하다. 다만, 그 구호와 투쟁방식이 좀 더 주체적인, 혹은 좀 더 민족적 관점에서 접근할 필요는 있겠다.

반면교사되는 예는 다음과 같다. 북이 핵보유 전략국가가 되면서 미국을 상대하는 방식이 엄청나게 변했는데, 여기서 우리는 그 힌트를 찾을 수 있다.

즉, 북은 과거 - 핵을 가지지 못했을 시기에는 제네바 합의나 6자회담, 북미회담 등에서는 자신들의 핵보유 정당성을 외부의 공격(위협)과 침공(사용) 방지에 두는 수세적이고 방어적 성격의 대응이었다. 하지만, 핵을 보유한 김정은 체제하에서는 "끝장 대결", "미국과의 동등한 핵 억제력", "적대정책 철회", "세계 비핵화" 등으로 표현되고 있다. 매우 공격적이고, 세계적 질서의 판도를 바꾸겠다는 게임 체인저(Game Changer)적 대응 방식이다.

해서, 우리 남측도 비핵화 담론에서 하루빨리 빠져나와 한미합동군사훈련 반대 및 한미동맹체제 해체, 전쟁 반대와 평화수호 구호를 좀 더 적극화하여 '한반도 통일 방해하는 미국은 물러가라', '한미동맹은 전쟁동맹이다. 그런 동맹 필요없다!' 등과 같이 주어와 술어가 명확하고, 그러한 관점에서 투쟁구호 담론과 실천행위들이 지속되어야 하겠다.

다음, 중요한 역할을 한다, 부분이다. 이는 북의 핵보유가 자주에 기반하는 조국통일 본령에 맞게 통일전선운동을 강제한다는 측면이다. 어떻게? 조국통일이 민족적 대단합과 단결을 통해 전국적 범위에서의 민족자주권 확보가 그 목적이라 했을 때 이 실현은 통일전선 관점에서 전개되는 자주운동이 될 수밖에 없다.

구현은 상층 통일전선과 하층 통일전선의 통합적 이행방식인데, 그런데 아시다시피 북은 판문점 연락사무소 폭파를 통해 당분간 '사실상' 상층연대를 하지 않겠다는 의지를 분명히 했다.

문재인 정권으로 인한 반면교사 때문이다. 인도적 문제인 '타미플루' 하나 못보내고, 합의문을 2개나 만들어놓고도 금강산 관광이나 개성공단도 미국의 승인 없이는 불가능한 남쪽의 상황이 북의 판단을 그렇게 하게 만들었다. 이의 상징이 '그들은 우리의 승인 없이 아무것도 하지 못한다'이고, 북은 그런 남측 정권의 실체를 똑똑히 봤으니 향후 그 어떤 정권이 들어서더라도 미국을 넘어서지 못하는 정권과는 더 이상의 상층연대가 필요 없어졌다. 바로 그 결연한 의지가 판문점 연락사무소 폭파였다. 단, 여기서 우리가 오 - 버(over)해석을 경계해야 할 것은 당분간 '사실상' 더 이상의 상층연대가 더 필요 없다고 하는 것이 아예 상층연대가 불가능하다는 것이 아니라, 미국의 벽을 넘지 못하는 정권과는 민족대단결을 실현해 나가는 과정에서 남측 정권을 상대하지 않겠다는 뜻으로 이해해야 한다. (그리고 이 추세는 윤석열 정권이 들어선 이후부터는 더 강화될 듯하다. 왜냐하면 '더' 노골적인 반북적대 정책, '더' 노골적인 한미동맹 체제 강화와 한미일동맹 추진이 이뤄지고 있기 때문이다.)

해서, 당분간 주력해야 할 곳은 하층연대 강화이다.

이름하여 자주적 통일역량을 키우는 것이고, 그렇기 위해서는 모든 진보적 역량이 정파들의 차이를 넘어 통 큰 하나의 연대·연합전술을 펼칠 수 있는 그런 지혜와 노력이 필요하다.

그런데 문제는 다음과 같은 인식장벽이 우리 앞을 가로막고 있다는 점이다. 다름 아닌, 전쟁 반대, 한반도 평화체제 수립과 비핵화 담론이 서로 등가적으로 연결되어 있다는 인식, 그것이다.

과연 그런가? 당연, 결론은 그렇지 않다, 이다. 근거는 한반도에서의 전쟁 위기가 미국의 침략적 야욕과 수탈적 야망 때문에 생긴 것이지, 어떻게 북의 핵보유 때문이란 말인가? 더해서 북의 핵보유는 남과 북의 관점에서 보자면, 즉 우리 민족적 관점에서 보자면 이 보론에서 설명하고 있듯 미국에 의한 전쟁 방지와 통일을 가로막고 있는 주범으로서의 미국을 물리칠 수 있는 절대병기인데 왜 우리가 북의 핵보유 탓을 해야만 한단 말인가?

미국과 예속·숭미사대 정권의 반북, 반민족적 논리에 놀아나는 꼴밖에 되지 않는다.

관련해 백번 양보하더라도 한반도의 전쟁 위기가 정말 북의 핵보유 때문이라면 그럼 왜 북이 핵을 가지지 않았을 때인 1960~80년대에도 한반도 평화체제 구축 문제가 해결되지 못했단 말인가?

이것이 설명될 수 없다면 한반도에서의 전쟁 위기 인식 문제는 북핵에 있는 것이 아니라 미국에 있는 것이다. 또한, 우리 남측의 문제로 인해, 여기서 말하고 있는 남측문제는 북의 핵보유로 인해 핵이 있는 한반도에 어떻게 평화가 올 수 있겠느냐는 국민 정서, 또 북이 핵을 보유하고 있는데 어떻게 남쪽에서 한미동맹체제 해체, 주한미군 철수 등을 외칠 수 있겠느냐는 문제, 이외에도 북의 핵보유가 오히려 한반도에서 전쟁을 불러올 수 있다는 왜곡된 남쪽의 확증편향 등등 이런 모든 문제가 북이 핵을 보유하지 않아야 한다는 증거라기보다는 오히려 우리 문제여야 한다는 점이다. 즉, 우리 남측의 통일애국역량이 해결해 나가야 할 문제라는 것이고, 다른 말로는 우리가 북의 핵을 우리 민족 공동의 자산임을 대중들에게 설득해야 할 문제이지, 설득하기 어렵다하여 책임을 북에, 좁혀서 북의 핵보유 때문으로 돌려서는 안 된다는 것이다.

해서, 정반대의 인식이 필요하다. 힘껏, 대중설득 논리를 만들어내어야 한다고

2) 북의 핵보유와 정면 돌파전

"핵보유와 정면 돌파전", 어떤 상관관계가 있을까? 결론적으로 자신들의 주체 정세관에 의한 세계정세 분석은 끝났고, 분석 결론이 자신들의 핵보유가 일시적으로는 미국의 제재를 풀어내지 못하더라도 장기적으로는 제재를 풀 수 있는 유력한 무기라는 최종 결론에 도달, 해서 제재를 상수로 하는 정면 대결전과 경제전략을 수립했다, 그렇게 볼 수 있다.

자신감도 보인다. 근거는 이 장―"'제3장 전략국가, 조선에 대한 이해'의 '1. 세기의 대결: 미 제국주의와의 한판승부' 중 '3) '완료된' 현재: 북의 승리는 확정적이다'"에서 이미 언급하였듯 북은 미 제국주의 일극 체제 붕괴에 대한 매우 분명한 '주체적' 정세관이 있고, 수년 내 미국의 일극 독점체제는 반드시 무너진다는 그런 인식을 북은 분명하게 판단했다는 것이다. 이 지구상 '자주' 확립과 관련해서는 둘째가라면 서러워할 북이 중국과 러시아와의 동맹관계를 복원한 것은 그만한 정세 판단이 확고히 섰다는 말과도 같다.

2023년 1월 27일 김여정 부부장은 자신의 담화에서 "우리는 국가의 존엄과 명예, 나라의 자주권과 안전을 수호하기 위한 싸움(우크라이나전쟁)에 나선 로씨야군대와 인민과 언제나 한 전호에 서있을 것"이라고 했는데, 이것이 확실하게 이를 상징한다.

그래놓고, 좀 더 구체적으로 한번 살펴보자. 실제 지금 세계정세는 미국의 유일패권 대신, 브릭스BRICs와 유라시아 경제연합EAEU, 상하이 협력기구 태동과 같은 다자기구 출현이 이미 기정사실화하고 있고, 이것이 북에는 두 가지 의미로 다가오는데 이 역시 이 책 'Ⅰ. 제1장 총론적 이해: 북은 과연 어떤 나라인가?'에서 이미 확인한 바와 같다. 그래서 아래와 같이 '두 가지 의미로 확인된 내용'이라는 보충설명 형식으로 그 의미를 대신한다.

두 가지 의미로 확인된 내용

먼저는, 열거된 위 기구 모두 북에 대해 우호적인 중국과 러시아가 중심이 되어 있다는 측면이다. 또 다른 한 측면은, 미 제국주의 패권 몰락으로 형성될 향후 세계질서는 미국에서 중국으로 패권이 넘어간다는 의미가 아닌, 아예 패권 자체가 없어지는 새로운 세계질서가 수립된다는 뜻이다. 그리고 이는 북이 일관되게 주장해왔던 호혜와 평등, 견제와 균형이라는 관점에서 새로운 세계질서가 세워진다는 측면에서 북의 의도와 정확히 부합한다.

바로 북은 이러한 세계정세의 변환지점을 정확히 보고 미국과의 정면돌파전을 택했고, 자신들의 국가발전전략을 수립했다. 그리고 이는 이미 앞 부분에서 서술했듯 대한민국과 비교하더라도 불가능한 국가전략이 아니다. 자주권을 아예 갖다 바치다시피 한 대가로 미국의 무·유상 원조를 받아 30여 년 만에 '압축성장'을 이뤄낸 대한민국, 그 결과로 선진클럽(OECD)에 가입했다면, 북은 끝까지 자주를 지키면서도 확보한 세계 5위 내외의 국방과학기술을 민간산업 기술로의 전환, 자원적 측면에서도 세계 3~5위 정도의 매장량으로 확인되는 석유와 2위의 희토류 등 다양한 세계 10대 광물자원의 활용, 여기에다 이 지구상에서 가장 잘 설계되어있는 계획경제의 활용과 숙련된 노동력, 또 새로운 국제질서의 형성으로 인한 북의 수출입 및 물류까지 자유로워지고, 자신들이 필요로 하는 국제금융기구의 자금 유입은 대한민국이 30여 년 걸린 경제성장을 5~10년 이내 단박에 북 경제를 도약시켜 내고도 충분히 남음이 있다.

그러면 이제껏 북 자신들이 풀지 못한, 즉 이제까지 해결한 것이 '사상강국', '정치강국', '군사강국'이라면 마지막 남은 숙제, '경제강국'에 내포된 '인민생활 향상'을 내올 수 있고, 세계가 부러워하는 경제부국으로서의 사회주의 문명국가로 올라설 수 있다.

분명, 북은 그렇게 자신들의 전략을 짰다. 그렇게 모든 것을 내다보며 국가발전전략을 설계했고, 그 힘으로 이 지구상 유례없는 극강의 제재를 견디며 앞으로 나아왔다. 숭미 · 사대에 기댄 남(南)으로서는 절대 할 수 없는, 세계 국제정세 흐름을 정확히 파악하며 우리 민족사에 있어 위대한 강국을 건설했던 '고구려의 길'을 그렇게 가려 하고 있다.

이 지점에서 필자는 잠시 생각해 본다. 같은 민족의 한 구성원으로서 그런 북의 줏대 있는 모습에 응원하는 것이 맞는가, 아니면 미국의 논리인 숭미·사대에 기대 북을 향해 사대·예속의 길을 가라고 하는 것이 맞는가? 이 책을 읽는 독자들도 (필자와) 같이 한번 곰곰이 생각해 보자.

3) 두 갈래의 길:
UN 상임이사국과는 전혀 다른 길을 가려는 북

국제관계학에서 말하고 있는 일반적 의미에서 전략국가에 대한 함의는 다음과 같다. 세계 체제적인 관점에서 국제질서를 실질적으로 변경시킬 힘을 가졌느냐, 안 가졌는가? 하는 그런 문제와 연동된다. 했을 때 아래와 같이 3가지 요인이 공통으로 일치해야만 전략국가가 될 수 있다. 그리고 현실에 있어서는 유엔 상임이사국이 이에 해당한다.

	내용
3가지 요인	첫째, 핵무기를 보유해야 한다.(UN 상임이사국은 핵을 가졌다.)
	둘째, 핵무기 보유로 인해 게임 체인지 국가가 될 수 있어야 한다.
	셋째, 게임 체인지를 통해 새로운 국제질서를 창출할 수 있어야 한다.

북도 위 3가지 조건에 정확히 부합한다. 그럼으로 북도 전략국가이다.

근거 첫째는, 북은 핵과 ICBM을 보유하였다. 둘째는, 한미동맹 해체와 한반도 비핵지대화를 통한 한반도의 항구적인 평화체제 구축 및 동북아에서의 미국 지배력 약화를 추동해 가고 있다. 셋째는, 동북아에서의 미국 지배력 약화는 곧 새로운 국제질서 구축에 막대한 영향을 미치고 세계질서를 자주와 친선, 호혜의 선린관계로 구축할 수 있는 정치군사적 토대가 된다.

분명 북도 그렇게 전략국가인데, 그런데 북은 좀 다른 의미, 즉 북의 핵무기 보유는 기존 UN 상임이사국과는 좀 다른 의미로 활용하려 한다. 즉, 게임 체인지를 통해 도달하고자 하는 목적이 위 상임이사국들과는 같지 않은, 특히 미국과 같이 기존의 패권 질서를 유지하거나 '새로운' 패권 질서를 창출하려는 '침략적' 게임 체인지 국가가 되려 하는 것이 아니라, 인류의 세기적 염원이라 할 수 있는 제국주의 소멸과 '핵 없는 세계'를 추동해 나간다는 의미에서 북은 기존 핵보유 목적을 완전 180° 다른 해석을 해낸다. 당 규약도 이를 분명하게 반영하고 있다.

> 조선로동당은 자주, 평화, 친선을 대외정책의 기본리념으로 하여 반제자주력량과의 련대성을 강화하고 다른 나라들과의 선린우호관계를 발전시키며 제국주의의 침략과 전쟁책동을 반대하고 세계의 자주화와 평화를 위하여, 세계사회주의운동의 발전을 위해 투쟁한다.(=세계 비핵화와 연동)

해서, 북은 이제까지의 전략국가와는 전혀 다른 전략국가의 개념을 들고나왔다, 그렇게 봐야 한다.

아래 '두 개의' 주적 개념이 이를 확인해준다.

하나는, 제8차 당대회에서의 표현방식이다. "최대의 주적인 미국을 제압하고 굴복시키는데" 그 초점이 있고, 이름하여 미국의 제국주의적 속성을 제거해 미국을 보통국가화 시키겠다는 개념이다. 또 다른 하나는, 2021년 10월 11일 국방발전전람회에서 김정은 국무위원장이 한 연설 "우리의 주적은 전쟁 그 자체이지 남조선이나 미국 특정한 그 어느 국가나 세력이 아닙니다"이다.

마치 이 두 발언은 언뜻 보면 모순 관계적 인식처럼 보이지만, 전혀 그렇지 않다. 왜? '미국의 제압'과 '전쟁 자체 반대'는 '제국주의 소멸'과 '핵없는 인류'와 정확히 등치하고, 정세의 필요에 따라 두 주적 개념은 번갈아 사용되고 있다. 전략국가 역할을 그렇게 완전히 새롭게 바꿔놓은 것이다.

마치 이는 흡사 총이 필요하지 않은 세상을 만들기 위해 총을 든 '사파티스타 해방군의 마로코스'처럼 북의 논리도 이와 매우 닮아있다. 핵을 가지지 않는 인류를 위해 핵을 보유할 수밖에 없다는 핵보유 정당성에 대한 완전 새로운 인식 문법이고, 전략국가의 개념을 완전 새롭게 해석했다.

그래서 필자는 생각한다. 북 자신들이 설정한 대로 실현되고, 안 되고와는 상관없이 그런 생각과 발상을 했다는 그 자체가 정말 대단한 북이라고 말이다. 그런데도 우리는 여전히 북의 전략국가 위상을 거부한다? 참으로 정상적이지도 않는, 정직하지도 않는 인식이다. 그리고 이 인식에는 아마도 북이 가난하고 못살고, 더해서 이 지구상 그 어떤 국가보다도 가장 최악의 독재국가인데 그런 국가가 어떻게 전략국가가 될 수 있겠는가 하는, 또 지독한 북 악마화에 대한 확증편향과 숭미사대의 결과가 반영되고 있다 할 것이다. 하지만, 우리가 분명하게 알아야 할 것은 전략국가 개념은 도덕도 아니고, 국가의 경제력이나 영토 규모에 의해 결정되는 그런 개념도 아니라는 사실이다. '잘 사는' 일본이 왜 전략국가가 될 수 없는지만 봐도 이는 금방 알 수 있다. 나아가 이 정권 — 윤석열 정권에 의하면 우리 민족을 36년간 지배한 일본과도 '이웃'이 될 수 있다는데, 하물며 (우리와) '같은' 민족인 북이 '전략국가'가 된다 하여 일본과도 이웃으로 지낼 수 있다면 더더욱 그런 '이웃'보다 더 가깝게 지내지 못할 이유가 하등 없지 않은가?

3. 인류가 단 한 번도 가보지 못한 실험: 북의 사회주의 강성국가론

___

체제이탈자 태영호 전 주영 조선대사관 공사(현, 국민의 힘 국회의원)는 2019년 9월 18일(현지 시각) 미 시사주간지 〈타임TIME〉과의 인터뷰에서 "북한은 이미 자본주의로 바뀌었다"라고 말한 적 있다.

과연 그런가? 질문에 다음과 같은 문제의식으로, 사실상 반박을 위한 긴 여정을 시작할까 한다.

북은 지금껏 자본주의의 "자" 자도 꺼낸 적 없다. 꺼낸 적 있다면 그것은 전부 다 북 체제 밖에 있는 사람들의 희망적 사고일 뿐이다. 해서, 북은 사회주의 체제를 강고하게 유지한 채 미 제국주의와의 대결을 군사적 대결을 넘어 앞으로는 체제대결, 즉 북의 사회주의 체제 대對 미국의 신자유주의 체제가 맞붙는 전면전을 벌이려 하고 있다. 놀랍지 않은가? 아무런 생각 없이 그냥 익숙해져 있던 정치·군사적 대결만이 아닌, 그 이상의 대결이 지금 미국과 북 사이에 펼쳐지고 있다니 이 필자가 과연 제정신일까, 할 수 있을 것이다.

증거는 이렇다. 김정은 총비서는 2022년도 9월 8일 열린 조선민주주의인민공화국 제14기 제7차 최고인민회의 시정연설에서 전 세계를 깜짝 놀라게 할 만한 발언을 한다.

사회주의와 제국주의 간의 대립과 투쟁은 불가피한 것입니다.

(많은 사람들이) 그냥 흘러들을 수 있는 발언일 수 있지만, 북 정치학을 전공한 필자의 귀에는 정말 어마어마한 충격파적 발언으로 다가왔다. 앞으로는 북이 이제까지 미국과 대결한 방식보다는 한 차원 더 높은 차원으로의 대결을 결심했구나 하는 그런 것을 읽을 수가 있어서 그랬다.

해설하면 이제까지와 같이 지속시켜온 정치·군사적 대결만이 아닌, '사회주의' 조선과 '제국주의' 미국과의 전면적 체제대결이 불가피하다는 것이고, 종국적으로는 미국의 신자유주의 체제를 끝장내고 '주체' 사회주의 체제의 승리를 안아오겠다는 결연한 의지가 읽혀진다.

그런데도 북이 태영호 체제이탈자의 발언대로 사회주의 체제를 포기했다, 말할 수 있겠는가?

없다면 위 김정은 국무위원장의 발언은 이제껏 실제 존재하는 그 모든 제국주의의 패권을 끝장내고, 이 지구상에 가장 진화된 사회주의 모습을 보게 될 것이라고 전 세계 민중들에 희망을 타전한 것이다. 분명 그렇게 보는 것이 맞다.

1) 북의 '지독한' 사회주의 사랑

북은 정말 사회주의 체제를 사랑하는 국가이다. 그것도 단순 사랑하는 정도가 아니라, 지독히 사랑한다. 이를 설명할 수 있는 방식은 참으로 많겠으나, 많은 요인 중에 다음과 같은 가설만큼 설득력 있는 것은 없을 것 같다.

북이 자신들의 체제, 즉 사회주의 체제에 대한 확신이 없었더라면 북 역시 1980년대 후반부터 도미노처럼 무너지기 시작했던 소련 및 동구 사회주의권 체제 붕괴 때 북도 함께 붕괴했어야 했다. 외에도 근 40여 년 이상 '유일' 수령으로 존재했던 김일성 주석의 사망과 연이어 닥친 3난亂, 그리고 제2의 고난의 행군 시기, 거기에 더해 제1차 북핵 위기와 극강의 대북제재는 북을 붕괴시키거나 체제전환의 길로 나아가게 했어야 했다.

하지만, 북은 끝내 사회주의 체제를 포기하지 않았다. 이것 말고 더 이상 어떻게 더 많은 이유를 들어 북이 끝내 사회주의 체제를 포기하지 않겠다는 증거를 들이댈 수 있겠는가?

충분히 위와 같은 답변으로 설명되었다고 할 수도 있겠지만, 그래도 더 확실성을 담보하기 위해 우린 이 책 "'Ⅱ. 제2장 불편한 진실: 지금까지도 유폐幽閉되어있는 북의 모습들' 중 '7. 개건(개조) vs. 개혁(개방): 북은 왜 덩샤오핑鄧小平을 소환하지 않을까?'"에서 4가지 근거를 들어 북이 왜 사회주의 체제를 포기하지 않고 끝까지 지켜나가려 했는지를 충분히 설명했는데, 북은 그만큼 자신들의 사회주의 체제를 사랑하고 좋아했음을 알 수 있다. 그러니 이 책을 읽는 독자들은 페이지를 앞으로 다시 되돌려 한번 더 정독해주길 바란다.

2) 김정은 시대와 사회주의:
여전한 답은 '자력갱생', '간고분투'이다

갑작스러운 김정일 국방위원장 사후, 등장한 김정은 제1비서는 '젊다는 것', '스위스 유학파'라는 것 등으로 인해 '과거의' 북과는 전혀 다른 길을 갈 것이라는 해석이 참으로 많았다. 하지만, 결과적으로 보면 북은 전혀 그러한 기대에 호응도 기대되는 답도 내놓지 않았다. 왜였을까? 3가지 접근 경로를 통해 김정은 시대의 북 생각으로 한번 들어가 보자.

첫째는, 〈로동신문〉을 통해 본 북의 생각이다. 신문은 2018년 6월 16일 '자본주의에는 미래가 없다'라는 제목의 정세 해설 기사를 내보낸다. 그리고 6월 18일 기사에서는 '인류의 염원은 사회주의 사회에서만 실현될 수 있다'를 싣는다. 같은 신문 2019년 9월 20일에는 김정은 위원장의 "중국공산당 중앙위원회 총서기, 중화인민공화국 주석 습근평(시진핑)동지" 앞으로 "조선로동당 위원장 조선민주주의인민공화국 국무위원회 위원장 김정은" 명의의 답전을 보내는데, 거기에 김정은은 "총서기동지와 중국당과 정부, 인민의 변함없는 지지성원은 **사회주의강국건설위업**(강조, 필자)을 실현하기 위하여 힘찬 투쟁을 벌리고있는 우리 당과 정부, 인민에게 있어서 커다란 힘과 고무로 되고 있다"라는 기사가 보도된다.

둘째는, 2016년 개최된 제7차 당대회에서 드러난 김정은 국무위원장의 생각이다. 이 대회에서 북은 '사회주의완전승리노선'을 채택하게 되는데, 그중 한 내용이다. "이번 당 대회보고에서 우리 당을 백전백승의 향도적 역량으로 강화 발전시키고 우리나라를 국력이 강한 사회주의 강국으로 일떠세워준 불멸의 혁명업적을 총화했다." 여기서 눈여겨봐야 할 지점이 '불멸의 혁명업적을 총화'한 것이다. 자신들이 이제껏 걸어온 사회주의 길을 혁명적으로 총화했고, 계속해서 그 길을 가겠다는 것, 또 사회주의 이상 국가를 절대 포기하지 않았다는 결론이 내포되어 있다.

또 다른 한 대목은 "사람들은 물질 경제 생활의 력사적인 발전 단계에서 사회 경제 제도의 형성과 발전, 교체의 합법칙성을 밝히며"인데, 해석 상으로는 북 스스로가 지난 시기를 총화함에 있어 사회주의 건설기(김일성 시대)를 지나 체제수호(김정일 시대)라는 '고난의 행군' 시기를 마감하고, 김정은 시대에 와서는 지속 가능한 사회주의 체제로의 '사회 경제 제도의 형성과 발전, 교체의 합법칙성'을 밝혀내었다는 내용적 함의가 읽혀진다.

한마디로 압축하면 '불변 없는 사회주의 체제의 계속 진군'인 것이다.

———————— 보충설명 ————————

제7차 당대회: 김정은 시대 조선로동당이 설계한 북의 모습

북의 제7차 당대회에 대한 분석은 대략 잡아도 200여 편이 넘는다. 왜 이렇게 많은 국내외적인 관심이 있었는가 하면 1980년 6차 당대회 이후 36년 만의 개최이니 어찌 보면 국내외의 관심이 당연한지도 모르겠다. 그런데 문제는 분석관점과 내용에 있다.

36년 만에 개최했었으면 북은 얼마나 많은 미래 비전을 향한 고뇌와 생각이 많았겠는가? 그런데 그것들을 제대로 읽어내려 하기보다는 기껏해야 사람(인물), 즉 인사와 관련한 분석이 대부분이었다. 물론 인사에도 많은 것이 담겨있어 매우 중요하기는 하지만, 그렇다 하여 그것만으로 36년 만에 개최된 의미를 다 담아내기에는 턱없이 부족하다. 사람과 직책의 변화만으로 북이 설계하고 싶었던 시대 좌표(역사발전단계), 제도나 구조 등으로 표현되는 '콘텐츠' 그 모두를 다 읽어낼 수는 없다. 분명 한계가 있을 수밖에 없다.

그러다 보니 자칭타칭 진보적 대북 전문가들조차도 북이 제7차 당대회를 통해 '선군정치에서 선당(先黨)정치'로 전환했다거나(김근식), '소문난 잔치에 먹을 것 없던 제7차 당대회'라는 분석(진희관) 등만 난무한다. 심지어 <경향신문>(2016.5.11) 사설은 "7차 당대회 폐막 이후 김정은의 북한에 드리운 그림자"라는 얼토당토않은 분석을 내놓기까지 했다.

당연, 보수·수구 쪽은 이보다도 더했다. 제7차 당대회 이후 북이 핵실험을 할 것인지 말 것인지에 대한 관음증(觀淫症, voyeurism)만 있고, 가십으로는 김여정의 정치위원 진입과 결혼설 진위, 후지모토 방북에 대한 호들갑, 외국 수반 참석 여부(특히, 중국), 김정은의 '김일성' 코스프레 등에 초점 맞추기에 급급했다.

결과, 북이 말하는 '휘황한 설계도'는 아무도 주목하지 않았다. 여전히 새 지도이념으로 채택된 김일성 - 김정일주의와 국가전략으로서 채택된 경제·핵 병진노선에 대해, 적어도 36년 만에 개최된 당대회에서 그것이 채택되었다면 그것이 갖는 정치·사상적 의미가 분명 있을 것인데 그것을 찾아보려는 노력 대신, 단지 재탕되었다거나 재확인만 되었을 뿐이라는 현상에만 집착했고, 세계의 비핵화, 평화협정 체결, 자위적 수단으로서의 핵, 주한미군 철수, 조국통일 3대 헌장, 연방제 통일 등에 대해서도 기존 북이 지속시켜 왔던 대외·대남노선에 불과하며, 경제 분야에서 당면하게 제시된 국가경제발전 5개년 전략도 경제관리개선조치에 대한 전향적이고 구체적인 내용은 없고, 기존에 나왔던 주장을 정리한 수준이었다는 식의 평가가 대부분이었다.

과연 그랬던가? 답은 여기에 있다. "'사회주의 완전승리'의 길이라는 비전!" 그들이 분명 보여주고 싶었던 제7차 당대회 모습이다. 다른 말로는 자기들의 혁명이론인 주체의 혁명이론에 의해 설계되었던 공산주의 사회 건설이라는 목표가 과연 실현 가능할 것인지, 그 하부 토대로서의 경제적 사상적 목표인 인민 생활 향상과 주체형 인간으로의 개조가 가능한지에 대한 총체적 점검을 통해 김정일 시대의 과도기에서 벗어나 한 단계 높은 단계로의 도약이 가능하다고 판단한 제7차 당대회였다.

그래야만 - 그렇게 인식해야만 제7차 당대회 개최 본질이 제대로 드러난다. 제6차 당대회 개최 이후 36년 만에 개최되었다는 것은 그만한 사유와 이유가 다 있는 것이다. 다음과 같은 그들에 총화내용에 그 속내가 다 들어있었다.

사람들의 물질 경제생활의 력사적인 발전 단계에서 사회 경제 제도의 형성과 발전, 교체의 합법칙성을 밝히며 사회의 다양한 경제 현상들을 체계적으로 분석하고 이론적으로 일반화하며 물질적 부의 생산과 이용에서 요구되는 실천적 방안들의 작성을 자기의 기능과 과업으로 하는 과학의 총체, 일명 경제과학이라고도 한다.

해석하자면, "사람들의 물질 경제생활의 력사적인 발전 단계에서 사회 경제 제도의 형성과 발전, 교체의 합법칙성을 밝히며"라는 대목에서 우리는 북의 제7차 당대회 개최목적을 읽어낼 수 있다. 인민정권 수립 이후 사회주의 건설기(김일성 시대)를 지나 사회주의 체제수호(김정일 시대)라는 '고난의 행군시기'를 마감하고, 김정은 시대 5년 차 되는 이 시점이 "사회 경제 제도의 형성과 발전, 교체의 합법칙성"을 밝힐 수 있겠다는 자신감이 제7차 당대회 개최를 하게 만들었다고 볼 수 있다.

'총화 보고'내용과 폐회선언을 보면 이는 더 명약관화하게 드러난다. "당 제6차 대회가 진행된 때로부터 오늘에 이르는 기간은 우리 당의 오랜 역사에서 더 없이 준엄한 투쟁의 시기였으며, 위대한 전변이 이룩된 영광스러운 승리의 연대였다"라면서 "이번 당 대회보고에서 우리 당을 백전백승의 향도적 역량으로 강화 발전시키고 우리나라를 국력이 강한 사회주의 강국으로 일떠세워준 불멸의 혁명업적을 총화했다"라는 인식은 당의 정신인 주체 승리 사관을 그대로 이어받은 것이다.

실제로도 1980년대 이후 불어 닥친 현실사회주의권의 몰락과 체제 위기, 그 기간에 정권 수립 이후 단 한 번도 경험하지 못했던 두 명의 수령이 서거했고 유례없는 경제난을 겪었으며 미국과 국제사회로부터 가혹한 제재와 고립을 강요받았지만 결국은 주체사상과 선군정치를 통해 이른바 '고난의 행군' 시기를 마감(극복)하고, 경제 상황 호전 및 절대 미국에 굴하지 않았음에도 핵과 미사일을 고도화시켰다는 점 등은 북의 인식으로 볼 때 지극히 당연한 총화이고 국가설계이다, 하겠다.

폐회선언도 마찬가지이다. "조선노동당 제7차대회는 주체혁명위업 수행에서 천만년 드놀지 않을 기틀을 마련하고 사회주의위업을 완성하기 위한 새로운 이정표를 세운 승리자의 대회, 영광의 대회로 우리 당역사에 길이 빛날 것"이라는 강조와 함께, 그러면서 "나는 모든 대표자 동지들과 우리 혁명에 끝없이 충실한 전체 당원들, 인민군 장병들과 인민들의 굴함없는 공격정신과 영웅적인 투쟁에 의하여 당 제7차대회가 내놓은 혁명적 노선과 방침들이 철저히 관철되고 주체혁명위업 수행에서 위대한 전환이 이룩되리라는 것을 확신"하면서 제7차 당대회 폐회가 선언되었는데, 이는 기간 처해있었던 절체절명의 어려운 시기를 마무리하고 당을 재정비해 재도약을 준비하겠다는 것과 같은 의미이다.

어떻게? 이미 확립된 수령유일사상체계를 더욱더 체계화 인민화하고, 핵 - 경제 병진노선 채택에 근거한 자강력제일주의 원칙을 확립해 자신의 시대인, '김정은 시대'를 '인민대중 중심의 완전한 자주성 실현' 전 단계라 할 수 있는 '사회주의 완전승리'라는 고지를 점령할 수 있겠다는 자신감과 비전을 드러낸 것이다. 김일성 시대 때부터 그렇게 쓰고 싶었던 '사회주의 완전승리'라는 표현이 그 모든 것을 함의해준다.

이렇듯 제7차 당대회는 바로 위와 같은 전제와 관점에서 살펴봐야만 제대로 된 북의 의도와 생각을 읽어낼 수가 있는 것이다.

좀 더 구체적으로는 첫째, 김정은 체제가 이른바 '정상국가(당 - 국가시스템)'로의 모습을 갖추게 되었다는 점이다. 북은 1980년 6차 당대회 이후 체제 위기 국면에서 당대회를 개최하지 못했다. 사회주의 붕괴와 김일성 주석의 서거, 식량난과 고난의 행군을 거치면서 북은 정상적으로 5년에 한 번씩 당대회를 열 수 없었고, 연장선상에서 1997년 김정일의 총비서 취임도 정식 당대회가 아닌 당 대표자회에서 추대되었다. 2010년 김정은의 후계자 공식화와 2012년 권력승계도 당 대표자회를 통해 이루어졌다.

따라서 36년 만의 정식 당대회 개최는 그동안 북 체제 위기가 얼마나 심각했는가를 역설적으로 보여주는 한 장면과도 같으며, 그것이 제7차 당대회를 통해 완전 해소, 즉 비정상적 상황을 마무리하고 사회주의 당 국가의 정상화를 대내외에 과시한 데 그 일차적 의미가 있다. 수십 년간 지속된 체제 위기 상황과 비정상적 당 국가 시스템을 종료하고 김정은 시대는 당이 국가를 영도하는 정상적 사회주의국가임을 과시하고자 한 것이다. 즉, '선군'을 내세웠던 비정상상태를 사회주의 본연의 '선당'으로 복원시킨 셈이다.

둘째, 김정은이 이미 선대수령들과 같은 동렬의 반열에 올라섰음을 의미하는 전당대회였다. 같은 해 2월 '광명성 4호' 발사 기록영화에서 김일성 - 김정일의 태양상과 유사한 김정은 태양상이 최초로 등장한 것, 당대회를 앞두고 김정은을 '21세기의 위대한 태양'으로 치켜세운 것, '김정은 강성대국', '김정은 조선' 등의 단어가 사용된다는 것 등이 그 충분한 예가 된다. 연장선상에서 조선로동당의 최고 강령으로 김일성 - 김정일주의를 선포한 것 등은 김정은이 명실상부한 수령 반열에 올라섰음을 분명히 했다.

왜냐하면 북에서는 후계자가 선대 수령의 사상을 체계화하고 이를 전 사회적 규범으로 확산시키는 것이 가장 먼저 해야 할 과업이기 때문이다. 이를 (우리가) 알고 있다면 이 과정(process)은 2012년 4월 6일 김정은 제1비서가 조선노동당의 지도사상을 김일성 - 김정일주의로 규정하고, 당의 최고강령을 '온 사회의 김일성 - 김정일주의화'라고 선포한 결과가 무엇을 의미하는지 알 수 있으며, 경로 역시 김정일 총비서가 후계자 시절인 1974년 주체사상을 김일성주의로 명명하며 '온 사회의 김일성주의화'를 내세운 것과 같은 똑같은 행보이다.

셋째, 북의 국가발전전략 노선으로 '핵·경제 병진노선'을 확립했다는 것이다. 이는 김정은 위원장이 '주체혁명위업 수행의 도약기'에 견지해야 할 전략적 노선으로 '경제 건설과 핵무력 건설 병진노선'을 2013년 3월 노동당 중앙위원회 전원회의에서 채택된 '경제 - 핵 병진노선'을 재확인한 셈이다. "급변하는 정세에 대처하기 위한 일시적인 대응책이 아니라 우리 혁명의 최고 이익으로부터 항구적으로 틀어쥐고 나가야 할 전략적 노선"이라는 재강조와 함께, "핵무력을 중추로 하는 나라의 방위력을 철벽으로 다지면서 경제건설에 더욱 박차를 가하여 번영하는 사회주의 강국을 하루빨리 건설하기 위한 가장 정당하고 혁명적인 노선"으로 자리매김 시켰다.

결과, 이의 정치군사적 의미는 과거 김정일 시대 때 주로 구사됐던 미국과 핵대결 양상이 선협상, 후확산이었다면 이것이 선확산, 후협상으로 핵보유를 기정사실화 하였다는 점이다. 국내적으로는 '경제·핵무력 병진노선'을 통해 안보에 문제가 생기지 않으면서도 경제를 회생시키기 위해 기존 군 경제에 우선해 온 자원의 배분을 인민경제로 재분배하겠다는 정책적 구상을 드러냈다. 국가경제발전 5개년 전략의 발표가 그것을 함의해준다.

참고로 북은 그 목표 달성을 위해 다음과 같은 3가지의 전략적 방침을 가진다. 첫 번째로는, 인민경제의 자립성과 주체성을 강화해야 한다 이다. 풀어쓰면 어려운 경제여건 속에서도 "자립적 민족경제의 물질 기술적 토대를 튼튼히 다지고 경제강국 건설의 도약대를 마련"한 만큼 이를 더 강화해야 한다는 것과 같다. 두 번째로는, 국가의 경제조직자적 기능을 강화하고 '우리식 경제관리방법'을 전면적으로 확립해야 한다 이다. 세 번째로는, 과학기술강국에 기초한 경제건설이어야 한다는 것이다.

여기서 위 '세 번째로는'이 갖는 의미는 참으로 각별하다. 왜냐하면 북은 정권 수립과 함께 '주체'(=자립과 자주)는 국가 운영의 핵심 원리이자 북 자신들이 달성하고자 한 최종 목표이다. 바로 그 의미를 한껏 담아낸 것이 제7차 당대회에서는 '자강력제일주의'로 표현되고 있다. 이는 북이 1960년대부터 주체노선을 본격적으로 전개할 수 있었던 배경이 지속적인 과학기술 발전을 통해 자립의 물적 기반을 강화하려 했다는 사실과 연동되는데, 사례로는 1950년대 소련 중심의 COM체제에 가입하지 않고 독자적으로 트랙터를 개발한 것이나 비날론의 개발 등이 이를 증거한다면, 김정은의 자강력제일주의도 김정일 시대의 과학기술중시정책 - 주체철, CNC기술 등의 성과에 기반한 국방과학기술의 민수산업기술로의 적용이라 할 수 있다.

넷째, 북의 대남 전략이 매우 분명해졌다는 점이다. 김정은 위원장의 언명에서 이를 한번 찾아보자. "수령님들께서 밝혀주신… 조국통일 3대 헌장을 일관하게 틀어쥐고 통일의 앞길을 열어나가야 합니다… 북과 남이 합의하고 온 세상에 선포한 조국통일 3대 원칙과 6·15 공동선언, 10·4 선언은 북남관계 발전과 조국통일 문제를 해결하는 데서 일관하게 틀어쥐고 나가야 할 민족공동의 대강이며… 일방적으로 부정하거나 외면할 권리가 없습니다." 발언 그대로 해석하자면 앞의 문맥은 김일성 시대에 통일전선 전략 차원에서 확립된 조국통일 3대 헌장을 기준으로 통일문제를 풀어나가야 한다는 결심이고, 뒤는 남북합의를 일방적으로 부정해서는 안 된다고 주장하고 있다. 해서, 앞은 원칙의 강조이고, 뒤는 현실의 수용이다.

마지막 다섯째, 북이 제7차 당대회를 통해 정치, 사상, 경제, 문화, 당, 남북관계 등 전반에 관한 내용을 어떻게 함축적으로 정리해냈는지를 한번 알아보는 것인데, 이를 위해 다음과 같은 방정식을 한번 풀어볼 필요가 있겠다. y축은 '정치, 사상, 경제, 문화, 당, 남북관계 등'으로 하고, x축은 과거·현재·미래로 하여 각각 노출되는 그 빈도수를 살펴보니 의미 있는 결론 하나가 도출된다. 바로 정치사상, 군사부분은 과거 완료형에 해당하고 경제, 그리고 과학기술 분야가 북의 미래 비전 핵심임을 알 수 있다. 특히, '경제' 분야는 완료형을 한 번도 못 써본 분야임이 확실하게 드러난다.

그래놓고, 위 결과를 좀 더 풀어쓰면 김일성 - 김정일주의로 명명된 '주체의 사상론'과 '일심단결의 혁명철학', '자주의 정치로선'은 온 사회에 확실하게 자리 잡았다는 의미는 분명하고, 군사적 측면도 '핵'을 비롯한 막강한 무기와 일심단결로 무장된 군대까지 보유하여 '불패의 군사강국'을 이뤘다는 점에서 군사부분도 분명 과거 완료형에 속한다. 연장선에서 북이 "핵무력을 질량적으로 강화"할 것이라는 표현은 미국과의 핵 대결을 멈추지 않겠다는 결연한 의지이다.

그런데 문제는 경제임을 알 수 있다. 이는 1990년대 후반부터 등장한 강성대국 건설의 세 가지 측면과 정확히 똑같이 오버 - 랩 돼 더더욱 그렇다.

당시 북은 '정치사상강국, 군사강국, 경제강국'이라는 표현과 함께, 정치사상강국과 군사강국은 이미 이뤘지만, 경제강국만 더 완성하면 강성대국이 될 수 있다는 주장을 펼쳤는데 이번 제7차 당대회 총화보고 내용 역시 강성대국 건설 목표 때와 같이 사회주의 완전 승리로 가는 길목에서 '문제는 경제야'라는 인식을 하고 있다는 점이다. 다만, 그때와 다른 것은 그 걸림돌을 해결하기 위해 자강력제일주의에 기초한 '과학기술강국'건설이라는 새로운 영역을 들여다보았고, 그것이 가능하다는 인식을 분명히 하였다는 점이다.

즉, 과학기술강국이 되어야만 경제문제를 제대로 풀 수 있다는 것이고, 그렇게 되어야만 - 경제문제가 풀려야만 인민생활 향상이 가능하고, 그 실현은 사회주의 완전승리와 정확히 비례한다는 인식이다.

해서, 묻는다. 그런데도 "7차 당대회 폐막 이후 김정은의 북한에 드리운 그림자"라는 북만 보이는가?

※ 참고로 위 내용은 김광수, "'사회주의 완전승리' 비전 드러냈다: 제7차 당대회, 김정은 시대 조선노동당이 설계한 북한"(<통일뉴스>, 2016.06.10)에서 요약, 참조하였음을 알려둔다.

셋째는, 5년 뒤 개최된 제8차 당대회에서 드러난 김정은 국무위원장의 생각이다. 총론적 접근, 각론적 접근, 그렇게 두 영역으로 구분하여 집중 분석해 보자.

(1) 총론적 접근: 역사발전단계에 대한 인식 부분

혁명위업의 계승기"와 "새로운 발전기

해설하면 이렇다. 먼저, 혁명위업의 계승기가 갖는 의미인데, 이는 김 정은 위원장의 직함 변화와도 매우 밀접하다. 2012년 4월 김정은 위원장 이 제1비서라는 직함으로 '최고 존엄'으로 추대된 이후, 2016년 당 위원 회 위원장을 거쳐 제8차 당대회에서 총비서로 최종 추대됐다.

약 9년 만에 일어난 정치적 사변으로, 이를 논리적으로 보자면 혁명의 정착기(김일성 시대)와 혁명의 과도기(김정일 시대)를 거쳐 마침내 제 김 정은 시대가 성공적으로 안착하였음을 대내외적으로 알린 제8차 당대회 였다.

이는 북에서 수령과 관련된 통상적 구분을 1기 체제, 즉 후계자가 확 정되기 이전 시기와 수령의 영도권과 후계자의 지도권이 공존하는 2기 체제로 구분한다 했을 때 2016년은 김정은 시대를 열 제 1기 체제가 안 정적으로 구축돼 첫째, 제 3기 유일수령체계가 완전히 확립되어 졌다는 의미. 둘째, 유일수령체계의 또 다른 구성인 후계체제에 대한 토대구축 이 완비되어 졌다는 의미. 셋째, 유일수령체계가 그렇게 확고히 확립됨 에 따라 "새로운 발전기"를 이끌어 나갈 전략과 노선이 확립되어 졌다는 것을 암시한다, 하겠다.

각각 설명은 이렇다.

첫째, 제 3기 수령체계의 완성이 갖는 의미이다. 알다시피 북은 국가 보다 당 우위가 보장되는 사회주의 체제 질서이다. 그러면서도 수령의 절대성이 보장되는 수령중심의 사회주의 체제이기도 하다. 보편성과 특 수성이 그렇게 조합되어 북은 자신들의 사회주의 체제를 성립시켰다. 그 리고 이 과정은 자신들의 오랜 역사적 경험과 현실사회주의 국가들에서 발생한 후계승계 과정에서 발생한 전임자 비판과 쿠데타 등의 목격, 나아가 체제전환과 몰락을 지켜보면서 확립해낸 결론이다.

이 중 먼저, 자신들의 역사적 경험과 교훈을 살펴보면 1930년대 항일무장투쟁 과정에서 형성된 역사적 경험이다. 자신들 최고사령관을 중심으로 일심 단결된 혁명전통 확립이 그것이고, 또 1950~60년대에 발생한 8월 종파 사건과 1967년 갑산파 숙청 사건 등을 거치면서 수령의 유일성과 절대성을 보장하고, 유일 후계체제에 대한 확립도 이뤄냈다.

다음, 현실사회주의 국가들에서 발생한 후계승계 과정에서의 전임자 비판과 쿠데타 등의 목격, 나아가 체제전환과 몰락을 지켜보면서 확립해낸 그들(북)의 경험과 교훈은 그 국가들－1980년대 말 현실사회주의 국가들의 전임자 비판과 쿠데타, 체제전환과 몰락을 지켜보면서 자신들의 최고영도자를 중심으로 일심단결하지 않으면 사회주의 체제를 지속할 수 없다는 것이었다. 결과, 북은 '다음' 수령을 승계하는 과정은 반드시 전임자 비판 방식이 아닌, '순응 승계' 방식으로 이뤄져 수령중심의 유일사상체계가 확립되어져야 한다는 것을 분명히 했다. 즉, 철저하게 자신들의 최고영도자에 대한 유일성과 절대성이 보장되는 당 정체성 확립이다.

조선로동당 제8차 대회 결정서를 보면 이는 매우 명확하다.

"혁명하는 당에 있어서 당의 수반은 전당의 조직적의사를 체현한 혁명의 최고뇌수이며 령도의 중심, 단결의 중심"이라 표현했고, 그 의미를 "당의 수반을 정확히 선거하는 것은 혁명위업의 계승기와 새로운 발전기에 더욱 중요하고 사활적인 요구"라며 "주체혁명의 유일무이한 계승자이시고 령도자이시며 우리 국가의 강대성의 상징이시고 모든 승리와 영광의 기치이신 김정은동지를 조선로동당의 수반으로 변함없이 높이 모시는 것은 시대와 력사의 엄숙한 요구이고 전체 당원들의 총의이며 우리 인민의 한결같은 념원"이라고까지 표현했는데, 이는 당에서 김정은 중심의 유일사상체계가 확립되어졌음을 설명하는 것 외에는 달리 설명할 길이 없다.

둘째, 수령체계의 또 다른 구성인 후계체제 토대구축 완비 부분이 갖는 의미이다. 증거는 제8차 당대회에서 이뤄졌던 '조선로동당 사업총화: 4. 당사업의 강화발전을 위하여'를 보면 그 사실확인을 할 수 있다. 이 중 한 내용인 "당중앙의 유일적령도체계를 세우기 위한 사업을 주선으로 틀어쥐고 계속 심화시켜나가는것을 첫째가는 과업으로 천명하였다"가 후계체제 토대구축이 완비되어 가고 있음을 의미한다.

왜냐하면 위 인용에서 단연 눈에 크게 띄는 것이 '당중앙'과 '주선으로 틀어쥐고 계속 심화시켜나가는것을 첫째가는 과업'이라는 표현이다. 여기서 통상 당중앙이라 했을 때는 수령의 유일후계자를 지칭하고, 이를 '주선으로 틀어쥐고 계속 심화시켜나가는 것을 첫째가는 과업'으로 제시했다는 것은 후계체제구축을 해야 한다는 당적 과제가 제8차 당대회를 통해 결의되어 졌음을 안내한다.

그러니 이후 북은 다음과 같은 원칙으로 후계체제 구축을 완성해 나갈 것이다. ▷후계자는 반드시 '다음' 수령이라는 정치적 함의가 수용된다. ▷후계자는 반드시 수령의 사상과 노선, 정책을 그대로 '순응 승계'한다. ▷수령과 후계자는 권력분점 방식의 정치 · 사상적 일체성을 지닌다.

셋째, 유일수령체계가 그렇게 확고히 확립됨에 따라 "새로운 발전기"를 이끌어 나갈 전략과 노선이 확립되어 졌다는 의미 부분이다. 한마디로는 사회주의완전승리노선 확립이 이뤄졌다는 것과도 같은데, 이를 좀 더 구체적으로 표현하면 제8차 당대회가 제7차 당대회의 연장선상에서 이뤄졌고, 제7차 당대회에서 채택된 사회주의완전승리노선이 보다 보완되어 사회주의완전승리노선 ver.2로의 계승이 이뤄지고 있다는 의미와도 같다. 아래 김정은 위원장의 발언이 그 확인이다.

보고(김정은 위원장의 '조선로동당 중앙위원회 사업총화보고'를 일컫음)는 엄혹한 대내외형세속에서 경제사업을 비롯한 여러 분야의 사업에서는 심중한 결함들이 발로되었지만 이것은 **새로운 발전단계, 사회주의위업의 전진과정**(강조, 필자)에 나타난 편향이며 우리의 지혜와 힘으로 얼마든지 바로잡고 해결할수 있는 문제들이라고 지적하였다.

여기서 강조된 '새로운 발전단계, 사회주의위업의 전진과정'은 결국 제8차 당대회에서 표현됐던 "**사회주의위업을 승리의 다음단계로 이행**(강조, 필자)"과 연결되고, 이것이 제8차 당대회 결론 부분에 나타났던 자신들의 혁명단계 "**혁명과 건설의 새로운 고조기, 격변기를 열여놓기 위한**(강조, 필자)"성격 규정으로 봐야 한다는 점이다.

해서, 다음과 같은 해석이 가능하다. 제7차 당대회에서 채택한 사회주의완전승리노선에 수정, 혹은 보완해야 할 지점이 존재했음을 알 수 있다. 다름 아닌, 여전한 미국의 대북제재, 전혀 예상하지 못했던 코로나19 발생, 상상을 초월했던 자연재해, 여기에다 제8차 당대회에서도 지적했듯 당 일꾼들의 사상적 결함과 잘못된 '일본새', 사회주의 체제에 걸맞는 경제전략 체계의 미비 등이 그 예들이라 할 수 있다. 그러니 사회주의완전승리노선은 실패한 것이 아니라, 이러한 변수요인들을 제거해 나간다는 의미에서 제8차 당대회는 제7차 당대회의 연속선상에 서 있음을 의미한다. 했을 때 제8차 당대회에서 "현 단계에서 우리 당의 경제전략은 정비전략, 보강전략으로서 경제사업체계와 부문들사이의 유기적련계를 복구정비하고 자립적토대를 다지기 위한 사업을 추진하여 우리 경제를 그 어떤 외부적영향에도 흔들림없이 원활하게 운영되는" 원리가 재천명되어 사회주의위업을 승리의 다음단계로의 이행할 확실한 결심과 전략노선이 마련되었음을 알 수 있다.

제7차 당대회에서 채택된 '사회주의완전승리노선'에 대한 이해

북은 제7차 당대회를 통해 '사회주의완전승리노선'을 채택했다. 이에 대한 그들의 설명은 이러하다. 사회주의 체제가 들어섰다하더라도 사회주의제도가 완전히 공고화되기 위해서는 그 단계가 필요한데, 단계는 '과도기'로서의 사회주의와 '완전 승리한 사회주의'로 나눌 수 있고, '과도기'는 사회주의 혁명을 포함하는 낮은 단계의 사회주의 사회로 나뉘고, '완전 승리한 사회주의'는 '높은 단계의 사회주의 사회와 낮은 단계의 공산주의 사회'로 나뉠 수 있다는 것이다.

하여, '완전 승리한 사회주의'는 ▷먼저, 제도적으로는 사회주의제도가 확고히 구축되고, 과도기는 종결되어 낮은 단계의 공산주의로 진입하는 지표가 확실히 있을 때 등장할 수 있는 개념이다. ▷다음으로, 그 개념화는 노동자 계급과 농민의 차이가 완전히 없어지는 사회, 또 농촌에서의 협동화와 산업에서의 국유화가 국가적 차원에서 완전히 매듭지어져 국가의 공업화가 완전히 실현되고 사회주의의 물질적 기술적 토대가 확실히 준비되어 국가적 차원의 공급제가 완전히 실현되는 사회이다. ▷끝으로, 이를 몇 가지 주요한 지표로 살펴보면 첫째, 착취계급이 사라지고 사회주의 제도가 수립, 적대계급의 반란이나 낮은 사상의 잔재가 없어지고 전 사회가 혁명화·노동계급화가 되었을 때. 둘째, 협동적 소유가 전 인민적 소유로 성장 전환하고 도시와 농촌, 노동자와 농민의 차이가 없어져 전 인민적 소유에 기초한 무계급 사회가 건설되었을 때. 셋째, 사회주의의 물질적·기술적 토대가 확실히 준비되어 생산력이 발달한 자본주의 선진문명국가 수준에 도달하고, 이 현실적 의미가 노동자의 생활 수준이 중산계층의 생활 수준 이상으로 높아진 때. 넷째, 중산층의 동요가 없어지고 전 인민이 실생활을 통해 사회주의제도의 진실한 우월성을 확신하고, 사회주의제도의 발전을 위해 모두가 적극성과 헌신성을 발휘해낼 때, 그렇게 규정할 수 있다.

결과, '완전 승리한 사회주의'는 자본주의사회의 유물을 완전히 청산하고 새로운 공산주의 사상과 기술, 문화가 창조되는 그러한 사회인데, 한마디로는 '1일 4시간 노동에 충분한 사회주의적 여가생활을 보장'하는 그런 사회이다.

참고로 여기서 말하고 있는 사상·기술·문화는 다음과 같은 혁명 과정을 반드시 거쳐야만 성립할 수 있는 개념이다.

▷사상혁명은 "결함 있는 사람 자체를 반대하고 목을 때는 투쟁이 아니라 사람들의 머릿속에 남아있는 낡은 사상(자본주의 사상)을 뿌리 뽑고 사람들을 혁명화, 노동계급화"하기 위한 투쟁으로 정의된다. ▷기술혁명은 "낮은 기술을 새

기술로 바꾸고 손노동을 기계화, 반자동화, 자동화하기 위한 투쟁"이다. ▷문화혁명은 "근로자들의 문화, 기술 수준을 높이며 생산문화와 생활문화를 세우기 위한 투쟁"으로 정의된다.

그러면 다음과 같은 최종 결론도 가능하다.

사회주의완전승리노선이란 사상·기술·문화 3대 혁명이 유기적 결합, 이를 통해 온 사회가 김일성 - 김정일주의화 한 사회주의 강성국가로의 진입이다.

결과, 이상으로부터 얻을 수 있는 결론은 김정은 위원장이 개혁 · 개방에 관심을 가졌다라기보다는 이제껏 자신들의 체제로 유지해왔던 유일사상체계를 보다 더 강화하고, 경제노선도 '더' 사회주의적인 방식으로 자신들의 한계를 보완해 극복해나가는 방식으로 국가발전전략을 수립했다고 볼 수 있다.

당 규약도 이를 명문화해놓는다.

조선로동당은 자력갱생의 기치밑에 경제건설을 다그치고 사회주의의 물질기술적토대를 튼튼히 다지며 사회주의 문화를 전면적으로 발전시키고 사회주의제도적우월성을 더욱 공고히 하고 발양시키면서 **사회주의완전승리**(강조, 필자)를 앞당기기 위하여 투쟁한다.

그 어디에도 김정은 위원장의 개혁 · 개방 흔적은 없다.

(2) 각론적 접근: 국가발전 5개년 계획과 2023년 신년사 분석

먼저, 국가발전 5개년 계획 부분이다. 관련해 '대강', '주제', '기본사상', '구현 방도', 이렇게 각각 4부분으로 나눠 설명한다.

대강 부분이다. 5개년 계획이 이렇게 설명되고 있다. "주요하게 내각이 나라의 경제사령부로서 경제사업에 대한 내각책임제, 내각중심제를 제대로 감당하며 국가경제의 주요명맥과 전일성을 강화하기 위한 사업을 강하게 추진하고 경제관리를 결정적으로 개선하며 과학기술의 힘으로 생산정상화와 개건현대화, 원료, 자재의 국산화를 적극 추동하며 대외경제활동을 자립경제의 토대와 잠재력을 보완, 보강하는데로 지향시키는것을 전제로 하고있다."

주제 부분이다. 북 표현으로는 '기본 종자'라는 개념인데, 정의로는 이렇다. "새로운 국가경제발전 5개년계획의 기본종자, 주제는 여전히 자력갱생, 자급자족이다."

정신, 즉 기본사상 관련 부분이다. "현 단계에서의 조선혁명의 진로를 명시한 당중앙위원회 제7기 사업총화보고의 진수는 **우리자체의 힘, 주체적력량을 백방으로 강화하여**(강조, 필자) 현존하는 위협과 도전들을 과감히 돌파하고 우리 식 사회주의건설에서 새로운 비약을 일으키며"로 정의하였고, 그 연장선상에서 이번 결정서는 "**사회주의건설의 주체적 힘, 내적동력을 비상히 증대시켜**(강조, 필자) 모든 분야에서 위대한 새 승리를 이룩해 나가자는 것이 조선로동당 제8차대회의 기본사상, 기본정신입니다."

─────── 보충설명 ───────

북의 자력갱생 사랑은 무한하다

제8차 당대회 때 채택된 정면 돌파전이 경제 부분에 있어서는 자강력제일주의를 주선으로 하는 자력갱생 정신에 있음은 제8차 당대회 이전부터 충분히 예고된 선택이었다.

증거는 아래와 같다.

2020년도 신년사 내용이다. "적들이 아무리 집요하게 발악해도 우리는 우리 힘으로 얼마든지 잘 살아갈 수 있고 우리 식으로 발전과 번영의 길을 열어나갈 수 있다는 것이 시련과 곤란을 디디고 기적과 위훈으로 더 높이 비약한 2019년의 총화"라고 했다.

같은 해 2020년 7월 10일 김여정 제1 부부장은 자신의 담화를 발표하면서 김정은 위원장이 판문점 북미정상회담 당시 발언한 한 내용을 공개했는데, 거기서 그는 "북조선 경제의 밝은 전망과 경제적 지원을 설교하며 전제조건으로 추가적 비핵화조치를 요구하는 미국 대통령에게 화려한 변신과 급속한 경제번영의 꿈을 이루기 위해 우리 제도와 인민의 안전과 미래를 담보도 없는 제재해제 따위와 결코 맞바꾸지 않을 것이라는데 대하여서와 미국이 우리에게 강요해온 고통이 미국을 반대하는 증오로 변했으며 우리는 그 증오를 가지고 **미국이 주도하는 집요한 제재봉쇄를 뚫고 우리 식대로, 우리 힘으로 살아나갈 것임을**(강조, 필자) 분명히 천명하시었다"고 말해 '우리 식대로, 우리 힘으로'에 착목하지 않을 수 없다.

2019년 12월 4일 <조선중앙통신> 보도 내용은 더 명확하다. "제국주의자들의 전대미문의 봉쇄압박책동속에서 우리 당이 제시한 자력부강,자력번영의 로선을 생명으로 틀어쥐고 자력갱생의 불굴의 정신력으로 사회주의부강조국건설에 총매진"이다.

이전 <조선중앙통신>(2019.10.16)에도 김정은 위원장이 백두산 삼지연에서 한 발언을 소개했는데, 위원장은 "우리는 그 누구의 도움을 바라서도, 그 어떤 유혹에 귀를 기울여서도 안 된다. **오직 자력부강, 자력번영의 길**(강조, 필자)을 불변한 발전의 침로로 정하고 **지금처럼 계속 자력갱생의 기치를 더 높이 들고**(강조, 필자)나가야 한다.", "적들이 아무리 집요하게 발악해도 우리는 **우리 힘으로 얼마든지 잘 살아갈 수 있고 우리 식으로 발전과 번영의 길**(강조, 필자)을 열어나갈 수 있다는 것이 시련과 곤란을 디디고 기적과 위훈으로 더 높이 비약한 2019년의 총화이다"라고 했다.

같은 해(2019) <로동신문> 9월 17일 논설에도 "자력갱생은 우리 식 사회주의의 생명선"이라는 인식을 드러냈고, 그 전해(2018) 10월 4일에는 "지난날에도 그러했지만 우리는 결코 미국에 (경제)제재를 해제해달라고 구걸하지 않을 것"임을 분명하게 밝혔다.

바로 이 모든 사실로부터 우리가 확실하게 알 수 있는 것은 제8차 당대회를 거쳐 채택된 국가발전 5개년 계획이 자력갱생, 자강력제일주의, 즉 "자립성과 주체성이 강하고, 과학기술을 기본생산력으로 하여"(<조선신보>, 2020.11.16)로 통하고 있음을 충분히 알 수 있다.

구현 방도 부분이다. 제8차 당대회에서 채택된 '김정은 총비서의 결론'에 "무엇보다도 국가경제발전의 새로운 5개년 계획을 반드시 수행하기 위한 결사적인 투쟁을 벌려야 합니다"라고 되어있는데, 이는 위 '대강 부분'에서 확인받듯 내각이 "경제사업에 대한 내각책임제, 내각중심제를 제대로 감당하며 국가경제의 주요명맥과 전일성을 강화하기 위한 사업을 강하게 추진하고 경제관리를 결정적으로 개선하며 과학기술의 힘으로 생산정상화와 개건현대화, 원료, 자재의 국산화를 적극 추동하며 대외경제 활동을 자립경제의 토대와 잠재력을 보완, 보강하는데로 지향"시키는 방향에로의 '결사적 투쟁'을 말한다.

해서, 얻어지는 결론이다.

최종 종착지는 '우리 국가제일주의시대'를 맞이하는 것인데, 의미는 2022년 6월 12일 〈로동신문〉 '정치용어 해설'란을 보면 명확히 알 수 있다. "조선로동당이 력사의 온갖 도전을 과감히 맞받아 인민을 위함에 일심전력하고 자체의 힘을 완강히 증대시킨 결과로써, 국가의 존엄과 지위를 높이기 위한 결사적인 투쟁의 결과로써 탄생한 **자존과 번영의 새 시대** (강조, 필자)"라고 했다.

한마디로 우리 국가제일주의시대는 바로 "자존과 번영의 새 시대"라는 것이고, 이는 체제 수립 이후 70성상 온갖 고난과 역경을 뚫고 자체의 힘으로 지금까지 이룩해 온 모든 성과물에 대한 긍지와 자부심이 표현된 것이라고 할 수 있다. 그리고 여기서 '자존'은 1980년대 현실사회주의 체제가 전환되거나 몰락할 때도 버텨낸 '주체사회주의의 수호'가 그것이다. 한편, '번영'은 미국의 체제전복과 대북제재에도 불구하고 종국에는 국가 핵무력 완성을 이뤄내 이를 바탕으로 하는 '주체적 힘, 내적 동력을 비상히 증대시켜(자력갱생)나가는' 원칙으로의 자립적 경제발전노선 확립과 이 과정에서 더욱더 튼튼히 구축된 수령－당－인민대중의 혼연일체로서의 사회주의 대가정 국가로의 자부심이 묻어 있다.

다음, 2023년 신년사 분석 부분이다. 신년사의 여러 내용 중 이 글 " '2) 김정은 시대와 사회주의: 여전한 답은 '자력갱생', '간고분투'이다' "라는 주제에 맞게 대미, 대남부문은 약幅하고, 북의 국가발전 5개년 계획과 관련된 부분에 집중하여 설명하면 다음과 같은 분석들이 가능하다.

2023년 신년사 내용을 보면 전년 해(2022) 사업총화가 나오는데, 거기서 김정은 총비서는 "2022년이 결코 무의미하지 않은 시간이였고 분명코 우리는 전진하였다고 하시면서 당과 국가의 제반 사업에서 이룩된 확실한 성과들은 혹독한 국난을 억척같이 감내해주며 자력갱생, 간고분투의 정신력과 창조력을 발휘해준 위대한 우리 인민만이 전취할수 있는 값비싼 승리이며 조국청사에 길이 빛날 불멸의 공적이라고 선언하시였다"라고 〈로동신문〉이 보도했다.

두 가지 해설지점이 있다. 첫째는, '2022년이 결코 무의미하지 않은 시간이였고 분명코 우리는 전진하였다' 부분인데, 이에 대해서는 2022년이 국가발전 5개년 계획완수(2025)에 있어 2023년에 제시된 계획완수의 결정적 담보를 구축할 만큼의 '충분한' 계획지표 성과가 나타났다는 의미이다. 둘째는, 2022년을 '조국청사에 길이 빛날 불멸의 공적'이라고 총화해낸 부분인데, 이 의미는 결국 미국과 남측, 그리고 국제사회의 이 지구상 있어 본 적 없는 극강의 대북제재에도 불구하고 이를 이겨낸 당찬 국가적 자부심, 그리고 그런 국가적 자부심을 오직 '자력갱생', '간고분투'의 혁명정신으로만 개척해낸 북 인민들의 위대한 투쟁사에 대한 최고의 헌사獻辭이다.

그래놓고, 2023년 신년사 분석에서 나서는 또 다른 한 분야인 '대내 문제' 부문도 한번 보자.

> 사회주의건설에서 새로운 국면을 열기 위한 전인민적인 투쟁을 더욱 확대발전시켜 5개년계획완수의 결정적담보를 구축하는것을 새해사업의 총적방향으로 제시하시였다.

분석 첫째, '사회주의건설에서 새로운 국면을 열기 위한 전인민적인 투쟁을 더욱 확대발전시켜'로부터는 2023년도 역시 2022년과 같이 '자력갱생', '간고분투'의 혁명정신으로 '우리식' 사회주의에 대한 전면적 발전을 보장해내겠다는 의지가 읽혀진다. 둘째, '5개년계획완수의 결정적담보를 구축하는 것'에서 확인받는 것은 2023년이 2025년 5개년 계획이 완수되는 그해의 분기점을 도는 한해인 만큼, 그 어떤 고난과 역경이 닥친다하더라도 2025년에 5개년 계획의 총적목표가 달성될 수 있도록 제도, 설비, 기술 등 모든 부분에 있어 정비보강을 통해 그 토대를 닦는 그런 한 해가 되겠다는 드팀 없는 의지가 반영되었다라고 할 수 있다.

결과, 위 둘—2022년 사업총화 부문과 2023년 대내문제에서 확인받는 것은 제8차 당대회가 여전히 제7차 당대회에서 채택된 '자력갱생 정신'과 그 실현을 위한 전략적 방침인 '정면 돌파전'지속에 있음을 알 수 있다는 사실이다. 다음의 (제8차 당대회 사업총화) 내용을 보면 이는 금방 확인된다. "우리 당의 자력갱생전략은 적들의 비렬한 제재책동을 자강력증대, 내적동력강화의 절호의 기회로 반전시키는 공격적인 전략으로, 사회주의건설에서 **항구적으로 틀어쥐고나가야 할 정치로선**(강조, 필자)으로 심화발전되었다." 더해서 "자강력을 증대시켜 사회주의건설을 다그치기 위한 전인민적인 투쟁속에서 자력갱생은 주체조선의 국풍으로, **조선혁명의 유일무이한 투쟁정신으로 더욱 공고화**(강조, 필자)되었다."

바로 그 정신적 토대에서 "현 단계에서 우리 당의 경제전략은 정비전략, 보강전략으로서 경제사업체계와 부문들사이의 유기적련계를 복구정비하고 자립적토대를 다지기 위한 사업을 추진하여 우리 경제를 그 어떤 외부적영향에도 흔들림없이 원활하게 운영"되는 원리가 천명되었는데, 이는 2023년도도 여전히 북은 5개년 계획실현을 이 '자력갱생', '간고분투'에서 찾고 있다는 것을 증거 한다 할 수 있다.

정말 지독한 '자력갱생', '간고분투' 사랑이다.

3) 사회주의 강성국가론이 갖는 함의:
'자주' 중시와 '인민대중' 중심에 근거한 사회주의

정말 열심히 달려왔다. 해서, 이제 이 글은 마지막 소주제 하나만을 남겨 놓고 있다. 그것은 다름 아닌, 이 책 제목과 같이 전략국가로서, 사회주의 강성국가로서로서 북이 지향하는 그 사회주의가 도대체 무엇이냐, 즉 실체가 무엇이냐, 하는 그것이다. 시작은 이렇다. 알다시피 북 사회가 움직여지는 작동원리는 크게 '전체는 하나를 위하여, 하나는 전체를 위하여(One for all, All for one)'가 있고, 또 다른 하나는 '모든 것을 인민대중의 이익에 절대적으로 복무시켜 나가는 정치체제'이다. 그리고 이 두 개념이 합해지면 '인민대중의 자주성'을 최고높이에서 구현해내겠다는 정치학적 개념으로 만나고, 그 꼭지점에 수령－당－인민대중이 일심단결된 '사회주의 대가정'개념이 있다.

그 헌법전문 표현이 "김일성동지께서는 ≪이민위천≫을 좌우명으로 삼으시여 언제나 인민들과함께 계시고 인민을 위하여 한평생을 바치시였으며 숭고한 인덕정치로 인민들을 보살피시고 이끄시여 온 사회를 일심단결된 하나의 대가정으로 전변시키시였다"이다.

결과, '모든 것을 인민을 위하여! 모든 것을 인민대중에게 의거하여!'라는 대중적 정치구호가 만들어진다.

위 열거로부터 무엇이 보이는가?

적어도 2가지 사실은 보여야 한다. 첫째는, 사람은 사회적 관계를 맺고 사회적 집단 속에서 살며 활동하는 사회적 존재인 것만큼, '집단주의'

가 북 사회의 기본질서가 된다는 말이고, 이 바탕에서 사람이 사회적 집단의 한 성원으로 존재할 때만이 보람 있게 살 수 있다는 근본원리가 도출된다. 이름하여 집단의 이익과 개인의 이익이 일치한다는 말인데, 이는 다시 '전체는 하나를 위하여, 하나는 전체를 위하여'라는 사회작동원리가 되고, '수령-당-인민대중'의 혼연일체 원리로 최종 수렴된다. 둘째는, 북의 정치체제가 자본주의적 시각으로 볼 때는 수령으로 대표되는 일인 지배체제로 보일지는 모르겠으나, 이것이 흔히들 말하는 파시즘적 지배체제인 전제정치, 또는 독재정치와 연관된 공안통치, 공포정치와는 하등 상관없다는 것도 읽어내야 한다. 왜냐하면 그들은 그 수령중심의 정치체제를 인민대중 중심의 정치가 발현되는 정치체제이자 '이민위천정치', '인덕정치', '광폭정치'와 같은 것으로 자리매김되기 때문이다.

이처럼 북 사회는 그 어떤 국가도, 심지어 과거와 지금의 사회주의국가도 가보지 못한 주체의 혁명 원리로 움직이는 매우 독특한 특징을 갖는다. 철저하게 다른 나라에 의존하지도 않고, 오직 자체의 힘, 인민의 힘에만 의거한 국가발전전략을 수립하고, 이를 '사상에서의 주체', '정치에서의 자주', '경제에서의 자립', '국방에서의 자위'로 규정한다. 명명하면 4대 혁명노선으로 된다.

하여, 북 사회주의의 근본적 특징은 아래와 같이 3가지로 요약된다. 하나는, 자주 중시의 사회주의 국가체제라는 것이고, 또 다른 하나는 인민대중 중심의 사회주의 정치체제라는 것이고, 그리고 그 마지막 셋째에는 바로 이 둘-'하나는'과 '또 다른 하나는'을 and적으로 합해 북이 궁극적으로 지향하는 사회주의국가, 즉 사회주의 강성국가가 된다는 사실이다.

(1) '자주'를 중시하는 북

아래 다음과 같은 발언과 예들 속에서 '자주' 중시 북 생각을 정확히 읽어 낼 수 있다.

첫째, "식민지 민중은 상갓집 개만도 못하다"라는 김일성 주석의 발언에서, 둘째, 정권 수립 후 소련의 강박을 이겨내고 끝끝내 독자노선을 걸었던 그들의 모습인데, 코메콘COMECON 미가입이 그것을 상징한다. 마지막 셋째는, '둘째'에서 확인되는 북의 실체적 모습이다. 다름 아닌, 해방 후 소련의 후견인 요청을 물리친 유명한 일화, 뜨락또르(트랙트)를 자체 개발한 데서 북이 생각해낸 '자주'가 무엇이지 매우 분명해 진다.

──────── 보충설명 ────────

'거꾸로 가는 트랙터'와 관련된 이야기

소련은 당시 서방측의 마셜플랜에 대항하기 위해 1949년 동유럽 국가들을 중심으로 하는 경제 협력 기구인 코메콘(Council for Mutual Economic Assistance)을 결성하기에 이른다. 참여국으로는 당시 사회주의국가들 대부분인 폴란드, 체코슬로바키아, 헝가리, 루마니아, 불가리아, 알바니아, 동독, 몽골, 쿠바, 베트남 등이었다.

당연, 북도 가입을 강요받았지만 북은 경제적 예속이 정치적 예속으로 이어진다고 봤기 때문에 당연히 이를 단숨에 거절했다.(실제 스탈린 사후 흐루시초프의 집권 이후 소련은 이 제도를 활용해 사회주의 나라들의 경제를 장악하고 정치를 좌지우지했다.) 이에 소련은 1950년대 중반 이후부터 대북 원조를 줄이고, 주요 기계류의 수출을 제한하는 등 사회주의 형제국 역할을 포기했다. 결과, 북은 당시 정말 필요했던 기계화 영농을 통해 농업 협동화를 진행해 나가는 데 있어 엄청난 차질을 빚었다. 기계화 영농을 통한 농업 협동화에는 트랙터가 꼭 필요했지만, 소련의 이 조치로 인해 수입할 수 없었기 때문이다.

그런데도, 북은 이에 굴하지 않고, 자체로 트랙터 생산을 결정한다. 소련으로부터 2대의 트랙터를 몰래 들여와 이를 분해하고 부속들을 그대로 복제, 다시 조립하는 방식으로 자체 생산기술을 갖고, 성공하면 대량생산에 들어간다는 계획이었다. 그런데 문제가 발생했다. 시 운전 과정에서 트랙터가 앞으로 가지 않고 뒤로 간 것이다. 이를 보고받은 당시 김일성 수상의 반응은 "그래도 가긴 가니 됐습니다. 일단 뒤로라도 갔으니 앞으로 가게 하는 것은 어렵지 않겠습니다"였고, 결국 이 격려가 당시 기술노동자들의 자신감과 열정을 더 높여 얼마 후 기술적 결함을 해결해 1958년 11월 마침내 자체 생산 1호 트랙터인 '천리마호'가 세상에 나온다.

하여, 지금도 이 일화는 북의 '자주노선' 열망이 얼마나 강한지를 증명하는 매우 중요한 사례로 여겨지고 있다.

그리고 북 최고의 규범적 가치체계인 헌법도 이를 매우 분명히 하고 있다. 헌법 제1조는 "조선민주주의인민공화국은 전체조선인민의 리익을 대표하는 **자주적인**(강조, 필자) 사회주의국가이다." 제2조는 "조선민주주의인민공화국은 **제국주의침략자들을 반대하며**(강조, 필자) 조국의 광복과 인민의 자유와 행복을 실현하기 위한 영광스러운 혁명투쟁에서 이룩한 빛나는 전통을 이어받은 혁명적인 국가이다."

둘을 합하면, 즉 이 1조와 2조를 합하면 국가 핵무력 완성을 통한 '자주적' 강성국가 건설이 되는데, 여기서도 '자주' 중시는 아주 분명하다. 상징은 2016년 조선평양외국문출판사에서 펴낸 〈경애하는 김정은 동지의 명언〉에서 나타나는데, 다음과 같다.

평화는 더없이 귀중하지만 바라거나 구걸한다고 하여 이루어지는 것이 아니다.

(2) 인민대중 중심의 사회주의 국가체제가 갖는 특징: '완전 승리한 사회주의'로 구현된다

헌법과 당 규약을 보면 북의 인민대중 중심의 사회주의 특성은 매우 명확하다. 헌법 제1조에 있는 '자주적인 사회주의국가'지향은 반드시 '전체 조선인민의 리익'을 대표해야 된다는 것이고, 제3조는 보다 이를 더 명확히 하여 "조선민주주의인민공화국은 사람중심의 세계관이며 인민대중의 자주성을 실현하기 위한 혁명사상인 주체사상, 선군사상을 자기 활동의 지도적지침으로 삼는다"로 규정해 놓는다. 그리고 주체사상에서 말하고 있는 '사람중심·인민대중중심'도 당 규약에 반영해 "조선로동당은 **인민의 존엄과 권익을 절대적으로 옹호하고** 모든 문제를 인민대중의 무궁무진한 힘에 의거하여 풀어나가며 **인민을 위하여 복무하는 정치를 실현한다**(강조, 필자)"로 명문화한다.

이처럼 북의 사회주의는 인민대중 중심의 인민민주주의가 가장 완벽하게 잘 구현해나가기 위한 사회이고, 이를 그들은 이렇게 설명한다. '사회적 존재'로서의 사람의 '집단주의적 요구'를 가장 훌륭히 구현하고 있는, 즉 인민대중의 자주성이 완전히 실현된 사회가 인민대중 중심의 인민민주주의가 구현된 사회이며, 이는 인민대중이 사회와 체제의 주인으로서 지위를 차지하고 모든 것이 인민을 위하여 복무하는 그런 정치체제라는 것이다. 그리고 이러한 사회를 가장 이상적으로 잘 구현된 형태가 당 규약에 반영된 '사회주의완전승리'사회인데, 이를 일명 사회주의 강성국가, 혹은 사회주의 문명국가라 일컫는다.

그래서 제7차 당대회에서는 이런 사회주의 구현해내기 위해 '우리식' 사회주의 전면적 발전노선을 내놓고, 그 핵심 내용을 "정치와 국방건설을 중시하면서 경제, 문화의 발전에도 큰 힘을 넣어 국가사회생활의 모든 분야를 전면적으로 발전시키는 것, 인민경제 전반부문과 모든 단위를 균형적으로 발전시키는 것, 지방건설·농촌건설을 힘있게 밀고나가 나라의 모든 지역을 고르롭게 특색있게 발전시키는 것"으로 규정했다.

관련해 여기서 우리가 좀 특별하게 주목해야 할 것은 '지방건설·농촌건설을 힘있게 밀고나가 나라의 모든 지역을 고르롭게 특색있게 발전시키는 것'으로 표현된 세 번째 내용이다.

왜냐하면 이 내용이 2022년도에 와서 '사회주의 농촌건설 강령'으로 진화했고, 내용적으로는 '농촌을 도시와 같은' 즉, "동시적 균형적 발전전략"으로 정립해져서 그렇다. 좀 설명하자면 지금까지는 여러 원인과 요인으로 인해 불가피하게 진행된 도시와 농촌 간의 불균등발전을 동시 발전으로 전환하였다는 것과 함께, 기간 이러한 전망을 내다보며 시험사업으로 추진했던 가장 낙후한 삼지연시 건설과 검덕광산 재건사업 등을 통해 축적된 경험과 교훈이 사회주의 전면 발전노선, 즉 '동시적 균형적 발전전략' 정립의 정당성을 확고히 해줬다고 하는 점이다. 그래서 그 결과는 사회주의 농촌문제에 있어 일대 대전환을 가져오게 되고, 이의 총화가 '사회주의 완전 승리노선'으로 정립돼 제7차 당대회에서 채택되고, 제8차 당대회에서는 다시 확인되는, 연속적 과정을 거쳤다고 볼 수 있다.

좀 더 설명하면 이렇다. 북이 생각하는 사회주의 완전 승리노선은 비록 사회주의 체제가 들어섰다 하더라도 사회주의제도가 완전 공고화되기 위해서는 필연적으로 이 사회주의가 반드시 이후 공산주의로 진화해나가는 사회발전 합법칙성을 지닌다고 인식한다. 그런데 문제는 이 과정에서 '높은 단계의 사회주의 사회와 낮은 단계의 공산주의 사회'가 일정 시점까지는 같은 구간에서 변증법적으로 공존하는, 다른 말로는 이 과도기가 어떤 특정한 시간적 제약과 주체의 능동적 작용 여부에 따라 자기 발전적 경로를 순항할 수도, 아니면 역행할 수도 있는데, 북은 위 "왜냐하면 이 내용이 2022년도에 와서~"로 시작되는 문장에서 확인받듯 과도기는 종결하게 되어 '완전 승리한 사회주의'로의 사회주의제도로 확고히 구축되고, 낮은 단계의 공산주의로 진입할 수 있는 확실한 지표가 생겨난다는 것이다.

결과, 이 글 " '2) 김정은 시대와 사회주의: 여전한 답은 '자력갱생', '간고분투'이다 중 '(1) 총론적 접근: 역사발전단계에 대한 인식 부분'에서 설명된 '[보충 설명] 제7차 당대회에서 채택된 '사회주의완전승리노선'에 대한 이해'"에서 확인받듯 '완전 승리한 사회주의'는 노동자 계급과 농민의 차이가 완전 없고, 또 농촌에서의 협동화와 산업에서의 국유화가 국가적 차원에서 완전히 매듭지어 국가의 공업화가 완전 실현, 사회주의의 물질적 기술적 토대가 확실히 준비되어 국가적 차원의 공급제가 완벽하게 실현되는 사회가 도래한다.

북은 바로 그러한 사회를 지향, 그러려면 자신들이 설정한 사상 · 기술 · 문화의 3대 영역에서 아래와 같이 3대 혁명이 명백하게 완수되어야 한다는 것을 너무나도 잘 알고, 그 결론에는 사회주의 강성국가, 즉 사회주의 문명국가로의 '완료된' 북 모습을 조만간 볼 수 있다는 것이다.

구분	내용
사상혁명의 완성	결함 있는 사람 자체를 반대하고 목을 떼는 투쟁보다는 사람들의 머릿속에 남아 있는 낡은 사상(자본주의 사상)을 뿌리 뽑고 전체 인민의 '혁명화, 노동계급화'를 이뤄낸다.
기술혁명의 완성	낡은 기술을 새 기술로 바꾸고 손노동을 기계화, 반자동화, 자동화된다.
문화혁명의 완성	근로자들의 문화, 기술 수준을 높여 생산문화와 생활문화를 공산주의화 해낸다.

(3) 우리 국가제일주의시대와 사회주의 문명국가가 갖는 함의

두말할 나위 없이 '우리 국가제일주의시대'가 구현된 사회는 사회주의 강성국가로서의 사회주의 문명국가 모습이다.

먼저, 정치적인 측면에서 이를 한번 해석해 보면 2022년 6월 7일 〈로동신문〉에 실린 기사가 함의해주는 것이 너무나도 많다. 기사에 따르면 "우리 국가제일주의는 영생불멸의 주체사상과 김정일애국주의를 사상정신적 기초로 하고 있"고, "세기적으로 뒤떨어졌던 우리나라가 세계가 부러워하는 자주의 강국, 불패의 사회주의국가로 높이 솟아오르게 된 것은 주체사상과 김정일애국주의를 구현"이라면서 최종 결론에 "우리 국가제일주의는 곧 위대한 김일성, 김정일조선제일주의"라고 칭했는데, 그 모습은 "존엄 높은 인민의 나라, 사상적 일색화가 실현된 일심단결의 강국, 자주, 자립, 자위의 사회주의국가, 계승성이 확고한 전도양양한 나라, 이것이 우리 공화국의 참모습"이라면서 "현 세계에서 국가다운 진면모에 있어서나 그 양양한 전도에 있어서 우리 공화국과 견줄만한 나라는 없다"였다.

무엇이 읽히는가? 위 기사와 같은 사회로의 지향이 자신들이 꿈꿔왔던 사회주의 강성국가, 다른 말로는 사회주의 문명국가가 아니라면 도대체 우리는 그 무엇을 상상해야만 한단 말인가? 달리 설명할 길은 전혀 없다. 없다면 위 기사 내용은 분명 사회주의 강성국가, 다른 말로는 사회주의 문명국가와 정확히 일치한다고 봐야 한다.

다음, 제도적인 측면이다. 사회주의 강성국가, 혹은 사회주의 문명국가는 적어도 사회발전 경로상 '높은 단계의 사회주의 사회와 낮은 단계의 공산주의 사회' 그 어디쯤 있을 것이고, 종국적으로는 공산주의로의 도달인데, 〈조선신보〉는 이를 2021년 5월 17일 '공산주의 사회의 표상'이라는 논평에서 1990년대 말 '고난의 행군' 시기 때는 '공산주의'라는 말이 사라졌는데, 제8차 당대회에서 국가경제발전 5개년 계획이 수립되고 상황이 호전되면서 다시 등장하게 되었다고 전하면서 〈로동신문〉에 실린 '우리가 이상하는 공산주의' 내용을 인용해 다음과 같이 기사화했다.

"우리가 이상하는 강국, 공산주의사회는 모든 인민들이 무탈하여 편안하고 화목하게 살아가는 사회, 모든 사람들이 서로 돕고 이끌며 기쁨과 슬픔을 함께 나누는 사회라고 하시었다고 한다"면서, 이는 "공산주의에 대한 우리 식의 정의"라고.

정리하면 즉, 두 측면 – 정치적 측면과 제도적 측면을 통해 알 수 있는 것은 공산주의의 개념과 강성국가로서의 사회주의 문명국가 개념은 정확히 일치한다. 담론으로서는 '우리 국가제일주의'이다.

해서, '우리 국가제일주의' 담론은 적어도 당분간, 아니 제법 길게 북 사회를 지배하는 이데올로기적 성격을 가지면서 구호화, 북 사회를 하나로 묶는 역할을 하게 될 것이다. 〈조선신보〉도 이를 확인해준다. 2021년 5월 6일 전한 기사 내용에 따르면 "앞으로 15년 안팎에 전체 인민이 행복을 누리는 융성번영하는 사회주의 강국을 일떠세우자고 한다"이니, 이는 2030년대 중반까지는 이 담론으로 사회주의 강국건설을 지향하고, 완료해 낸다는 의미이다.

그래놓고, 다시 이를 시간적으로 한 번계산해보면 북은 5년마다 당대회가 열리니 그 전제로 '15년 안팎'은 제11차 당대회가 그 시점이고, 그때까지 사회주의 강성국가 목표에 도달하겠다는 계획을 세웠다고 봐야 한다.

과연 그것이 가능할까? 2030년대 중반, 북은 과거 2017년 11월 29일 '국가 핵무력' 선언으로 전 세계를 깜짝 놀라게 하였듯 북은 또다시 그때와 같은 모습으로 전 세계를 깜짝 놀라게 할 수 있을까? 궁금하고도, 또 궁금하다.

하지만, 분명한 것은 북은 이제껏 그 어떤 국가도 상상해내지 못한 인류의 '거대한' 실험, 사회주의 강성국가라는 목표를 세웠고, 그것을 2030년 중반까지 이뤄내겠다는 결심을 했다는 사실, 그것만큼은 확실하다. 또한, 북 자신들의 혁명이론인 〈주체의 정세관〉에 의해 미 패권의 몰락과 다극질서, 여기에다 자국 인민대중의 혁명적 열의, 이 3박자 조합이 있고, 북은 이를 통해 반드시 자신들이 설정한 2030년 중반까지 사회주의 강성국가, 다른 말로 사회주의 문명국가를 실현해 낼 수 있다는 확신을 분명하게 가졌다는 점이다.

하여 결론, 이제부터는 앞으로의 시간이 북의 시간인지, 아닌지는 오롯이 북에 달렸다.

저자 후기

못다한 얘기를 꾹꾹 눌러 쓰다:
북 바로알기는 연방제통일로 가는 첫걸음이다

글은 마쳤다. 어떤 후기를 남겨야 할까 고민했고, '책머리에'서 얘기하고 있듯 북에 대한 편견과 확증편향을 깨기 위해 이 책은 쓰였다. 그래서 읽고 난 뒤 이 책은 독자들이 과연 얼마만큼 그 편견을 깼을까? 하는 것은 오로지 필자인 저의 글 내용과 전달력에 달려있다. 하지만, 또한 분명한 것은 그 어떤 북 관련 책보다 북을 제대로 이해하는 데 있어 주체적 관점과 민족적 견해를 반영했다.

해서, 자위해본다. 어찌 이 한 권의 책으로 작게는 수년, 많게는 수십 년 동안 쌓인 그 무수한 편견과 확증편향을 단 한 방에 날려 보낼 수 있을까? 하는 위안 말이다.

변명 같지만, 그럴만한 충분한 이유도 있다. 미국 국적의 신학자 트라이언 에드워즈Tryon Edwards가 한 말, 그 말 때문에 다음과 같이 위안을 받을 수 있다.

편견에 사로잡힌 사람은 악령, 그것도 최악의 악령에 사로잡힌 것과 같다. 편견은 진실을 차단하고 자주 파멸적 과오로 인도하기 때문이다.

편견이 악령과의 싸움이니 편견 깨기가 그만큼 어렵다는 뜻일 것이고, 북 바로알기도 어쩌면 그런 악령과의 싸움이기에, 이 한 권의 책으로 깰 수 없음을 스스로 위안하는지도 몰라서 그렇다.

그러나 그렇다 하더라도 이 편견에 계속 사로잡혀 있을 수만은 없다. 빠져 나와야 한다. 어떻게? 내로남불하지 않게. 그리고 이를 위해 캐나다 언론인 댄 가드너의 말에 귀 기울여 보자.

"사람들은 다른 사람의 생각에서는 유해한 심리적 편견을 잘 포착하면서도, 정작 자기가 내린 판단은 객관적이라고 인식한다"라며 "이것 역시 심리적 편견의 일종으로 이른바 '편견에 대한 편견'이다"라고 말했는데, 그만큼 자기 자신이 늘 편견에 노출되어 있고, '편견의 포로'임을 인정하면 된다는 의미이다. 즉, 남의 편견을 먼저 보기 전 자기 자신 편견부터 먼저 보는, 내로남불하지 말라는 뜻이다.

북 인식 문법도 이와 똑같아야 한다. 이제껏 내가 인식했던 북에 대해서는 편견적 인식이 들어있고, 그것을 깨달을 수만 있다면 이와 비례해 북 바로알기는 시작되고 있음을 안내한다. 그런 의미에서 이 책은 바로 그 깨달음의 신호탄이 될 수 있지 않을까, 하는 그런 기대를 감히 해본다.

관련해 계속 좀 더 (인문학적) 상상력을 이어 가보자. 〈이솝우화〉에 이런 얘기도 있다. '시골 쥐와 도시 쥐'편에 나오는 우화인데, 시골 쥐 왈 "친구여, 잘 있게. 자네나 배 터지게 먹으며 큰 즐거움을 누리시게나. 많은 위험과 두려움을 감수하면서 말일세. 그런데 그것이 싫은 사람은 누구의 눈치도 보지 않으면서 아무 두려움 없이 보리와 곡식을 갉아 먹으며 살아갈 것이네." 이 뜻을 필자가 20대 청춘일 때는 그 주는 함의로 '도시 쥐처럼 긴장하고 눈치보며 풍요롭게 사는 것보다, 시골 쥐처럼 비록 가난하지만 평화롭고 마음 편하게 사는 것이 좋다' 정도의 귀결로 이해했다. 하지만, 나이 오십의 지천명을 지나 육십의 이순耳順을 바라보니 해석되는 함의가 좀 달라졌다. 긴장되지 않으면서 아무 생각 없이 사는 것도 좋지만, 사람이 동물과 다른 것은 '잘 먹고 잘 산다'는 것이 호랑이처럼 가죽은 못 남기더라도 의미 있게 사는 것이라 했을 때 그러한 삶은 일정한 긴장이 필요하다는 생각으로의 변화이다.

뜬금없다고? 절대 그렇지 않다. 적어도 북 관련해 바로알기는 그러한 긴장이 좀 더 절대적으로 필요하다. 왜냐하면 '시골 쥐' 방식으로는 절대 북 바로알기가 불가능하고, 오직 '도시 쥐'와 같은 선택만으로 북 바로알기가 가능함을 역설해서 그렇다. 반공, 반북, 혐북과 함께 국가보안법 등 첩첩산중으로 둘러싸인 북의 악마화와 싸우기 위해서는 시골 쥐처럼 위험을 그냥 피해 편하게 살려는 욕망으로서는 도저히 도달할 수 없는 북 바로알기이다. 굳이 '다수의' 남들이 이해하지 않는 방식으로 이해해 골치 아픈 길을 가야만 하는 것인가에 대한 깊은 고뇌와 성찰의 대전제가 필요하다.

다시 말해 국가보안법이 폐지되면 좋겠지만, 폐지되지 않는다하여 계속 그렇게 동족을 적대로만 모는 천하의 악법 국가보안법 뒤에 숨어 북 바로알기를 '할 수 있는 만큼'만 하는, 즉 국가보안법이 허용하는 범위 안에서만 인식하려 든다면 그것이야말로 말로는 '통일하자'이고, 실제로는 '동족을 적대하는' 모순심리(인지부조화)의 극치와 무엇이 다르단 말인가? 자기합리화의 극단에 다름 아니다.

해서, 이 책은 북 바로알기와 관련해 도시 쥐처럼 좀 불편하고 긴장된다하더라도 국가보안법 뒤에만 숨지 말고 북 바로알기에 소홀하지 않아야 한다는, 그리하여 자신의 사회정치적 삶에 정면으로 직면하고 통일로 나아갈 수 있는 용기와 지혜가 필요하다는 것을 항변한다.

(인문학적) 상상력과 관련해 하나만 더 추가해보자. 1957년 노벨문학상 수상자인 알베르 까뮈의 〈페스트〉에도 당당히 눈길을 준다. 앞 인용은

〈페스트〉에 나오는 구절이고, 뒤 문장은 필자 스스로가 그 〈페스트〉에 나오는 문장을 북 바로알기와 연관시켜 의역해서 파생시킨 개념적 문장이다.

> 인간은 하나의 관념이 아닙니다.
> 북은 실체이지 우리 안의 관념이 아닙니다.

그렇다. 북은 '조선민주주의인민공화국'으로 존재하는 실체이지, 우리가 인식하고 싶은 것만 인식해 가둬놓은 '북한'이 아니다.

그래서 계속 강조하듯 이 책은 적어도 북의 실체적 진실에 접근하려는 노력의 산물이다. 다른 말로는 필자가 이 책을 읽는 독자 모두들에게 필자와 함께 동행할 자세와 태도가 되어 있는지를 묻고, 함께 북 바로알기에 나서자는 호소와도 같다.

그 중심에 우리가 보고 싶은 것만 보려 했던 그런 '북한'의 관념적(혹은, 잘못된) 모습이 아니라, 실체적 진실을 통해 왜 '조선'이어야 하는지 함께 이해하고 깨달아 갔으면 하는 바람이 있다. 물론 이 의도가 제대로 전달되고 안 되고는 계속 필자가 변명처럼 해대고 있는 저의 능력 문제이다. 잘 전달되었으면 하고 바라고 바랄 뿐이다.

그 전제로 다음과 같은 이 책 후기를 남겨 놓으려 한다.

첫째는, 누누이 얘기하고 있듯 북 바로알기는 평화와 통일의 디딤돌을 놓는 시금석이라는 사실이다. 물론 그 조건도 분명하다. 제대로 된 북 바로알기여야 한다 이다. 반대는, 즉 그렇지 못할 바에는 평화와 통일을 얘기하지 않는 것이 오히려 낫다 이다. 왜냐하면 잘못된 인식은 반드시 잘못된 시작을 낳고, 결과도 반드시 잘못되기 때문이다. 해서, 제대로 된 북을 알아야만 한다.

그러려면 어떻게 해야 한다? 반드시 친북親北이 되어야만 한다. 북을 찬양·고무한다는 그런 의미에서의 친북이 아니고, 북을 제대로 안다는 의미에서의 친북 말이다. 그리고 그런 친북은 열 백번 해야 하는데, 그것은 또한 윤석열 대통령이 입만 열면 강조하는 자유라는 가치에도 진정 부합한다. 어떻게? 진정한 자유의 가치는 타인의 자유를 침범하거나, 배제하여 상처를 주지 않는 것이라고 한다면 이는 국가와의 관계에서도 매한가지여야 하기 때문이다. 더군다나 그 상대가 같은 민족국가라면 더더욱 그리해야 한다. 그런데도 북을 정권 유지의 수단으로 활용한다든지, 자신들의 정치적 기반을 쌓기 위한 탄압의 도구로만 활용한다면 이는 응당 예의 그 자유의 가치에 반反하는 것과 무엇이 다르단 말인가?

　그러니 자유의 가치를 북에 적용할 때는 북에 대한 인식을 정확하게 해야 하는 것과 같아야 하고, 그렇게 시작이 옳아야만 북과의 통일 미래를 설계해낼 수 있다. 이 책은 바로 그런 작은 소망에 충실하려 했고, 필자의 능력 탓에 많이 부족하지만, 이후 제 뒤를 잇는 누군가의 용기 있는 행위로 인해 부족한 부분이 많이 메꿔지고, 나아가서는 그러한 북 전문가를 출현시켜 내는데 이 책이 작은 기여라도 하길 바란다.

　관련해 다음의 장면도 우리들에게 그 어떤 각성을 일깨운다. 흑인 민권운동을 다룬 다큐멘터리 〈아이 엠 낫 유어 니그로〉의 동명 각본집 중 다큐멘터리의 중심인물인 흑인 작가 제임스 볼드윈이 한 말 "마주한 모든 것을 바꿀 순 없지만 마주하지 않으면 아무것도 바꿀 수 없다"라는 것이 있는데, 북 바로알기도 그러해야 한다. '마주하지 않으면 아무것도 알 수 없다'이다.

　마치 이는 모든 역사가 '멋있는' 알렉산더의 단칼과 같이 그렇게 베어질 수 있는 서사만 있는 것이 아니라고 한다면 북 바로알기도 반공·반북·혐북의 시각을 뛰어넘어야 하고, 이 책이 그 길로 안내하여 그로부터 분단을 극복하며 통일로 나아가는 산파와 같은 역할을 할 수 있도록 진심으로 바라고 또 바란다.

둘째는, 필자의 독서 교훈담이다. 생텍쥐페리의 〈어린 왕자〉에 나오는 별 관련 이야기인데, 여기에 이런 문장이 있다. "내가 별을 보면 별도 나를 본다. 별 에게는 내가 별이다"와 같이 '남南이 북北을 제대로 보면, 언젠가 북도 우리 남을 제대로 보는' 그런 어린 왕자의 별 보기와 같은 북 바로알기에 이 책을 읽는 독자 모두가 동참해내었으면 한다. 즉, 증오의 시선도, 분단의 시선도, 체제대결의 시선도 아닌, '별 에게는 내가 별이다'와 같은 그런 시선으로 북과 남이 하나의 같은 시선으로 같은 우리 민족을 들여다보는, 그런 북 바로알기가 되고, 그 의미에서 이 책이 조금이나마 활용되어졌으면 한다.

그리고 그것을 위해 다음과 같은 한 문장을 소환해 그 영감을 얻자. 다름 아닌, 헤르만 헤세의 〈데미안〉에 나오는 한 구절이다.

> 새는 알에서 나오려고 투쟁한다. 알은 세계이다. 태어나려는 자는 하나의 세계를 깨뜨려야 한다.

어떤 영감과 용기가 보이는가? 하나의 세계를 깨뜨려 '신에게로 날아' 가듯 북 바로알기 또한 북의 다른 세계, 그것은 우리 민족이 한때 걸어갔던 '고구려의 길'을 가고 있는 북의 모습을 발견해야 한다. 그래야만 북의 진정한 모습이 보인다.

이는 이 세계에 존재하는, 혹은 발견, 혹은 발명된 모든 문명, 제도, 정신, 이상 등이 우리 인류사에서는, 혹은 문명사에서는 질문의 과정에서 생성된 창조물이지 결단코 대답의 결과로 존재하는 발견, 혹은 발명이 아니라고 한다면 같은 논리로 우리가 북을 이해함도 이와 똑같아야 한다.

즉, 반공과 반북, 혐북으로, 혹은 국가보안법에 의해, 혹은 체제우월적 시각에 의해 이미 만들어지고, 그것들로부터 주어진 대답만으로 강요된 인식의 결과로서만 북 모습이 존재하는 것이 아니라, 이 책에서 제시하고 있는 바와 같이 북 바로알기를 통해 끊임없이 묻고, 질문하고, 이해해 나가는 그러한 전 과정을 통해 북이 통일로 나아가는 '같은 민족'임을 깨달아야만 한다.

그러면 이 책이 아래와 같은 질문에 답을 줄 수 있고, 결론도 '민족은 쪼개지지 않는다. 민족대단결로 통일을 안아오자!'와 '심장은 식지 않는다. 통일심장으로 분단을 불태우자!'로 귀결될 수도 있다.

북을 알고 싶은가? 그러면 이 책을 읽어라.
통일을 원하는가? 그러면 이 책을 읽어라.

결과, 분단된 대한민국에서 가장 존경받는 인물 중 한 분인 백범 김구 선생이 자신의 자서전 〈백범일지〉에 손수 남겨 놓은 다음과 같은 말씀이 진정성 있게 우리 안으로 들어올 수 있다.

첫째도 둘째도 셋째도 나의 소원은 통일입니다.

그렇다. 진정 우리가 백범을 좋아하고 존경한다라고 한다면 그 의미는 우리가 백범을 '좋아하고 존경한다'라는 그 술어에 있는 것이 아니라 선생님의 그 말뜻에 맞게, 혹은 선생님께서 남긴 마지막 유언과도 같은 그 말씀을 이뤄내기 위해 노력하는 것만이 맞다. 그런데 과연 우리는 정말 그러한 통일을 위해 얼마나 많은 시간과 노력을 쏟아붓고 있는가? 스스로 자문해볼 일이다.

끝으로 이 책은 다음과 같은 소망도 담아본다. 이 책 〈전략국가, 조선〉이 그러한 통일로 들어가는 입구가 되고, 읽고 난 뒤 그 마침표에는 평소 필자가 기억해 놓은 프랑스 혁명 전후를 다룬 찰스 디킨스의 소설 〈두 도시 이야기〉에 나온 아래 문장과 뒤이어 서술되는 한나 아렌트의 경고에 모두 성찰적으로 '동의합니다'로 마감되었으면 한다.

　　우리는 모두 천국으로 가고자 했지만, 우리는 엉뚱한 방향으로 나아갔다.

무슨 말인가 하면, 우리 모두 북 바로알기는 하지도 않으면서 통일만 이뤄지길 바란다는 것은 결과가 '통일의 천국'이 아닌, '분단의 지옥'만 지속되는 그런 최악의 결과만 있다, 그렇게 말이다.

또, 독일 나치 세력으로부터 '평범한 얼굴의 악惡'을 찾아내 이를 '악의 평범성Banality of evil'이라 고발한 독일 출신의 철학자 한나 아렌트가 거짓과 위선의 종말에 대해 "일관된 거짓말로 진실을 완벽하게 대체한 결과는 거짓이 진실이 되고 진실이 거짓이 되는 게 아니다. 세상의 방향 감각이 파괴된다는 것이다"라고 말했는데, 이를 북 이해에 빗대 말하면 "일관된 북 바로알기가 존재하지 않아 북 실체를 덮으면 그것이 대체된 결과는 북만 바로 보지 못하는 것이 아니라, 우리 민족의 분단은 영구화되고, 종국에는 이를 넘어 우리 민족 자체가 몰락하게 되는 것이다" 이다.

그러니 그 악에서 구하소서, 이 책을 통해.